日本 帝國 興亡史
메이지 유신과
군국 일본 이야기

메이지 유신과 군국 일본 이야기
日本 帝國 興亡史

초판 1쇄 발행 2025년 9월 9일

지은이 김성웅
펴낸이 장길수
펴낸곳 지식과감성#
출판등록 제2012-000081호

교정 정은솔
디자인 강샛별
편집 강샛별
검수 이주연, 이현
마케팅 김윤길

주소 서울시 금천구 벚꽃로298 대륭포스트타워6차 1212호
전화 070-4651-3730~4
팩스 070-4325-7006
이메일 ksbookup@naver.com
홈페이지 www.knsbookup.com

ISBN 979-11-392-2783-3(03910)
값 18,000원

- 이 책의 판권은 지은이에게 있습니다.
- 이 책 내용의 전부 또는 일부를 재사용하려면 반드시 지은이의 서면 동의를 받아야 합니다.
- 잘못된 책은 구입하신 곳에서 바꾸어 드립니다.

지식과감성#
홈페이지 바로가기

日本 帝國 興亡史
메이지 유신과 군국 일본 이야기

김성웅 지음

'노란 국화'는 일본 황실의 문장으로 천황의 상징이고,
'일본도'(카타나)는 호전적인 사무라이의 상징이다.
메이지 유신은 사무라이들이 천황을 옹립하여
국가개조를 도모하였던 사건이다.

글머리에

글의 이야기는, 일본 역사에서 획기적인 전환점이 된 **메이지 유신(1868년)으로부터 메이지 사망(1912년) 시를 전후한 약 50여 년 동안**, '서구화'와 '부국강병'의 길을 걸었던 근대 일본정치의 양대 산맥인 **'조슈'**(야마구치현)**와 '사쓰마'**(가고시마현) **출신 인물들을 주로 조명했다**. 그런데, 등장하는 일부 인사들은 우리 역사와 직, 간접적으로 관련되어, 과거사 감정이 남아 있는 우리끼리 이들의 이야기를 논하는 것이 정말 조심스럽다. 하지만, 최대한 객관적인 시각으로 읽어주기를 당부드린다.

이야기의 흐름은, 일본 전국시대를 통일한 '도요토미 히데요시'의 조선 침략에 함께 참전한 조슈의 '모리 데루토모'와 사쓰마의 '시마즈 요시히로' 후손들이 '도쿠가와' 막부 하에서 숨죽이며 지배하였던 조슈와 사쓰마 번에서, 이들 번주의 후원 속에 '책 읽는' 하급 무사 출신들이 출현하여 19세기 중반 황궁에서 유폐된 신세나 다름없던 15세의 어린 천황을 등에 업고 '왕정복고'라는 이름으로 막부의 정권을 탈취한 뒤, '서구화'와 '부국강병'으로 개혁한 **'메이지 유신'과 이어진 군국주의의 전개** 과정인, 일본 제국주의 흥망사를 반추(反芻)해 보았다.

이 과정에서, '막부 타도'의 1등 공신으로 **조슈와 사쓰마의 '하급 무**

사' 출신이 새로이 수립된 '메이지 정부'의 중요한 '유신세력'으로 등장하였는데, 이들은 대개 30~40대였으며 이 중에서도 **'유신 3걸'**로 불리는 사쓰마 번 출신 '사이고 다카모리'와 '오쿠보 도시미치', 그리고 조슈 번 출신인 '기도 다카요시'가 국가를 개조하는 유신 개혁을 주도하였다.

일반인들이 '삿-쵸 번벌'이라고 칭했던 이들은 처음에는 '양이론'과 '팽창주의'를 외쳤으나, 서구 방문 간 서구의 각종 제도와 산업혁명의 성과를 직접 목격하고, 그들의 군사력을 실감하자, 서구 열강에 의한 '식민지'화를 피하면서, '서구를 따라잡겠다'라며 '양이론' 대신, '개국 화친'으로 정책 기조를 바꾸었다. 그리고, 서구가 '원숭이'라고 조롱해도, 인근 아시아 국가들이 '광기'라고 비난해도 **'부국강병'과** 급격한 **'서구 배우기' 정책을 추진**하며, 일본의 정치, 경제, 사회, 교육, 문화 전반에 걸쳐 '유신'이라는 대대적인 개혁을 숨 가쁘게 시도하였다.

유신세력으로서는 '근대국가 성립'이 최대의 목표였다. 하지만, 주제넘게도 조그마한 경제력으로 서구 열강의 해군을 꿈꿨고, 최신식 장비로 무장한 육군을 원했고, 서구 제국주의의 침략을 두려워하지 않는 강한 국가가 되기 희망하였다. 그렇지만, '메이지 유신' 이전, 산업이라고는 쌀과 비단이 전부인 조그마한 섬나라에서 인재라고는 300여 년간 '사조쿠'(士族)라 불리는 무인들만 있던 나라를, 더구나, 경제, 기술, 행정은 물론, 사회적 인프라 역시 중세 봉건적인 수준을 벗어나지 못한, 이런 나라를 **도대체, 어떻게 서구에 필적할 만한 나라로 만들 수 있을까?** 라는 문제에 답하는 것은 그야말로 지난(至難)한 과정이었다.

그나마, 다행이랄까?, '메이지 유신'으로 무사 계급의 몰락과 '사농공상'의 틀도 허물어졌다. 그리고, 수천 년 동안 억눌려왔던 서민들은 근대적 '국가'를 몰랐지만, 누구나 '국민'이 되고자 했다. 일본 역사상 최초의 '국민'으로서 서툴지만 그 신선함에 설레는 **'국민' 체험자**가 되었다. 어찌 보면, '딱하기 그지없는' 설렘이었지만, 사회의 어떤 계층이든 누구나 필요한 기억력과 노력만 있으면 박사도, 군인도, 교사도 다 될 수 있는 사회가 목전에 다가온 것이다.

하지만, 이들이 **'새로운 국가, 새로운 국민'**이 무엇인지를 미처 알기도 전에 '유신세력'은, 전쟁과 권력 교체로 조각난 '국민을 통합한다'라며, 조작된 토종 종교 신화와 일본 고유 정신을 내세우며 '천황 신격화'를 신념화하였다. 이렇게, 근대국가를 염원하였던 국민의 기대와 달리, 유신세력의 개혁은, '천황 신격화'라는 전혀 엉뚱한 방향으로 자리 잡아 갔다. 새롭게 출발한 군대와 학교를 **'천황 신격화'의 '도구'**로 만들어 **전 국민 '집단 세뇌' 작업**에 들어갔다.

이제, 새로운 국가에서는 천황에 대한 집단적 충성심 바탕 위에, 인권보다 황권이 우선되며 모든 국민은 **'황국신민'**이 되어야 했다. 특히, **군대는 '살아 있는 신' 천황을 위한 수족과 도구**가 되었고, '부국강병'과 '서구 배우기'가 이들의 희생 속에 '시너지' 효과를 내며, 아시아 최강 청국을 제압하고, 유럽의 강국 러시아도 굴복시켰다. 유신 30여 년 만에, 동양의 조그마한 섬나라가 순식간에 세계열강의 대열에 오른 것이다.

기세등등한 군국주의자 '전쟁광'들은, 근대적 장비에도 중세적 사고

방식을 탈피하지 못한 채 '천황 폐하 만세!'만 외치도록 의식화된 수많은 군인을 희생시키며, 중국 등 아시아 각국을 무대로 온갖 수탈과 정복을 이어 갔다. 그러나, 오만한 침략의 대가는 원폭 피폭으로 이어져 나라가 송두리째 거덜 나 버렸다. **황소를 집어삼킨 두꺼비가 독수리에게 먹혀 버린 셈이다.**

세상은 급속하게 바뀌어 가고 있다. 시간의 흐름 속에서 누구는 구시대의 답습에서 벗어나지 못하고, 누구는 AI든 뭐든 새로운 미래를 꿈꾸어 간다. 과거에, 제국주의자들이 행세하였던 것처럼, 미래는 새로운 패러다임 속에 모두가 열정적으로 에너지를 모아 가는 국가나 민족이 새 시대의 주도자가 될 것이다. 새 시대를 이끌어 가는 모두가, **'온고이지신'(溫故而知新)으로 잊힌 역사를 헤아리는 통찰력과 혜안이 미래의 비젼으로 커지길 바라는 마음**에서 이 '이야기'에 접근하였다.

금년은, 해방 80주년, 한일협정 60주년이다. 그간, '메이지 유신'과 군국주의와 관련하여 많은 책이 발간되었다. 그럼에도, 짧은 지식으로 감히 '이야기'를 이어 가는 것은, 이 주제 속에서 우리가 느낄 것이 많다는 확신에서다. 책을 준비하는 과정에서 어떤 분은, "너무 진부하지 않을까…?"라며 걱정하였지만, 다른 분들은 일본 '조슈'의 사적지를 함께 답사하며 일본사를 공부하고, 토의와 비평, 격려와 응원을 아끼지 않았다. 이 책을 위해 말씀을 주신 모든 분께 깊이 감사드린다.

2025년 8월, 경술국치(庚戌國恥)를 기억하며,
저자 **김 성웅**

목차

글머리에   4

• 침략의 씨앗과 와신상담(臥薪嘗膽)

1. 신무기의 등장과 침략주의의 태동   12
2. 하급 사무라이, 정치에 눈뜨다   24
3. 막부의 '쇄국정책'과 '흑선 내항'   34

• 존왕양이(尊王攘夷)와 왕정복고(王政復古)

4. 조슈 번의 '쇼카손주쿠'와 '요시다 쇼인'   46
5. '조슈'와 달랐던 '사쓰마' 번   61
6. '존왕양이', '양이'에서 '대양이'로 변화   72
7. 막부의 제1차 '조슈 정벌'과 '삿-쵸동맹'   86
8. 막부의 제2차 조슈 정벌, '다윗'과 '골리앗'의 싸움   97
9. '대정봉환'(大政奉還)과 왕정복고   105

• 메이지 유신(明治維新)과 국가개조(國家改造)

10. '보신 전쟁'과 막부의 몰락   114
11. 군국 일본의 근간, 해군과 육군의 창설   124
12. '천황 신격화'와 일본 정신(大和魂), 그리고 '야스쿠니' 신사   137
13. '판적봉환'(재정개혁)과 '폐번치현'(중앙집권화)   153

- **국가개조의 주역, '유신 3걸(3傑)'**

14. 일본 근대화의 밑알, '이와쿠라' 사절단	166
15. 과격파에서 온건파가 된 유신 개혁자	178
16. '정한론'과 마지막 사무라이	189
17. 일본 근대화의 '철혈'(鐵血) 재상	200

- **민국(民國)보다 군국(軍國)을 택한 일본**

18. 총리가 된 '테러리스트'	210
19. 제국주의의 첫발, 청일전쟁(1894~1895)	222
20. '청일전쟁' 이후 불거진 '민권'과 '군권'의 대립	242
21. 일본, 10년간의 '절치부심'(切齒腐心)	250
22. 러일전쟁과 탈아입구(脫亞入歐)	269

- **군국주의의 발호(跋扈)와 그 말로(末路)**

23. 망국(亡國) 황제, 흥국(興國) 황제	296
24. '군국주의'와 전쟁에 중독된 군인들	312
25. 군국주의의 말로(末路)	318
맺는 글	332

'도요토미 히데요시'의 목상

침략의 씨앗과 와신상담(臥薪嘗膽)

 신무기의 등장과 침략주의의 태동

'팽창주의'와 '쇄국주의'

역사의 흐름에는 항상 변곡점이 있었다. '게임체인저'가 된 신무기의 등장 역시, 변곡점의 중요한 요소였다. 1467년부터 시작된 일본 '전국시대'(戰國時代)는 그 시대적 특성이 '하극상'이었다. 절대 맹주가 없어지자, 각 지방 영주들이 이웃과의 전쟁 소용돌이 속에서도 '부국강병'을 추구하여, 이 시기에 오히려 국가 전체의 경제력이 급성장하였던 아이러니도 경험하였다.

'전국시대'가 한창인 1543년 어느 날, 태풍으로 표류하던 포르투갈 난파선이 일본 남단 '다네가시마'(種子島)에 상륙하였다. 일본에 **'조총'이라는 신무기가 소개**되던 순간이었다. '다네가시마' 도주 '도키다카'는 포르투갈 선원으로부터 '조총'이라는 '머스킷'(Muskeet, 화승총) 2정을 샀다. 대가는 은 2,000냥. 지금 가치로는 대략 20억 원으로, 당시 가치로 병사 200여 명의 1년 동안의 유지비용이었다. '조총'의 가치를 알아본 그의 혜안이 놀랍다.

'조총'은 비록, 사거리 약 50보라는 위력에 비해 재장전 시간이 3분 정도로 너무 길고, 우천 시 사격이 제한된다는 단점이 있었으나, '아시가루'라는 농민 출신 잡병들의 '조준' 사격 한 방에 수십 년간 익힌 무예로 전장을 풍미하던 사무라이들도, 그야말로 맥없이 쓰러졌다. 이를 눈여겨본 전국시대의 영웅이라는 '오다 노부나가'(織田信長)는 조총의 위력을 극대화했다. 한두 정의 위력은 별로지만, 수백 정의 조총을 3개 조로 정렬시켜 소위 **'철포(뎃포) 3단 총격'**이라는 방식으로 계속 교대하며 동시 사격을 해대면 그 위력은 과히 압도적이었다.

실제로, 1575년 '나가시노' 전투에서, '오다 노부나가'와 '도쿠가와 이에야스'(德川家康)의 연합군은 '철포 3단 총격'으로, 당시 최고의 무력집단이었던 1만 5천여 명의 '다케다' 기마군단을 격멸하였다. '다케다' 군은 겨우 800여 기만 살아서 도주했다. 이후로, 조총(화승총)이 명실상부한 '게임체인저'가 되었다.

1591년, 일본에서는 이미 전장의 주요 무기로 사용되고 있던 조총이 쓰시마 도주에 의해 조선에 처음으로 소개되었다. 그렇지만, 당대 최고 무장이라던 '신립' 장군을 비롯한 조선 조정의 문무백관들은 별다른 관심을 나타내지 않았다. 무엇보다도 사거리가 짧아, 위력에 비해 장전시간이 길고, 우천 시 사격이 제한된다는 단점 때문이었다. 일본의 무장은 발상의 전환으로 역사를 바꾸었는데, 조총을 가볍게 생각한 조선 무장의 단견이 너무 아쉽다. 그 이듬해, 1592년 임진왜란부터 다시 1597년 정유재란까지 조선은 무참한 참패를 기록하게 된다.

그런데, 이처럼 승승장구하며 일본 통일을 눈앞에 두고 있던 '오다 노부나가'가 1582년 '혼노지'에서 부하인 '아케치 미쓰히데'에게 살해되자, 부장이던 '하시바 히데요시'가 급히 회군하여 '아케치 미쓰히데'

를 무찌른 후, 그동안 '노부나가'가 이루어 놓은 모든 것을 물려받고 다시 일본 평정에 나섰다. **'도요토미 히데요시'(豊臣秀吉)**로 개명한 그는 막강한 군사력으로 '아키국'의 **'모리 테루모토'(毛利輝元)** 등 다수의 영주에게 복속을 요구하여 항복을 받았고, 1586년에는 **'도쿠가와 이에야스'(德川家康)**도 그에게 신하의 예를 갖추고 복종을 맹세하였다.

그리고, 1590년 '규슈'와 '오다와라' 정벌을 끝으로 일본 전국 통일을 완료하였다. 하지만, '도요토미 히데요시'는 전쟁 기간 부하들에게 약속한 녹봉 확보와, 오랜 전쟁으로 엄청나게 비대해진 군사력을 어떻게 처리할 지를 고민하였다. 결국, 그는 병력을 조선 정벌에 투입하여, 영지 확보와 군사력 조절로 국정의 안정을 갖는다는 목적으로 조선 침략을 구상하였다.

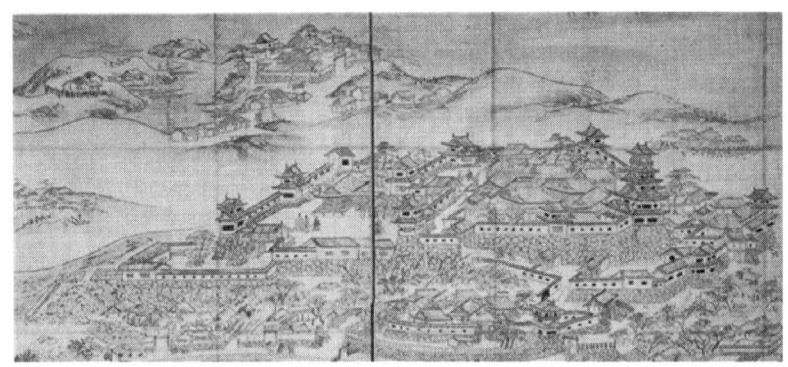

임진왜란 당시 일본군 출발지 히젠 '나고야' 성.
약 5만 평 규모로 당시로는 히데요시의 본성인 오사카 성 다음 규모였다.

조선 침략의 주력, '모리' 가(家)와 '시마즈' 가(家)

1592년, 일본을 통일한 '도요토미 히데요시'는 조선 침략을 위해 "명을 정벌할 테니 길을 비워라"라며, **'정명가도'**(征明假道)를 내밀었다. 하지만, 사대주의에 빠진 조선이 이를 거부하자, '히데요시'는 각지의 다이묘(大名, 지역 군벌)들에게 규슈 '히젠' 지역에 집결하도록 출병 지시를 내렸다.

항해술이 미비하던 시절, 일본에서 '눈으로 보면서' 한반도로 항해하려면, 조슈 번의 항구도시인 '시모노세키'나, 인근 규슈 북부 '히젠' 번의 '나고야' 성에서 출항해야 하였다. '나고야' 성은 일본 중부의 '나고야'와 다르다. 이곳은 조선 출병의 출발지였으나, 조선 철수 이후 폐성되어 '사가'현의 '가라츠' 성으로 군사기지를 옮겼다.

이곳에서 '현해탄'이라 불리는 대한해협(쓰시마 해협)을 항해하려면, 규슈에서 출발하여, 50Km 정도 떨어진 **'이키시마(섬)'**에 도착한 뒤, 다시 50Km를 항해하여 **'쓰시마(대마도)'**를 마치 징검다리 건너듯 거치며 10시간 정도 노를 저어 부산이나, 한반도 남부해안에 도달할 수 있었다.

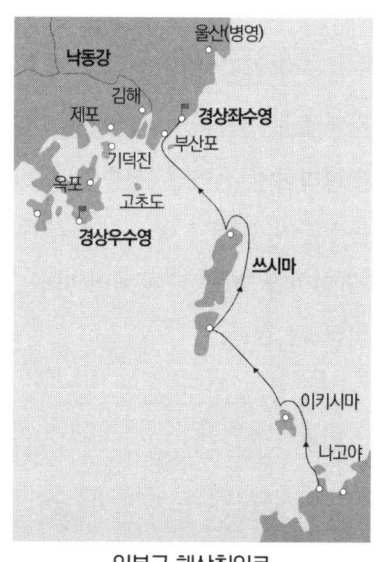

일본군 해상침입로

침략의 씨앗과 와신상담(臥薪嘗膽) 15

이런 지리적 이점으로 '히젠'은 왜구가 한반도 약탈 시 출발하였던 곳이다. 임진왜란 개시 직전, '히데요시'는 이 뱃길을 잘 아는 병력을 확보하기 위해 왜구의 활동을 법적으로 금지하고 이들을 군사적으로 활용하였다. 그런 까닭으로, 임진왜란 초기에는 규슈와 주고쿠 등 서부 일본 지역의 각 '다이묘'들이 가장 많은 병력을 차출하여야 했다.

임진왜란이 발발되자, 조선 공격의 선봉을 놓고 다투었던 '고니시 유키나가'(1.9만)나 '가토 기요마사'(2.3만)의 군세보다도, '모리 데루모토'와 양자인 '고바야카와 다카카게'(히데아키)의 군세는 약 4만여 명으로, 조선에 상륙한 16만여 일본군 중 가장 규모가 컸다. 이는 '도요토미 히데요시'의 핵심 부하로서 '규슈 정벌'(1586~1587년)에 함께 나선 **모리 데루모토**'가 '히데요시'의 조선 침략 의중을 파악하고, **조선 침략을 준비**해 온 탓일 것이다.

왜군이 침범하자, 조선은 각 지역 수령들이 소속 군사를 이끌고 거점 지역으로 이동하여 중앙에서 파견된 장수의 지휘를 받는 일종의 지방분권법적인 전략인 **'제승방략'으로 대응**하였다. 하지만, 동원전력의 기동전환이 늦었고 군사훈련 부족에다, 지휘관마저 무능하였으니, 조총의 위력과 '전쟁 기계'처럼 단련된 일본군에게 속수무책으로 당하며 연전연패하였다.

특히, 도원수 '신립'은 이씨 왕조의 운명을 짊어졌지만, '도망병'을 우려하여서일까? '조령'이라는 천혜의 방어진지를 버리고, 총탄을 피할 곳도 없는 허허벌판 '탄금대'에서 '배수의 진'을 치고 8천여 병사와 함께 호기롭게(?) 싸우다가 조총의 위력에 몰살당하였다. 이 전투로 마지막 예비병력마저 소진된 조선은 왕부터 먼저 중국과 지척인 '의주'를 향해 도망 길에 올랐다.

이처럼, 일본군에게 급습을 당한 조선군은 초전에 지리멸렬 소멸되었다. 하지만, 원군으로 나선 명군의 개입과 조선 의병의 활약으로, 한동안 승승장구하던 일본군은 '도요토미 히데요시'의 최초 구상과 달리, 전세가 역전하여 고전을 면치 못하면서부터, 전쟁은 점차 장기전으로 접어들었다. 이에, '히데요시'는 '조선 8도'를 각 도별로 심복 부하 장수들이 분할 지배하게 하여, 조세를 거두어 양식을 비축하고, **왜성을 축조하여 장기전에 대비**하도록 지시하였다.

'히데요시'는 이때 **'모리 데루토모'(毛利輝元)에게 경상도를 지배**하게 하였다.

'모리' 가문은, 1550년대까지 '오우치 요시타카'(大內義隆)가 지배하던, 일본 혼슈의 최남단의 야마구치현과 시모노세키시 일대인 **'조슈' 지역을** 지배하였는데, 조슈의 번청이 있던 '하기(萩)'가 **일본 열도 중에서 지리적으로 한반도, 특히 경상도와 가장 가까웠다.**

'모리 데루모토'(毛利輝元) 초상

침략의 씨앗과 와신상담(臥薪嘗膽) 17

'히데요시'의 명에 따라, '모리'(毛利) 가(家)는 **경상도 남부에 많은 왜성을 축조하고, 임진왜란 중 가장 끝까지 버티었다.** 그걸 보면, 모리군은 **경상도 영구 지배까지 도모**하였던 것 같다. 왜성의 흔적은, 지금껏 부산 '자성대 공원' 안에 '부산진성'으로 남아 있다.

한편, 규슈 남단에 위치한 **'사쓰마' 지역**은 지리적으로 나가사키, 가고시마 등 여러 항구가 발달하여, 동아시아와 **남만(서구)과의 무역을 전개하면서 해상 세력을 키워온 곳**이다. 규슈 제일 남단이니 일본 전역에서도 가장 오지였지만, 면적(경기도와 유사)이나, 경제력, 인구(특히, 사무라이 숫자가 일본 평균 약 7~10%에 비해 두 배 정도 높았다) 등을 고려할 때, 전국의 약 270여 개 번 중에서 경제적, 군사적으로 가장 강력한 군벌의 하나였다. 에도 막부시대의 자료를 참고하면 이른바, 일본식 용어로 **'웅번'(雄藩)의 하나**였다.

당시, 사쓰마 지역의 군벌은 '시마즈' 가(家)였다. 사쓰마는 해군력이 강하여, '도요토미 히데요시'는 임진왜란 시 사쓰마 다이묘 **'시마즈 요시히로'(島津義弘)**에게, 일본 수군을 맡겼다. 그는 왜란 중 조선 수군 이순신 장군에게 수차례 참패를 당하였으나, 정유재란 중 노량해전에서 이순신 장군을 전사케 한 인물이다.

'시마즈'는, 왜란 이전부터 남만과 무역을 해왔던지라, 도자기의 가치를 잘 알고 임진왜란 중 수많은 조선인 도공과 그 가족들을 끌고 가, 지금의 '가고시마' 인근에 집단거주시키며, 도자기를 생산하게 하고, 이를 '다도'(茶道)를 즐기는 '히데요시'에게 진상하였으며, 많은 도자기를 남만(유럽) 지역으로 수출하였다. 지금껏 일본 도자기가 세계적으로 유명한 이유이기도 하다.

임진왜란 시 일본군이 전과를 과시할 목적으로 베어 간 조선인의
'귀와 코의 무덤'(교토 '도요쿠니'(도요토미 히데요시) 신사 근처 '미미즈카' 공원 내)[1]

1592년의 임진왜란에 이어, 1597년 정유재란으로 다시 일본군이 대규모 침략을 감행하였다. 전국시대 통일과정에서 남발한 '석고' 약속으로 조선의 쌀이 필요하였고, 비대해진 군사력은 통일 이후 불안정 요소로서 불필요하니, **명분이야 어떻든 남아도는 '사무라이'(무사)를 동원하여 조선을 쳐서 경제적 이익을 얻겠다는 의도**로, 조선에서 성과를 내고 싶어 했던 '히데요시'의 닦달 때문이었다. 하지만, 조선의 대응도 이번에는 달랐다. 이순신의 '명량대첩' 등 조-명 연합군의 거센 저항으로 전쟁은 지지부진하였다.

1598년, 조선 침략의 원흉인 '도요토미 히데요시'가 병으로 죽자, 그

---

1) "http://ko.photo-ac.com/photo/32879986", Photo by Hiromichi on photoAC

의 유언에 따라 각 '다이묘'(大名)는 조선에서 철병하였다. 하지만, **7년 간의 조선 전쟁에서** 최초 위풍당당하게 앞장섰던 '고니시 유키나가'나, '가토 기요마사' 등 대부분의 **'친 히데요시' 다이묘는 엄청난 비용과 군사를 잃어버렸다.** 특히, '고니시 유키나가'는, 전쟁 초기 1년 동안 약 ⅔의 병력을 잃었다.

일본으로서는 영토와 쌀도 얻지 못했지만, 국내안정에 불필요해진 군사력은 처분한 셈이었다. 게다가, 수많은 조선인 기술인력까지 얻었다. 반면, 조선은, 전체 백성의 ⅓이 죽고, 수많은 문화재와 도자기 등 당대 최고의 기술들을 약탈당하며 거의 망할 지경이 되었다.

그런데, 임진년 출병 전, '히데요시'는 **'조선 출병'** 지시를 받고 달려온 '도쿠가와 이에야스'에게는 출병 지시를 내리지 않았다. 아마도, 조선 출병 직전에 '미카와'라는 좋은 영지를 빼앗고 '에도'라는 황량한 바닷가를 개척하도록 내몰았던 잠재적 경쟁자인 '도쿠가와 이에야스'가 '황무지라도 개간하게 해달라'고 읍소하자 이를 받아들여서일까? 아니면, 일본에 남아서 자신의 뒤를 지켜 주리라 생각한 것일까?

결국, '도쿠가와'는 조선에 가지 않고 일본에 남아서 예하 병력을 고스란히 보존할 수 있었다. 그리고, 이는 새 막부를 여는 계기가 되었다.

1598년, '히데요시'의 유언으로 조선에서 철수한 각 다이묘는 '히데요시' 사후에 일어난 권력다툼에 곧바로 말려들었다. 그리고, 1600년, **'세키가하라'**에서 '이시다 미쓰나리' 주도로 결집한 '친 히데요시'파(서군)와 '히데요시' 세력에 반대하였던 '도쿠가와 이에야스'파(동군) 간에 운명을 건 전투가 벌어졌다. 전투 개시 직전에는 서군 세력이 더 우세하였지만, '도요토미 히데요시'의 양자로서 조선 정벌군 총사령관이었던 서군의 주력 '고바야카와 히데아키'가 전투가 개시되자 갑작스레 변심하여 동군에 가담하는 바람에, 허를 찔린 서군은 크게 패배하였다.

'고바야카와 히데아키'는 어릴 적에 '히데요시'의 양자로 입적하였지만, 1593년 56세의 '히데요시'에게 '히데요리'라는 아들이 뒤늦게 탄생하자, '히데요시'가 양자를 내치며, 다시 '모리 테루모토'의 양자로 재입적되었던 인물이다. '히데요시'에게 인간적인 서운함이 없을 수 없었을 것이다.

'세키가하라' 전투는 일본 역사의 중요한 변곡점이 되었다. 전투 직후, '도쿠가와 이에야스'는 서군의 지도부로 참전한 **조슈 지역의 '모리 데루모토'**에게 참전 책임을 물어, '주고쿠' 지방을 거의 석권하였던 120만 석의 영주에서, 지금의 '야마구치'현에 불과한 40만 석의 영지로 감액한 후, 자식에게 양위하고 은거시켜, 아들 '모리 히데나리'가 조슈 번의 번주가 되었다.

사쓰마 지역의 '시마즈 요시히로' 역시 서군 편에 가담하였다가, 큰 낭패를 당하였다. 그는 '세키가하라' 전투에서 1,500여 명의 군을 이끌고 서군 편에 섰다가 동군에 포위되고 퇴로가 차단되어 절망적인 상황에 빠지자, 최후의 생존 수단으로, 남은 500여 명의 병사와 동군 본진 돌파로 철수하는 **'스테가마리'**라는 '사즉생'의 작전을 벌였다. 이는 후미 군사들이 죽기를 각오하고 본대가 도주하도록 적의 추격을 저지하는 방식으로, 대량 희생의 댓가로 불과 80여 명만 살아 돌아갔다.

'도쿠가와'는 '세키가하라' 전투 이후에, 기세를 몰아 '사쓰마'를 계속 공격하며 '요시히로'에게 항복을 강요하였으나, 죽기를 각오하고 싸우는 사쓰마 군을 쉽게 정벌할 수 없었다. 그렇게, 한동안 전투를 계속하던 '시마즈 요시히로'가, '도쿠가와'에게 아들을 인질로 보내고 신하를 자처하였다. 항복으로, '시마즈' 가문은, 영지를 보존하고 사쓰마의 77만 석 석고를 지켰다. 이처럼, 전투에서 굴하지 않았던 사쓰마 군의 전통은 막부 이후 유신 시대까지 이어졌다.

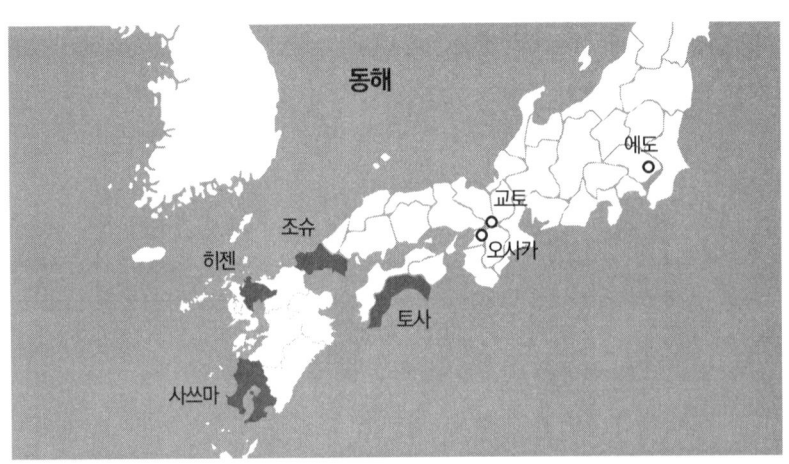

'도자마' 다이묘(쿠슈의 '사쓰마', '히젠', 혼슈의 '조슈', 시코쿠의 '토사' 번)

전국을 통일한 '도쿠가와' 막부는, 일본 전역을 약 270여 개의 번으로 재편했다. 이들 중, 사쓰마와 조슈처럼 '히데요시'의 심복으로 서군 편에 섰다가, '세키가하라' 전투에서 패배하여 막부에게 신종하게 된 여러 번 중에 주로 서남부 지역의 **사쓰마, 조슈, 히젠, 토사 번 등을 합**

께 **'도자마' 번**으로 부른다. 반면에, '도쿠가와' 편에 서서 전투에서 충성하였던 동북부 여러 번을 **'후다이' 번**이라고 불렀다.

　도쿠가와 막부 시대, 중앙정치의 요직을 거의 다 '후다이' 번이 차지하자 전쟁에서 패배한 '도자마' 번은 경제적으로 큰 타격을 받았다. 물론, 막부는 사쓰마, 조슈 등 '세키가하라' 전투에서 자신을 적대한 번의 영주들을 유화책으로 대하여, '에도' 성의 각종 의식과 행사에서 늘 높게 대우하였고, 위신도 세워 주었다. 특히, 사쓰마에서는 '아츠히메' 등 쇼군의 부인이 2번이나 나왔다.

　그럼에도, '도쿠가와'에 반대했던 '도자마(조슈, 사쓰마, 히젠, 토사) 다이묘'들은 '세키가하라' 전투 이후 **'와신상담'**을 하며, 숨을 죽이고 살아야 했다. 그리고, 260여 년이 지나서 이들 '도자마' 출신 하급 무사들이 사쓰마-조슈 동맹(**'삿-쵸 동맹'**)으로 천황을 내세우며 반란을 일으켜, 막부와 막부를 지지하던 '후다이 다이묘'들을 타도하였다. 그것이 **'메이지 유신'**의 출발이었다.

2 하급 사무라이, 정치에 눈뜨다

'도쿠가와 이에야스'의 일본 통일과 '에도 막부'

'세키가하라' 전투(1600년)에서 주도권을 잡은 '도쿠가와 이에야스'는, '히데요시'의 적자 후계자인 '히데요리' 세력과 이후 15년간 대립을 계속하였다. 그러다가, '오사카' 성 전투(1615)에서 승리하며 '도요토미 히데요시' 가문을 멸망시켰다. 일본 전역을 장악한 '도쿠가와 이에야스'는 '쇼군'(征夷大將軍)이 되어, '에도 막부'를 열고, **'도쿠가와' 가문의 쇼군직 세습체제를 확립**하였다. 물론, 천황은 여전히 정치에서 배제되었다.

그런데, 흥미로운 것은 '도쿠가와' '쇼군'(征夷大將軍)의 한자명 직책은, '오랑캐를 정벌하는 대장군'이지만, 막부의 '가로'(家老)들은 해외 정벌보다, 각 번을 단속하며 내치와 국내안정에 주력하였다. 그 결과, '에도' 막부는 일본 전체의 1/4 지역과 주요 도시들을 통제하고, 전국의 주요 금, 은 광산을 장악하여 중앙정부에 의한 통일 화폐를 발행하는 등 정치, 경제적으로 눈부시게 발전하여 **일본 역사상 가장 오랜 260여 년간 평화 시대를 구가**할 수 있었다.

당시, '도쿠가와' 막부는 상근 5~6만의 병력을 유지하여 수많은 번을 압도하는 막강한 군사, 경제적 권력을 지녔지만, 전쟁으로 권력을 잡은 막부에게 가장 큰 위협은 역시 각 지역의 번이었다. 이에, **막부는 자신**

에게 맞설 수 있는 각 번의 '다이묘' 간 세력 형성을 방지하려고, '다이묘' 간 동맹, 혼인 금지 등으로 이들이 서로 연계하거나 천황과 가까워지는 것을 제도적으로 차단했다. 구체적으로, 막부가 번의 반란을 막으려고 시행한 여러 제도는, 각 번의 자체적인 '성의 개축과 수리 금지', '주인선'(朱印船) 제도로 외국과의 무역 제한, '무기 도입 허가제'와, 해군력 보유를 경계하여 500석 이상 적재 가능한 '대함(大艦) 보유금지' 등이 있는데, 모두가 훗날 막부의 발목을 잡았다.

지방 다이묘들이 교토로 이동하는 '산킨코타이'(參勤交代) 행차도

그 중에서도, 막부는 가상 반대 세력인 각 번의 단결을 막고 정치, 경제적으로 억압하기 위해 **일종의 번주 인질 정책인 '산킨코타이'(參勤交代) 제도를 시행**하여 각 번의 번주가 수백 명의 번사(번의 무사) 등 수행원과 함께 일정 기간 의무적으로 교토에서 머물도록 강요하여 엄청난 재정부담을 주었다. 이에 각 번은 교토 체류 경비조달을 위한 번의 주요 산물도 함께 가져왔는데, 이로 인한 물자교류는 뜻밖에 상업 발달

을 촉진하여 '에도 시대' 상업경제가 번성하는 데 기여하였다.

 이렇게, 막부는 정치적으로 번을 강압적인 각종 제도로 옥죄이면서도, 번이 막부에 대한 의무를 다하고 복종하기만 하면, 번 내의 통치에는 별로 간섭하지 않는 당근책을 병행하였다. 일종의 중앙집권적 성격을 가지면서도 지방분권적인 지배체제였던 셈이다. 막부와 번이 상호 인정하는 관계를 유지하자, **번은 사실상의 조그마한 국가로서 통치에 필요한 자체적인 행정, 사법, 징세, 경찰권 등 모든 권한**을 갖게 되었다. 그리고, '다이묘'(大名)는 번의 군주로서, 가신의 주군으로 세습되어, 백성이 '다이묘'를 넘어 막부나 쇼군에게 충성을 바칠 일은 없었다.

 그렇지만, 막부는 전국시대 이후 국란을 두려워했기에 번 간의 교류나, 계층 간의 신분 이동을 엄격히 금지했다. 이에 따라, **유교적 상, 하 질서하에서 엄격한 '사농공상'(士農工商)의 계층적 신분제를 일본 역사상 처음 구현**하였다. 이는, 일본인들이 서로 표하는 예의의 방식에서 보듯, 각 개인은 자기 자신에게 상응하는 지위를 가지고 타인과의 상, 하 관계를 설정하였다.

 여기서, 주목할 것은 조선과 일본이 똑같은 '사농공상'(士農工商)의 신분제도를 가졌지만, 조선과 일본의 사(士) 계급은 각각 선비와 무사로서 그 기능적인 신분이 달랐다.

 조선의 '사농공상'에서, 선비(士)를 지칭하는 조선의 사대부는 '양반'이라는 위세로 아래 계층인 농민(農)이나 장인(工), 상인(商)들 착취하는 구조가 만연하였다. 게다가, 선비는 그저 입으로 공자와 맹자를 논하며 책만 읽지 아무런 생산력이 없기에 현실 안주를 원했다. 그 때문에 만약, 누군가가 변화와 신분 상승을 추구하면, 이는 자신들의 위상을 위협하는 일이었다. 그래서, 양반 계층은 **'안빈낙도'(安貧樂道)를 추구하더라도, 변화와 혁명은 억압하고 적대시**하였다.

반면, '에도 막부'가 평화를 이어 가며 '사농공상'의 계급제도가 엄격하게 정착되자, 일본은 신분 상승 욕구 대신, 신분에 따라 '할 일과 권리'가 있다고 생각하여 조선과 관점이 달랐다. 일본의 사(士), 즉 무사(侍)들도 마찬가지였다. 무사에게 안주는 '죽음'이니 살기 위해서라도, "더 낫게"를 찾아 수련에만 몰두해야 하였다. 그리고, 농민, 장인, 상인 등 각 계층도 이것저것 가리지 않고 자기 분야에서 가업을 이어 가며 **한 우물만 파며 최고가 되기 위해 노력하였다. 그 결과 대를 이어 가며 '이찌마이'(일류)를 추구하는 장인정신이 자리 잡았다.**

일본의 각 계층이 **찬란한 경제적, 문화적 발전**을 이루어 가는 동안, '충효'만 외치던 조선의 사대부는 붕당을 이루어 각종 사화까지 마다하지 않다가, 왜란과 호란을 겪었다. 전란 이후에도, 실질적인 삶의 질을 향상시킬 수 있었던 '경세제민'의 실학사상이 등장하였으나, 고지식한 사대부 등쌀에 실학사상은 그 빛을 잃었다. 그 결과, 조선 세종조에는 일본과 대등하다는 평가를 받았던 조선의 국력은, 중반 이후 갈수록 일본과의 국력 차이가 점점 크게 벌어졌다. 일본과 조선에서 일어난 일을 보면, "무엇이 진정한 태평성대인지?"를 깨닫게 하는 부분이다.

막부 후반의 '책 읽는 사무라이'(무사)

전국을 통일한 '도쿠가와' 막부는 반란을 우려하여 '병농분리' 정책이라며, 무사를 농민과 분리시키고, 상급 무사와 하급 무사들을 나누어 번주의 '성 아래 마을'(城下町, 죠카마치)에 구역별로 모여 살게 하였다. 그 결과, '성 아래 마을'에는 수많은 **번사**(번의 무사)들로 이루어진 일종의 도시가 형성되었고, 이들에게 생활 물품을 제공하는 '상인'(죠닌)들의 거주지도 덩달아 형성되면서, 번의 '성 아래 마을'('죠카마치')은 자연스레 '규모의 경제'를 가지고 방대한 도시로 탈바꿈하였다.

죠카미치(城下町)의 상급(좌)[2], 하급(우) 사무라이 거주지(조슈 번)[3]

오랜 평화로 상업과 화폐경제가 놀랄 정도로 발달하자, 농민과 상인들은 다양한 경제활동으로 막대한 부를 챙겼지만, 말로는 지배층이라고 하나 **경제 개념에 무지한 사무라이는 이런 혜택을 거의 입지 못했다.**

---

2) そらみみ, "Kikuya Lane near birthplace of Takasugi Shinsake", Licensed under CC BY 4.0, Source: Wikimedia Commons
3) SHOCHANKSD, "http://ko.photo-ac.com/photo/25634715", Source: photoAC

당시, 사무라이 숫자는 전체 인구 3,500여만 명 중 대략 7% 정도인 250여만 명이었는데, 무(武)를 최고의 자부심으로 살아온 사무라이에게는, '주군에게 복종하며 전투에 대비하여 강건한 정신과 심신의 단련하는 것'이 일상이었다. 그렇지만, 오랫동안 이렇다 할 전쟁이 없어 별다르게 칼 쓸 일도 없어, 출세할 일도 없고, 점점 **그 존재가치를 증명하기 힘들어졌다.**

특히, 성내의 자잘한 사무나 보며 겨우 **100석 미만의 쥐꼬리만 한 녹봉을 받는 게 고작인 하급 무사들로서는**, 쌀값이 계속 상승하는데도 연봉(가록, 家錄)은 고정이라 자신보다 신분이 낮은 농민이나 상인보다 **세월이 갈수록 생활이 점점 궁핍**해지자, 이들의 불만은 점차 고조되었다. 하지만, 세습되는 지배계층 '상급 무사'가 모든 권한을 갖고 있으니 '하급 무사'로서는 번정의 의사결정에 참여하거나 정치에 관여할 수도 없었다. 게다가, 번이 가로(家老)들인 '상급 무사'가 '하급 무사'를 홀대하는 것도 도를 넘고 있었다. 자연히, 두 계층 간에 점점 간격이 생겼다.

이런 상황에서 극적인 변화는, 1790년대부터, 막부가 하급 사무라이의 불만 무마와 무위도식 방지를 위해 '주자학' 등 **유학(儒學) 중시 정책을 '무술단련'과 병행하도록 펼친 것**이다. 이후, 1830년까지 약 40여 년 동안, 유학(儒學) 관련 교과로 80여 개 이상의 번교가 설립되었다. 각 번마다 학교설립 붐이 일어난 셈이다. 그러자, '책 읽는 사무라이들'이 나타나게 되었다.

군사적 역할이 줄어든 하급 무사들은 이제 학교에서 배울 것이 많아졌고, 유학(儒學)과 정치 권력과의 관계도 더욱 밀접해져서, 고위 권력자조차도 '정치참여'라는 과제를 풀기 위해 **유학적 소양을 갖추는 것이 필요**해지며 학문의 비중이 커졌다. 또한, 과거제도가 전혀 없었던 일본에서 사무라

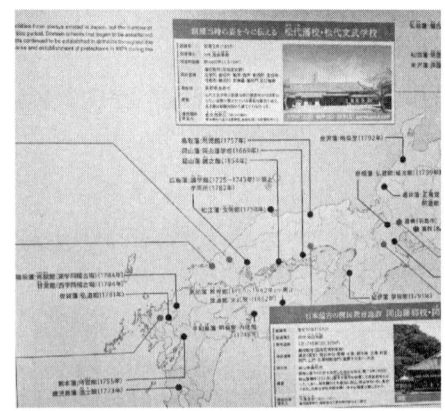

18세기 중반 이후 일본 남부지역 향교와 명륜관 분포도

이를 대상으로 '주자학' 실력을 평가하는 과거제도도 생겨나 무예뿐만 아니라, 학문이 출중한 사람에게도 출셋길이 열리자, 무사에게도, 행정 능력과 정치적 감각이 중요해졌다.

이처럼, '칼만 든 사무라이'보다 '칼과 책을 든 사무라이', 즉 무인 정신에 유학 지식을 더한 무사가 '시대적 엘리트'로 자리 잡으며, 이들의 **생활방식이 점차 무에서 무와 문을 겸비하도록 전환**되었다. 18세기 후반, 막부가 각 번에 건립한 '메이린칸'(明倫館)에는 이러한 문, 무 교육 시설이 지금까지 고스란히 남아 있다. 이는 조선 시대 성균관의 '명륜관'과 개념이 달랐다.

야마구치 현 '하기'시에 있는 '메이린칸'(명륜관)[4]과 함께 있는 '유비관'(무도수련장)[5]

그런데, '책 읽는 사무라이'들의 유교적 소양이 점점 커지자, 대권 위임으로 전국을 통치하는 '도쿠가와' "쇼군은 도대체 어떤 존재인가?" 그럼, "교토의 천황은 누구인가?" 등 **쇼군 권력의 근거에 의문을 품으며 현실정치에 점차 관심**을 가졌다.

이에 막부는 쇼군은 천황의 '위임론'으로 통치하는 것이라며 '존왕론'을 만족시켰으나, 권력 정당성의 원천을 쇼군 자체의 독자적인 정당성이 아니라, 천황에게서 찾았기에 만약에, 막부더러 "권력을 포기하고 천황에게 반환하라"라고 한다면 막부가 거부하기 어려울 수밖에 없을 터였다.

한편, 무사들의 머리가 커지는 동안 서구문물인 '난학'(네덜란드 학문)과 새로운 신무기(총포)가 도입되고, 아편전쟁 등 서구의 침략으로

---

4) Hykwa4, "Meirinkan", Licensed under CC BY 3.0, Source: Wikimedia Commons
5) Kuru man, "Meirinkan 03", Licensed under CC BY 2.0, Source: Wikimedia Commons

동북아의 정세가 변화하자, 외세의 침략 등 **내우외환으로부터 국가를 지키려는 무사들은 강한 대외 위기의식**을 느끼며, 여느 집단보다 먼저 '정치 세력화'하여 정치, 외교 등 시시각각 변화하는 국제정세에 민감하게 대응하였다.

특히, 막부의 쇄국정책과 안일한 외세 대응에 실망한 이들 '책 읽는 무사'들은, 전, 평시 주군의 명령에 절대복종하던 과거 무사의 행태에서 벗어나, **점점 천하나 국가 대사에 참여하기 시작**했다. 그 과정에서 '사이고 다카모리'나 '오쿠보 도시미치' 같은 '책 읽는 하급 무사'는 번의 권력자나 '상급 무사'를 능가하는 지도자로 성장하였고, 반(反) 막부 사상을 가진 번의 가신단이 주군을 제쳐두고 번의 권력을 장악하는 일이 속출하였다.

수차를 이용하여 논에 물을 대는 농부

하지만, '사농공상'의 계급주의가 정착한 사회에서 자라난, 사무라이 아래의 농민, 상인 계층은 태어날 때부터 받은 **'각자의 자리'**에서 충실하게 사는 것을 운명으로 여겼다.

이들은, 자기의 자리(직분)에서 '이찌마이'(일류)만 추구하며 맡은 바 소임을 다하는 것을 가장 중요시하는 와(和)를 실현(大和)한다고 배웠기에 정치참여에는 별 관심이 없었다. 그 결과, **대다수 농민 계층은 모든 상황을 지배층에 맡기고 관망적인 태도**를 취했으며, 상인 계층 등도 변혁의 과정에서 양쪽 모두에게 보험을 들어두는 정도였다. 그런 연장선상인지 최근까지도 일본 대중의 정치참여 관심은 덜한 듯하다.

메이지 시대의 농민들

이처럼, 지배계층으로부터 변화와 혁신에도 일반 대중 사회는 별다른 변화없이 안정을 유지할 수 있었으나, 대중들의 이런 무관심은 향후 군국주의자들이 이끄는 팽창주의적 국가 대외전략을 제어하지 못하여 전쟁에 휘말렸고, 최대의 희생자가 되었다.

 막부의 '쇄국정책'과 '흑선 내항'

'에도' 막부의 '쇄국정책'

초대 '쇼군'(征夷大將軍) '도쿠가와 이에야스'가 설립한 '에도' 막부의 외교정책은, '도요토미 히데요시'의 잔재 제거와 주변국 '오랑캐를 정벌하려던' '히데요시'의 팽창정책을 폐기하고, 변화보다는 안정을 내세우며, 가능한 한 많은 국가와 **선린외교에 주안을 두었으며,** 이 과정에서, 한바탕 큰 전쟁을 치른 조선과의 국교 재개에도 노력하였다.

조선은 왜란으로 전대미문의 피해를 입었지만, 철천지원수였던 침략의 원흉 '도요토미 히데요시'가 이미 죽어버린 데다, 그의 흔적을 지우고 접근하는 새로운 쇼군 '도쿠가와 이에야스'의 태도 전향에 마음을 돌렸다. 이후 1607~1811년 사이 200여 년 동안 **12회에 걸친 조선 통신사를 파견**하여, 중국(청) 대륙의 선진 문화를 일본에 전달하였다.

당시, 조선 통신사 일행은 일본이 조선 침략 시 사용하였던 항로로 왕래하였는데, 양국의 중간에 위치한 '쓰시마'가 조선과의 대외교섭 창구로서 이들을 안내하였다. 한국 정부는 조선 통신사가 일본에 상륙한 '시모노세키'의 '간몬 대교' 근처 바닷가에, 기념비를 세웠다.

'조선 통신사'의 상륙지점에 세워진 비석(좌)⁶⁾과
규슈와 혼슈를 잇는 시모노세키 '간몬 대교'(우)⁷⁾

 막부는 조선 이외에도 남만(포르투갈)이나 중국을 '통상국'으로 지정하고, '나가사키' 항을 교류 중심지로 삼아, '히데요시' 집권 시 외국인과 무역을 할 수 있도록 만든 **'주인선'**(朱印船, 빨간색 도장이 찍힌 무역 허가서를 지닌 선박) 제도로 이들과의 무역에 적극 임하였다.

 그러나, '그리스도교'(천주교) 국가인 포르투갈, 스페인 등 남만과의 무역이 점점 활발해지자, 무역선과 함께 따라온 이들 국가의 '그리스도'교 선교사에 의해, 쿠슈와 주고쿠 등 서부 일본 지역에서 많은 '기리시탄'(기독교인, 크리스천)이 생겨났다. 이에, '도쿠가와' 막부는 **1612년 '기리시탄' 금교령**을 내리고, 서구와는 오직 무역만 하려 하였다. 쇄국의 시작이었다.

 참고로, 규슈의 '시마바라' 지역은 임진왜란 당시, '기독교인'으로서

---

6) kuwakago, "http://ko.photo-ac.com/photo/27349434", Source: photoAC
7) Wei-Te Wong, "關門橋-Kanmon Bridge", Licensed under CC BY 2.0, Source: Wikimedia Commons

조선 침공의 선봉장이었던 '기리시탄' 다이묘 '고니시 유키나가'의 영지였으나, '고니시'가 '세키가하라' 전투에서 '히데요시'파인 서군(西軍)으로 출정하여 패하고 제거되자, 영지의 주인이 바뀌었다. 하지만, 그는 사라졌어도, '시마바라' 지역은 여전히 주민 다수가 '크리스천'이었다.

규슈 '시마바라' 성[8]

이런 상황에서 1612년 막부가 내린 금교령으로, '기리시탄'에 대한 억압이 이어지던 1638년, 새 번주가 성을 구축하는 **축성작업에 동원된 '기리시탄'들을 혹사하고, 기근에다 과중한 세금**까지 물리자, 약 4만여 명의 '기리시탄'이 반란을 일으켰다. **'시마바라' 반란**이었다.

이 반란으로 막부는 고전했다. 하지만, 막부는 사쓰마 등 규슈 일대

---

[8] Heartoftheworld, "Shimabara Castle Tower 20090906", Licensed under CC BY 3.0, Source: Wikimedia Commons

의 '도자마' 번 병력을 동원하여 난을 진압한 뒤, '천주교'를 선교하여 온 '포르투갈'과 단교하고 '그리스도교'(천주교)의 세력 확대를 금지하였다. '크리스천' 반란이 다시 쇄국의 빌미가 된 것이다. 다만, 구교가 아닌 신교로써 '기리시탄' 반란 진압에 도움을 준 **'네덜란드'(蘭)에게는 선교금지를 조건으로 1860년대 '에도' 막부 말기까지 약 200여 년간 일본과의 무역 독점권**을 주었다.

1636~38년에, 막부는 '나가사키'에 인공섬 '데지마'를 만들어, 그곳에 상관(商館)을 설치하였다. 굳이 **인공섬을 만든 이유는 외국인과 일본인을 분리**하기 위해서였다. 이곳은 이후

막부시대 무역을 위해 '나가사키'에 만들어진 인공섬 '데지마' 조감도

약 200여 년 동안 일본에서 유일하게 서구에 열렸던 창구로서, 일본의 근대화에 큰 역할을 하였다.

일본이 네덜란드와의 교역으로 인해 서구에 잘 알려진 나라가 되자, '서세동점'(西勢東占)으로 점증하는 외세의 통상 요구가 거세어지며 막부가 그때까지 지켜온 '쇄국정책'을 더이상 지키기 어려워졌다.

게다가, 막부 말기까지 이어진 오랜 평화로 전통만을 답습하며 무디어진 정치, 행정력은 외세가 가져온 산업, 과학, 무기체계 등의 발달에 따른 시대적 변화에 능동적으로 대처하지 못했다. 긴 평화가 독이 되었다.

'검은 화륜선(흑선)'의 출현

1853년 7월 8일, 미국의 '페리 제독'이 이끄는 **'페리 원정대'**('서스케하나' 등 증기선 군함 4척, 대포 63문, 승조원 980명)가 **'에도만'의 '우라가'**에 내항하여 통상을 요구하였다. 그런데, 영국 등 서구는 일본에 큰 관심을 두지 않았는데, 왜 미국이 이들보다 먼저 통상을 요구하였을까? 가장 큰 원인은, 미국 서부 해안에서 출발하여 아시아로 진출하려는 증기선이 북태평양을 가로질러 일본 근해까지 오면, 다시 증기선의 연료인 석탄 보급이 필요하여 일본의 개항을 요구한 것이었다.

미국의 흑선(포문들이 보이고, 함선 가운데 있는 증기 엔진이 보인다)

태평양을 지나온 미국 증기선 군함은, 오랫동안 네덜란드와 무역하는 동안 보아 왔던 배(帆船, 범선)와 달랐다. 배 중앙의 굴뚝에서 시커먼 연기를 내뿜고, 선체 중앙 양옆에 커다란 바퀴형 물갈퀴가 달려, 바람에 무관하게 신속하게 달렸다. 일본인은 이 시커먼 배(화륜선)를 보고, 미국 군함의 색갈이 검다고 **'흑선'(黑船, 선체 부식 방지용 '타르'로 시커멓게 칠한 배)**이라 불렀고, 역사적으로는 미국 함대가 일본에 온 것을 이른바, **'흑선 내항'**으로 표기하였다.

그런데, 이들 '새까맣고, 거대한' 미국 함대가, 사전 통고도 없이, 일본의 안마당 격인 '에도만' 깊숙이 들어와서 엄청난 대포(공포탄)를 쏘아대자 일본인은 대혼란에 빠졌다. 이런 일련의 위력시위 이후에, 평화를 내세운 '페리' 제독은 미군 300여 명과 군악대를 앞세우고 유유히 '구리하마' 해변에 상륙하였다.

이때, 이들은 증기기관을 장착하여 기계적으로 달리는 흑선처럼, **자체 동력으로 달리는 '모형 증기관차'를 선물**로 가져왔는데, **산업혁명과 관련되는 근대 기계문명의 모습**을 처음 본 일본인의 눈이 휘둥그레졌다. 이 사건은 **일본 근대사에 가장 큰 충격을 준 사건**이었다.

흑선 내항으로 일본의 무사들이 허둥대는 모습

일본에 충격을 준 미국 함대는, '평화적인 교역' 아니면, '교역 거부와 전쟁' 중 택일하라는 문제를 던지고, "1년 후에 다시 오겠다"라며 불과 9일 만에 철수하였다. 하지만, 이 '흑선 내항'을 계기로 충격받은 막부는, 1주일 만에 네덜란드에 함선을 주문하고, 지금껏 그토록 완강하게 막았던 '대선건조 금지령'을 해제하여, 각 번의 군함건조를 장려하고, 모든 지역이 바다로부터의 공격에 취약하다고 판단하여 육상 '포대'(砲

臺)를 구축하여 해안방어를 강화하도록 지시하였다. '흑선 내항'으로 인해 비로소 **막부가 각 번을 옥죄이던 무기 통제를 풀어 준 것이다.**

하지만, 막부의 이런 조치는 너무 늦었다. 무인 정권인데도 상대에게 군사적인 약점을 보였으니, '도쿠가와' 막부의 약화는 불가피하였다. 이제, 책을 읽고 정치적 식견과 국제정세에 조금이라도 관심 있던 **전국 사무라이들은 하나같이 막부의 무능을 질타**하였다. 급기야, 이들 가운데서, '막부 타도'를 외치는 '존왕양이'파가 등장하기 시작했다.

미일 화친조약과, 미일 수호통상조약 체결

그런데, 1년 후에 오겠다던 미국 함대가 불과 6개월 후에 다시 나타나자, 협상 끝에 1854년 3월, **'미일 화친조약'**이 체결되었다. 다만, 여기에는 18개월 후에 '주일 영사'를 둘 수 있다는 조항이 있었다. 1855년 10월, 미국은 일본과의 '통상조약'을 목적으로 '해리스'를 영사로 파견하여 통상교섭을 하였지만, 일본은 '화친'은 몰라도 '통상조약' 체결은 "곤란하다"라며 거부하였다.

교활한 미국 영사 '해리스'는, 당시 중국에서 벌어지고 있던 '제2차 아편전쟁'(1856~1860)을 언급하며, **"영국과 프랑스가 중국에 승리하게 되면, 그 다음은 일본이다"**라며 일본이 가장 두려워하는 부분에 맞춘 협박 작전으로 어리숙한 막부를 압박했다.

그렇지만, '고메이' 천황은, **"외세와의 통상조약의 체결은 일본을 더럽힐 것"**이라며 칙허를 거부하였고, 조정의 신하들도 모두가 통상조약 체결을 반대하였다.

하지만, 영국과 프랑스의 침입을 우려한 막부는 '청나라처럼 굴욕을 당하느니' 평화적으로 **"영국의 침입을 막아 주겠다"**라는 미국의 약속을 믿고 조약체결을 서둘렀다. 결국, 막부의 '로쥬'(老中) '이이 나오스케'는 천황의 반대가 확고한데도, 천황의 칙허 없이, **"영국과 프랑스가 쳐들어오기 전에 조약을 체결해야 한다"**라며 1858년 **미일 수호통상조약**을 체결하였다. 이로써, 막부는 오랜 **쇄국에서 개국으로 전환**하게 되었다.

그런데, 칙허가 없는 조약체결도 문제지만, 조약 내용마저, "5개 항구 개항과, '협정관세'에 의한 관세 자주권 포기 및 영사재판권 인정" 등 일방적인 불평등 조약이었다. 그러자, 미국과 유사한 조약을 체결해 달라는 유럽 열강의 요구가 봇물이 터지듯이 밀려들자 막부는 어쩔 수 없이 불평등 조약을 하나씩 체결해 나갔다. 하나, 이에 분노한 '존왕양이파'는 조정 대신들과 힘을 합쳐 **막부의 통상조약 체결에 반대**하였다.

통상조약체결의 경제적 후유증은 심각했다. 외국 무역상들이 금값이 싼 일본의 금화를 대량으로 유출하자, 금화 유출을 막으려는 막부가 금화에 불순물을 섞는 바람에 화폐가치가 저하되어 인플레이션 유발로 일본 경제는 심각한 타격을 받았다. 또한, 일본의 주요 산업인 비단의 원료인 '생사' 가격이 저렴하다는 것을 알아챈 외국 무역상이 이를 대량으로 중국에 유출하자, 일본의 직조 산업이 붕괴되어 버렸다. 반면에, 외국산 면직물이 밀려와도 불평등 조약 때문에 속수무책으로 당하는 등 서민 생활은 더욱 어려워졌고, 결국 도시와 농촌에서 폭동이 잇따르는 등 불평등 조약으로 인한 악순환은 반복되었다.

그런데, 이즈음(1858년)에 '쇼군'이 병약하여 후계자 문제가 대두되었는데, 이번에도 '이이 나오스케'가 '쇼군'의 후계자 문제를 독단으로 처리하였다. 당연히, 조야에서 막부에 대한 비난이 극에 달하였다. 그러자, '이이'는 자기에게 반대하는 조정 신하들과 다이묘 및 그 가신들마저 대대적으로 탄압하였다. 이것이 **'안세이 대옥'**인데, 이 탄압 과정에서 조슈 번의 유신 선각자 '요시다 쇼인'도 처형당하였다.

'안세이 대옥' 사건으로 막부가 많은 사람을 처벌해도, 반대가 가라앉기는커녕 더 많은 사람이 막부를 증오하며 복수를 다짐하는 가운데, '미토 번' 출신 일부 무사들이 '안세이 대옥'의 원흉인 막부의 료주(老中, 家老중 선임자) '이이 나오스케'를 백주에 많은 사람이 보는 앞에서 암살하고 도주하였다. (**'사쿠라다' 문 밖의 변**) 암살단을 막지 못한 **막부의 위신은 더욱 추락**하였고, 존왕양이파의 '막부 타도' 분위기는 더욱 고조되었다.

이처럼, '막부 타도' 세력이 점증하고 있는 가운데, 일부 실권을 가진 급진파 '미토 번' 출신들이 생각하는 '존왕양이' 운동은, 막부 내의 권력 지향적인 막부 간신들을 소탕함으로써 '보다 훌륭한 막부'로 변신시키고, 이들로 하여금 국정을 수행해야 한다는 소극적 생각이었다. 이처럼, '미토 번'의 존왕은 **'존왕경막'**(왕과 막부 모두 존경)의 사상이라, '막부 타도' 움직임이 점점 본격화되어 가는 시점에서는, 도저히 주도적인 역할을 할 수 없었다. 그 결과 자연스레, 조슈 번 등지에서 발생한 **'존왕양이'**라는 다소 과격한 새로운 대안이 급격히 부상하게 되었다.

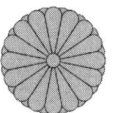

'요시다 쇼인'의 초상화

존왕양이(尊王攘夷)와 왕정복고(王政復古)

 ## 조슈 번의 '쇼카손주쿠'와 '요시다 쇼인'

'모리'(毛利) 가(家)의 '하기'(萩) 성(城)

지금의 '야마구치'현에 있는 '하기'라는 도시는 번 체제가 유지되었던 막부 말기까지 **'조슈 번'의 번청이 있었던 곳**이다. 이곳에서, '도요토미' 가문에 충성하여, 임진왜란 중에 경상도 남부를 지배하다가 철병한 뒤, '세키가하라' 전투에서 패배함으로써, '도쿠가와' 막부에게 영지를 빼앗기고 변방으로 밀려난 다이묘인 **'모리 데루모토'**가 그의 후손들과 함께 둥지를 틀었다.

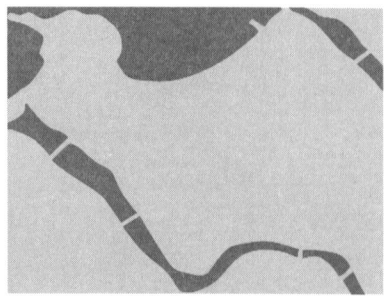

호텔에서 내다본 '하기' 시 전경(바닷가에 보이는 산 아래에 '하기' 성 건축 후, 1871년 '폐번치현'으로 폐성), '하기' 시 항공사진(왼쪽 상단 바닷가 반도 지역이 '하기' 성 성터, 남쪽 '아부' 강과 북쪽 '마쓰모도' 강 사이의 삼각주 중앙 부분이 '죠카마치' 지역)

전술적 식견이 뛰어난 '모리 데루모토'는 1604년, 두 강이 만나는 삼각주를 끼고 있는 평지의 바다 끝 반도에 우뚝 솟은 산봉우리를 등지고 '하기' 성을 건축하였다. 한눈에 봐도 방어에 유리한 천혜의 지형이었다. 그는, 번주가 거주하는 성을 중심으로 바둑판처럼 조성된 계획도시를 조성하였고, **'모리'(毛利) 가(家)는** 이를 기반으로 대를 이어 조슈 지역을 다스렸다.

당시 '에도' 막부는, 농민과 사무라이 간 연대를 우려하여, 번 주가 거주하는 성밖에 **'죠카마치'(城下町)**라는 '성 아래 마을'을 조성하여, 신분별로 성에서 가까운 곳부터 상급 무사를, 하급 무사들은 상인촌 가까이에 거주시켜 농민과 분리하였다.

'하기' 삼각주 남단에 흐르는
'아부' 강변 '죠카마치' 지역의 중급 무사 저택

조슈 번의 경우에는 하급 무사 중에서도, 대략 가록(家錄, 일종의 연봉) 100석 이상의 사무라이는 그래도 '아부' 강변 '죠카마치' 지역에 살았다. 훗날 '유신 3걸'로 불리며 유신 혁명을 주도하여 최고의 각료에 올랐던 **'기도 다카요시'** 가문이나, 제1차 조슈-막부 전쟁 이후 뿔뿔이 흩어진 개혁파 인사들을 모은 뒤, 쿠데타를 일으켜 극적으로 다시 조슈 번을 장악하였던 **'다카스기 신사쿠'** 등의 집안 가록은 140석 정도였다.

이들보다 가록이 더 낮은 하급 무사 가족들은 두 강의 안쪽인 삼각주 지역에도 살지 못하고, 동쪽에 흐르는 '마쓰모토'강(위 지도 북측 상단) 너머에 거주하였다. 그런데, 바로 이곳에, 메이지 유신의 '사상적 지주'였던 **'요시다 쇼인'**의 생가가 있고, 그 안에 그 유명한 '쇼카손주쿠'가 있다. 그리고, 그 가까이에 메이지 혁명을 완성하고 초대 총리가 되었던 **'이토 히로부미'**와, 후임 총리 **'야마가타 아리토모'**, 그리고 러일전쟁 간 총리를 역임하였던 **'가쓰라 타로'**의 생가도 있다. 훗날, 이곳 하급 무사 거주지역이, **메이지 유신의 본거지**가 되었던 셈이다.

야마구치현 '하기'에 있는 '이토 히로부미' 생가[9]와 별저[10](쇼카손주쿠 근처에 있다)

다만, 조슈 번 출신의 다른 총리, 예컨대, 초대 조선 총독을 역임하고 총리가 된 '데라우치 마사타케', '아베 신조' 총리의 외할아버지인 '기시 노부스케' 전 총리, 그리고 그의 친동생인 '사토 에이사쿠' 전 총리 등이 태어난 곳은 이곳 '하기'에서 약간 떨어진 '야마구치' 지역이다.

---

9) そらみみ, "Former residence of Ito Hirobumi 2", Licensed under CC BY 4.0, Source: Wikimedia Commons
10) そらみみ, "Villa of Ito Hirobumi 2", Licensed under CC BY 4.0, Source: Wikimedia Commons

'조슈'의 '하기' 시가 세간의 주목을 받은 이유는, 막부 말기 때까지 존속하던 270여 개의 번 중, 조그만 1개 번의 도시들에 불과한 이곳 '하기'나 '야마구치'에서 '메이지' 시대 50여 년 동안에 "유독 왜 그리도 많은 총리와 최고위급 장군들이 출현하였을까?" 라는 의문과 더불어, 일본 군국주의자들이 숭배하는 곳이기 때문이다. 이에 대한, 일본 전문가들의 분석은 **메이지 유신의 사상적 선구자인 '요시다 쇼인'이 '쇼카손주쿠'라는 개인 사숙을 열어 그의 문하생들에게 끼친 역할에 주목**한다.

일본 '팽창주의'와 '요시다 쇼인'의 '쇼카손주쿠'(松下村塾)

'요시다 쇼인'은 어떤 인물이기에 그렇게 수많은 하급 사무라이들에게 강한 영향을 미쳤을까? 1830년에 가록 27석에 불과한 하급 무사의 아들로 태어난 '요시다 쇼인'의 집은 매우 곤궁하여 '요시다' 가로 입양되어 자랐고, 정치적, 사회적으로 큰일을 이룬 인물도 아니었다. 그럼에도, 모든 일본인이 '다 아는 사람'으로 유명해진 것은 그가 개설한 **'쇼카손주쿠'의 문하생들이 메이지 유신의 주역**으로서 일본제국의 근대화와 군국주의의 초석을 다졌기 때문이다.

'쇼카손주쿠'는 원래 '쇼인'의 숙부 사숙이었는데, '쇼인'도 여기서 '야마가류' 검술 등 병학과 유학, 시문, 서 등에 대해 스파르타식 교육을 받았다. '쇼인'은 15세 때 조슈 번주 **'모리 다카치카'**에게 어전(御前) 교육으로 손자병법을 교육하여 능력을 인정받았고, 이때의 인연으로 '쇼인'의 재능을 아끼게 된 '모리 다카치카'는, 이후 '쇼인'이 위반한 '탈번' 사건으로 인한 처벌이나, '밀항' 실패에 따른 자택연금 등의 과정에서 그에게 수차례 결정적인 도움을 주었다.

'쇼인'은 어려서부터 몸에 익은 **'일본식 병학'**(和式兵學)을 유지한 '양이론자'였지만, 대국이자 문명국으로 알았던 중국이 '아편전쟁'에 패배하고, 대제국 인도가 영국의 '식민지'로 전락하는 모습을 보고, 서구의 군사력에 큰 충격을 받았다. 이후, 서구 관련 서적을 탐독하였고, 19세 때 서구의 문물과 병학을 위해 사쓰마의 나가사키로 유학 가서 **난(네덜란드)학**을 배웠다.

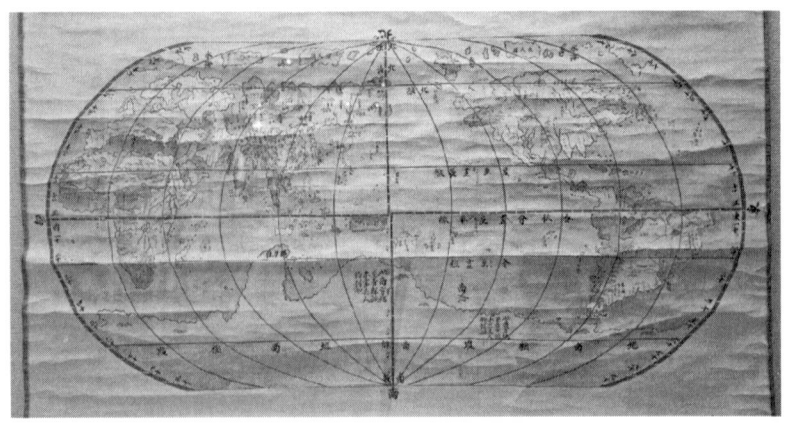

1840년 일본판 세계지도
(남극대륙까지 묘사되어 있을 정도로 오늘날 지도와 비슷하다)
일본인들은 세계지도를 보며 세계 각 지역의 지명을 익히고,
동양보다 더 큰 세상이 있는 것도 알게 되었다.

십대 후반의 어린 나이임에도 불구하고, 세계정세에 눈을 뜨게 된 '쇼인'은 서구 열강의 침략(서구의 식민지 경영)을 정확하게 포착하여, 일본의 신속한 체제전환의 필요성과 **'대일본 팽창주의'를 외친 장본인**

이 되었다. 이런 사상에 들뜬 그는 이미 20세 때부터, 더 많은 서구 정보를 얻고자 서구 선박 등을 관찰하며 규슈 일대를 돌아다니기도 했다.

특히, 22세 때인 1852년, **일본의 건국 역사를 밝히고, '서구의 위협에 어떻게 대비할지'를 갈파한 《신론》**이라는, 미토 번의 '미토학' 학자 '세이시 사이'가 저술한 책을 읽었다. 이 책은, '존왕양이'의 '바이블'이 된 서적이다. '세이시 사이'는 《신론》에서 막부의 가장 큰 행사였던 '산킨코타이'(參勤交代) 제도를 비판하고, 막부가 다이묘의 연대를 막기 위한 '500석 이상 적재 가능한 대함 건조 금지법'을 해제하고, 외압에 대비한 부국강병책을 주장하며, 막부 세력의 근간을 해체하라고 주장하였다. (이런 주장은 그 이듬해 '흑선 내항' 사건으로 현실화된다.)

'세이시 사이'의 저서는 그저 막부만 알고 살아왔던 '쇼인'에게는 커다란 충격이었다. 《신론》에 크게 감명받은 '요시다 쇼인'은, 무사에게 금지된 '탈번'까지 감행하면서 미토 번에 가서 '미토학' 학자 '세이시 사이'로부터, **'일본의 국체가 천황 중심인 황국'**임을 깨달음과 동시에, 그의 국가관은 '조슈 번'에서 '일본'으로 바뀌었다. 훗날, 그가 '쇼카손주쿠'에서 숙생을 가르칠 때 '세이시 사이'의 《신론》은 주요 교재가 되었다.

'세이시 사이'가 속했던 '미토학'이란, '국체는 천황으로부터 시작'하며, '우리들은 해가 뜨는 나라의 백성들'이라는 사상으로, **메이지 시대의 '존왕양이'로 이어지는 토대**가 되었으며, '존왕'의 개념에 바탕을 두고 유학, 국학, 사학, 신도를 결합하여 일본 특유의 정치사상으로 발전하였다. 여기에서, **일본 '고유의 정신'에서 진리를 구하려는 '국학'이 발**

생하고, '국학'은 일본 토착 종교인 '신도'와 결합하여 훗날 '천황 신격화'로 이어졌다.

　당시, 쇼군은 일본 전국의 모든 번을 지배하는 절대 권력자였다. 반면에, 천황의 존재는 '카마쿠라' 막부, '무로마치' 막부, 그리고 '에도' 막부까지 약 700여 년간 무가정권 시대를 이어 오는 동안, 그저 **연호만 정하고, 관직만 수여하는 실권 없는 한낱 장식품 신세**였다. 때문에, 사람들은 '쇼군'을 진짜 국가 지도자로 알고 숭배하였다.

　그런데, 아이러니하게도 '에도 막부'의 한 줄기인 '미토' 번의 번주 '마쓰쿠니'가 《대일본사》라는 천황 중심의 역사책 편찬작업을 시작하여, 200여 년 동안 《사기(史記)》와 같이 **'기전체'로 역사를 기술**하였다. 역사를 '기전체'로 기술하면 '메이지 10년' 등의 연호로 천황을 중심으로 역사가 편찬되어야 했다. 그 때문에, 그런 역사책에서는 자연스레 **막부보다 천황이 더 큰 권위를 가진 존재로 취급**될 수밖에 없었다.

　어쨌든, '미토학'을 배우고 조슈로 돌아온 '쇼인'은 즉시 **'탈번'을 범한 죄**로 감방에 구금되었다. 당시, 번은 오늘날 국가처럼 번주의 권한이 막강하여, 만약 사무라이가 번을 허가 없이 벗어나면 낭인 신세가 되어야 했는데도, 선동가이자 혁명가의 기질을 가진 '요시다 쇼인'은 무모에 가까운 행동으로 **'미토학'을 공부하기 위해 탈번**하였던 것이다. 하지만, '쇼인'의 재능을 아낀 번주 '모리 다카치카'는 '쇼인'의 처벌을 '본가에서 유폐'되는 형벌 정도로 마무리한 뒤, 얼마 후에는 곧바로 사면하고, 다시 10여 년간 국내 유학을 허락하였다. 파격적인 조치였다.

'쇼카손주쿠'
옆에 있는 '요시다 쇼인'의 생가(좌), '쇼인'의 자택연금지 표지석(우)

번주의 허락을 받고 국내를 여행하던, '쇼인'은, 1853년 6월, 일본인에게 공포와 경탄의 대상인 '흑선 내항'이라는 큰 사건을 목도하였다. 그리고, 권력을 가진 막부가 도쿄만에 진입한 **미국 함대에 놀라 허둥대는 무능을 절감**하고 막부 반대를 결심하였다. 그는 미국 군함이 일본 앞바다를 헤집고 다니니, '일본이 서구 열강에 침략을 당할지 모른다'는 위기감에, '일본을 지키려면 서구를 더 잘 알아야 한다'라고 생각하였다. 1854년 3월, **미국 해군함정에 몰래 승선**하였다가, 미군에게 발각되어 실패하고, **'밀항시도' 죄**로 '하기'로 송환되어 감옥에 갇혔다.

'쇼인'은 '하기' 감옥에 갇혀있는 동안에도, '책 읽는 사무라이'로서 견문을 넓히기에 분주하여 총 554권의 책을 읽고 죄수들 상대로 강의도 하고, 저술 활동도 하였다. 그러는 동안. '병학사범'의 검술 따위로는 서구를 상대할 수 없음을 인식하고 **해군 육성을 촉구**하기도 했다. 이를 위해, 그의 밀항 동기와 '팽창주의'의 사상적 배경을 다룬 《유수기》를 출간하였다. 이 책에서 그는 "과거 한반도가 일본의 속국이었기에, 이를 다시 정복하여 복속시키는 게 옳다"라고 주장하는 등 훗날 그의 문하생들이 **'조선 식민지'화를 수행하는 사상적 원류**가 되었다.

1855년 12월 출옥한 '요시다 쇼인'은 '가택 유폐' 상태에서, 1856년에 505권, 1857년에 385권 등 책을 읽었다고 한다. '책 읽는 사무라이' 중에서도 일본식 표현대로 **'엄청난 독서광'**이었다. 그는 숙부 '다마키 분노신'이 개설한 **'쇼카손주쿠'라는 '사립 글방'을 재개설하여 나이, 신분 차별 없이 문하생으로 받아들이고** 많은 독서와 여행 등으로 견문을 넓힌 해박한 지식을 바탕으로, 강의하였기 때문에, '쇼인'과 '쇼카손주쿠'의 명성이 점차 높아졌다.

'쇼카손주쿠' 학습장 외부(좌)[11] 및 내부 전경(우)[12]

특히, '쇼인'의 세 살 아래 동네 친구로 '쇼인'의 문하생이었다가 유신 정권의 최고 각료가 되었던 **'기도 다카요시'**(훗날 유신 3걸 중 1인)와,

---

11) mlouis, "松下村塾(50993791981)", Licensed under CC BY 2.0, Source: Wikimedia Commons
12) ぽこるん, "松下村塾講義室", Licensed under CC BY 4.0, Source: Wikimedia Commons

초대 총리를 역임하였던 **'이토 히로부미'**, 역시 입헌제 총리였던 **'야마가타 아리토모'** 등 동네의 십대 후반 '하급 무사'들이 앞다투어 입숙하였다. '하기' 시에는 '메이린칸'(명륜관)이라는 번교가 있었지만 이들은 '쇼카손주쿠'를 택했다. 1856년, '쇼인'이 '쇼카손주쿠'를 열었을 때, 입숙자는 모두 18명이었는데, 숙생이 점점 늘어나 교실도 증축하였다.

 '쇼인'의, 학습방법은 **일방적인 강의가 아니라 '회독'**이라며 특정 주제를 놓고 참가자 모두 자유롭고 격렬하게 토론하는 방식이었다. 자연히, 신분이나 나이는 문제가 되지 않았고 독서와 토론에만 열중하였다. '학문은 곧바로 현실정치와 연결되어야 한다'라고 생각한 '쇼인'이 공부를 정치토론장으로 만든 것인데…. 오늘날, 미국 웬만한 대학원 고급과정에서 하는 학습방법을 이미 오래전에 일본의 촌구석에서 시도하였다는 점이 매우 흥미롭다.

 그런데, '쇼카손주쿠'(松下村塾)에서 숙생들이 머물며 학문을 익히는 동안의 급식(식사) 문제는 꽤 현실적인 과제였지만, 주로 '요시다 쇼인'의 가족과 제자, 그리고 지역 사회가 협력해서 자발적으로 해결하였다.

'쇼인'과 제자들이 자력갱생하는 모습을 묘사한 밀랍인형(쇼인 박물관)

'쇼인'은 하급 무사 집안이지만, 지역에서 존경받는 인물로서 제자교육에 열정적이었기에, **사찰이나 지역 주민들이 쌀이나 음식을 기부하여 숙생들의 급식을 지원**하였고, '쇼인'도 제자들도 함께 **간단한 텃밭 농사나 노동으로 생필품을 조달**하였다. 이는, 조선사회의 교육기관인 '향교'나 '서당'의 훈장들이 일체의 노동 없이 학문만 강조한 것과는 다소 다른 모습이었다.

하지만, 이 조그마한 건물에서 '쇼인'이 숙생을 가르친 기간은 불과 3년이 채 되지 않는다. 그럼에도, 감수성이 예민한 나이였던 어린 하급 사무라이들은 그의 해박에 지식에 매료되어, '쇼인'과 짧은 시간이나마 함께 지내는 동안 '쇼인'의 생각을 공유하며 **'지식의 신념화'**에 빠져, **'천황과 국가를 위한다'라는 대의명분을 내세운 그의 급진 개혁주의 사상에 동화**되었다.

1858~59년까지 막부가 '쇼군 후계자' 문제와 '천황 칙허 없는 통상조약 체결'에 반대하는 조정의 신하와 '다이묘' 가신들 등 수많은 사람을 처형하고, 탄압하는 이른바, **'안세이 대옥' 사건**이 발생하자, 지독한 '양이론'자였지만 외국과의 통상을 강조하고, 막부의 쇄국정책을 비난했던 '요시다 쇼인'은 이 대옥 사건에 분노하여 1859년 '존왕양이'파를 탄압하려는 인물 암살계획을 세웠다.

하지만, '쇼인'이 이 같은 급진적인 막부 반대 활동으로 다시 감옥에 수감되는 바람에 **'쇼카손주쿠'는 1858년 11월 폐교**되었다. 그리고, 다른 건으로 체포된 쇼인이 잘못하여 심문 도중에 이런 암살계획을 자백

하는 바람에, 사형을 언도받고 29살의 나이에 처형되었다. '쇼인'은 죽기 전, 그의 《유훈록(류콘로쿠)》에 "비록 몸은 무사시 벌판에 썩어 가더라도 남겨놓은 것은 **야마토 다마시(大和魂)**"라는 유명한 말을 남겼다.

당시, '쇼인'의 문하생은 모두 90여 명 정도였던 것으로 추정되는데, 이들 문하생이 '쇼인'의 사상을 철저히 교육받은 탓일까? 이들은, '쇼인'이 살아생전에 외친 과격한 **'초망굴기론'**으로 **"하급 사무라이나 지식 있고 뜻있는 민중들도 번과 신분의 경계를 뛰어넘어 전국적으로 연대하여 일(봉기)을 일으키라"**라는 등 폭력적 선동을 무한 신봉하였다.

그리고, '쇼인'의 사후에 거의 **모두가 '존왕양이'와 '막부 타도'의 결의를 다지고**, '쇼인'의 **《류콘로쿠》를 되풀이 암송하며** 번에 대항하고, 막부에 반항하며 **자신과 생각이 다른 자에 대한 암살과 테러**조차 서슴지 않는 등 **과격한 급진개혁파로서 개혁을 추구하다가 죽어 갔다.**

'쇼인'이 처형당한 지 8년 후인 1867년 '삿-쵸 동맹'에 의해 '에도' 막부는 타도되었고, '쇼인'의 소원대로 천황제 국가가 새롭게 탄생하였다. 그리고, '막부에 저항하다가' 살아남은 '기도 다카요시', '이토 히로부미', '이노우에 가오루', '야마가타 아리토모', '가쓰라 다로' 등 문하생들은 메이지 시대의 핵심적 권력가로서 **메이지 유신을 완성시켰다.**

'하급 무사' 출신이었던 '쇼인'의 제자 중에는 특히, 항상 칼을 차고 군인적 가치에 몰입한 이들이 있었다. 이 중에서는 '군국주의의 아버지'로 불리는 '야마가타 아리토모'도 있었는데, 그는 '쇼인'의 **《류콘로**

쿠》를 암송하며 '야마토 다마시'(大和魂)라는 '일본혼'을 '천황 신격화'에 활용하였다. 훗날, '야마가타'는 '야마토 다마시'를 침략주의, 군국주의 일본의 정신적 가치관으로 미화시켜 **"육군은 무력만이 아닌 정신력으로 싸운다"**라며 수많은 청년을 무모하게 죽음의 전장으로 내몰았다.

'쇼카손주쿠'는 메이지 유신을 열어간 지사들의 정신적 기초를 다진 곳이기도 하지만, 메이지 유신의 결정적 계기가 되었던 **1866년 '삿-쵸 동맹'(사쓰마-조슈 동맹)의 시발점**이기도 하다. 이 때문에 '쇼카손주쿠'는 메이지 시대에 성역화되어, 1858년 3월에 지어진 20평 정도의 학습당 건물 등이 사적 건물로 지정되었고, 1907년 이곳 출신인 '이토 히로부미'가 중심이 되어 '쇼인'의 생가에 '쇼인 신사'를 세웠다.

성역화된 '쇼인 신사' 입구(좌)와 '쇼인'상(우)

그리고, '메이지 유신'의 본산으로서, 성역화된 '쇼인 신사'에는 **'천황국가' 사상이 태동한 것을 기념**하기 위해 메이지의 아들 '다이쇼' 천황, 손자 '히로히토' 황태자 등이 방문한 기념비도 있다. 이처럼, '쇼인'과 그 문하생들의 흔적이 강하게 남아 있는 곳인데, 여기에 천황이 방문했다는 것은, **천황도 '쇼인'의 생각에 크게 영향을 받았다**는 뜻이고, '히로히토' 천황이 제2차 세계대전의 군국주의자들과 함께 전범 노릇을 한 사상적 배경이기도 하다. 그리고, 천황을 비롯한 통치집단의 이러한 행보는 국민의 '집단 군국주의적 사고'에도 커다란 영향을 미쳤다.

'쇼카손주쿠'에는 1968년 메이지 유신 100주년 기념행사에서 '사토 에이사쿠' 총리(61~63대)가 헌납한 **'메이지 유신 태동지지'**라는 글귀를 새긴 석비가 있다. 그리고, 그 근처에는 1862년 '다가미 토오시치'(사쓰마), '구사카 겐즈이'(조슈), '사카모도 료마'(토사)가 연합한 것을 기념하기 위해, '기시 노부스케' 전 총리(56, 57대)가 세운 **'삿-쵸토 연합 밀의지처'**라는 석비도 남아 있다.

'메이지 유신 태동지지' 석비[13]

---

13) そらみみ, "Stele in Shoin Shrine 2", Licensed under CC BY 4.0, Source: Wikimedia Commons

두 석비를 세운 전 총리 2명은 조슈번 출신으로, 성은 다르지만 부모가 같은 친형제 간이다. 이중 '기시 노부스케'는, '아베 신조'(90, 96~98대) 전 총리의 외할아버지이기도 하다. 특히, 이들 전 총리 2명과 '아베 신조' 전 총리처럼 **혐한과 반한 감정에 물든 일본 정계 우익 인사들의 '쇼카손주쿠'에 대한 향수는 대단**하다.

이들은, 아시아를 침략전쟁으로 피로 물들인 공로로, 세습되는 '작위' 등을 받아 일본의 국가 영웅이 된 자들의 후손들이다. 그래서일까? 하나같이 '조선 침탈'이나 이웃 침략에 대하여 제대로 된 사죄를 하지 않는다. 이들이, 한반도 문제에 대해서 **'왜 그리 왜곡되고 완고한 입장을 고수하는지?'**는 '쇼인'의 제자들이 미친 영향력이나 조슈 출신 일부 강경파 군 출신이 주도하였던 군국주의적 배경을 보면, 그 원인을 알 듯하다. 하지만, 오늘날까지 여전히 '일본과 천황'에 대한 편협한 사고에 물들어, 역사적 사실로 들어난 전쟁 범죄조차 부정하는 태도를 보면 인간적으로 한심하기 그지없다는 생각이다.

5 '조슈'와 달랐던 '사쓰마' 번

'사쓰마' 번 이야기

일본 사람들은 조슈를 '**메이지 유신의 발상지**'로 꼽으며, 사쓰마를 '**메이지 유신의 고향**'이라고 표현한다. 둘 다 '유신의 초석'이라는 의미일 텐데 이 둘의 역사는 오래전부터 함께했다. 앞서 살펴본 대로, 일본 서남부 지역의 여러 번 중에서도, '모리 데루모토'의 '조슈'와 '시마즈 요시히로'의 '사쓰마'는, 임진왜란 이전부터 '도요토미 히데요시' 가문을 섬기다가 '세키가하라' 전투 이후, '도쿠가와' 막부에 복속하여 260여 년간 침묵을 지켜왔다. 하지만, 조상 대대로 이어 온 번주들의 생각은 막부의 '**쇼군을 대체하여 천황을 옹립**'하려는 존왕파 입장이었다.

'시마즈' 가문은 '가마쿠라' 시대부터 '사쓰마'(가고시마현) 일대를 지배한 토호 세력이었지만, 1600년 '시마즈 요시히로'가 '도쿠가와'에 대적한 '히데요시'파의 서군으로 참전한 '세키가하라' 전투에서 패전한 후 물러나고, 아들인 '시마즈 이에하사'가 석고 약 73만 석의 사쓰마 번주가 되었다. 약 10년 후에, 사쓰마 번은 '류큐'(오키나와)를 복속시켜 석고가 약 90만 석으로 증가되어 큰 번이 되었고, 특히, '류큐'를 지배함으로써 대중국 교역으로 막대한 이익을 챙겼다.

그러나, '가고시마' 일대의 토양과 수질이 불순한 데다가, 일본 최남단에 위치하여 태풍의 피해가 잦았고 화산 폭발 등 자연재해도 발생하여 농업 생산성은 매우 낮았다. 특히, 일본의 다른 번에 비해 **사무라이의 밀도가 약 2배 정도**로 지나치게 높아 사쓰마 번의 재정은 늘 궁핍했다. 게다가, 사쓰마에 대한 경계심을 끝까지 유지하던 막부는 1637년 '규슈' 일대에서 일어난 '기리시탄'(크리스천)에 의한 '시마무라' 난을 제압할 때도 의도적으로 사쓰마 병력을 동원하였고, 1754년에는 여러 토목사업 등 대공사에도 굳이 사쓰마를 동원하여 막대한 재정지출을 유도하는 바람에 사쓰마 번은 거의 파탄 직전까지 갔었다.

이런 시련 속에서도 사쓰마는 막부가 가혹하게 대하는 이유가 '정치력 부재'라고 결론짓고, 막부와의 결속을 강화하기 위해 노력하여, 1831년, 제11대 번주 **'시마즈 나리아키라'**는 '아츠히메'(한때 일본 TV의 유명 드라마)라는 번주 수양딸을 쇼군의 정실로 보내는 등 쇼군 가문과의 정략결혼으로 정실부인을 2명이나 배출하였다. 그리고, 이런 친 막부 입장으로, 사쓰마의 정치적 영향력은 점차 전국적으로 확대되어, 막부 말기에는 중앙 정계의 실력자로 대두하였다.

'시마즈 나리아키라'는 또한, **'즈쇼 히로사토'**라는 인물을 영입하여 그의 재정개혁을 전폭적으로 지원하여 번의 부채를 탕감하였고, 1838년에는 농정, 군정, 행정개혁도 이루었다. 그야말로, 사쓰마의 중흥이었다. 이 과정에서, '하급 무사' 출신이더라도, 능력만 있으면 등용하였기에, 이들은 훗날 사쓰마 파벌 인적 조직의 기초가 되었다. 실제로, '사이고 다카모리'와 '오쿠보 도시미치'가 맹활약을 하게 된 것은 번주 '시마즈 나리아키라'의 발탁과 '즈쇼 히로사토'의 튼튼한 재정 지원, 그리고 후임 번주 후견인 **'시마즈 히사미쓰'**의 지원 덕분이었다.

　이런 일련의 과정을 보면, 같은 시간대에 똑같은 '존왕양이'를 외쳤지만 조슈와 사쓰마의 성장 모습은 정말 달랐다. 차이의 가장 큰 이유는 각 번마다 번을 벗어나는 '탈번' 행위가 엄격하게 금지되어, **폐쇄적인 울타리 안에서 살았기에 문화나 지식의 교류가 힘들었던 탓**이다. 특히, 조슈 번은 영재라는 '요시다 쇼인'조차 18세가 지나서야, 겨우 '나가사키'에 들어가서 난학(네덜란드학)을 공부하였고, '미토학'을 공부하려 번을 떠났다가 탈번으로 큰 징계를 받았을 정도로 폐쇄적이었다.

　이런 경험으로 '쇼인'은 그나마, 자신만의 방식으로 '존왕양이'나 '대일본 팽창주의'를 전개하였지만, 교육기회가 제한되고 학문적 배경이 취약했던 조슈 번 무사들은 이런 '쇼인'의 불분명한 지식조차 강한 열정과 흡인력으로, 이념화, 신념화하며, 심지어 **테러 등 과격한 행위조차 정의로운 사명**으로 알았다.

　반면에, 사쓰마의 번사들은 이런 폐쇄적인 환경에서 성장한 조슈 번사들과 달리, 지리적 특성상 막부의 '남만(서구) 무역'을 전담하는 '나가사키'에 있는 '데지마' 상관(商館)을 통하여 네덜란드로부터 무기나 외국 서적 구입 등 다른 번이 갖지 못하는 외국 문물도 접할 수 있어서 매우 개방적, 진취적 분위기하에서, **'향중교육'이라는 체계적인 교육을 받으며 성장**하였다.

　'향중교육'(鄕中敎育)이란, 16세기 말, 사쓰마 지역 무사들이 임진왜란으로 조선에 출정한 후, 남겨진 자제들의 풍기문란이 사회적 문제로 야기되자, 지역에서 새로운 청소년 교육을 위해 개발한 것으로, 계층을 초월한 모든 청소년에게 보편적 교육을 제공하자는 **전인교육용 자체 교육 시스템**이었다. 사회의 일원으로서 책임감을 강조한 '향중교육'은 농업, 기술 등 실용성 교육 이외에, 인성교육 및 공동체 의식을 중점 교육하여, 사쓰마 번사들이 '무예를 익히고', '책을 읽고', 서구식 교육(과학, 수학, 외국어) 등 학문에 정진하여 정계 진출의 기회를 가졌다. 그리고, 이 교육제도는 **훗날 일본 근대화와 사회 발전의 틀**이 되었다.

멀리 활화산인 '사쿠라지마'가 보이는 '시마즈' 가문의 별장, 가고시마현의 '센간엔'[14]

바다로 서구를 접했던 사쓰마 번은 서구식 근대화에 관심이 많았다. 특히, 번주 **'시마즈 나리아키라'**는 청이 아편전쟁에서 패하자 나라의

---

14) Kimon Berlin, "View from Sengan-en –Sakurajima", Licensed under CC BY 2.0, Source: Wikimedia Commons

일부가 식민지가 되는 것을 보고, '외국에 패배하지 않는 강하고 부유한 나라로 만들자'라고 결심하여, 서구식 군비를 갖추려고, 자신의 저택과 정원이 이어져 있는 별장 지역 '센간엔' 해안에 **'슈세이칸'(集成館)** 이라는 공장을 설립하는 등 '서구식 근대화'를 서둘렀다. **일본 근대화의 첫걸음**이었다.

이처럼, 번주의 노력으로 만들어진 '슈세이칸'에는 차례차례로 만들어진 반사로, 용광로, 유리공장, 방직공장, 증기기관 제작소 등이 아직도 그대로 남아 있어 그 당시를 연구하는 박물관으로 쓰이고 있다.

'나리아키라'가 지은 근대적 공장의 집성관 '슈세이칸'[15]

그런데, 1853년 '흑선 내항' 사건으로 놀란 막부가 '서구 선박 방어

---

15) Yanajin, "Kagoshima Syuseikan", Licensed under CC BY 3.0, Source: Wikimedia Commons

강화를 위한 해안 포대 설치'를 지시하자, 번주 '나리아키라'는 군용장비 근대화에 주력하여, **철제 대포와 서구식 증기선 건조**를 구상하였다. 하지만, 처음에는 용광로가 없어서, 철제 대포를 만들 만한 고도의 철 생산기술력이 없었다. 그러던 중, 가까운 '사가' 번에서 네덜란드의 서적(번역본)을 연구하여 '반사로'를 이용한 용광로를 만들어 철을 생산하자, 사쓰마도 이를 모방하여 1852년에 **'반사로'를 만들어 철을 생산**하게 되었다.

조슈 '하기'에 있는
메이지 시대의 '반사로'

'반사로' 기초공사에는 일본 특유의 '성벽축조' 기술과 사쓰마의 '도자기' 기술로 만든 내화벽돌이 활용되었다. 사쓰마는, 임진왜란 때, 수많은 조선 도공들을 납치하여 '가고시마' 일대에 집단으로 거주시켜, 도자기를 생산하였는데, 그들은 1,400도C의 열을 견디는 내화벽돌 제작기술을 갖고 있었던 것이다.

그런데, '반사로' 제작에도 불구하고 철 생산은 계속 시행착오와 실패를 거듭하였다. 하지만, 번주 '시마즈 나리아키라'는 기술자들을 계속 격려하고 지원하여, 결국, 1853년에 '용광로'가 제작되어 철 생산에 성공하였다. 이는 '즈쇼'의 재정개혁 덕분에 번의 재정이 넉넉해진 덕분이었다. 사쓰마가 드디어 **일본 최초로 철제 대포 포신을 만들었다.**

이처럼, 사쓰마가 철제 대포 이외에도, 증기선, 그리고 신식 소총 등을 남보다 한발 앞서 개발하게 된 것은, 오랫동안 꾸준히 이어 온 서구식 과학, 수학 교육 등 실용적인 기술발전에 집중한 교육과, 번주 '나리아키라'의 지원 덕분이었다.

또한 그는 '**무라타 쓰네요시**'라는 소총개발자를 발탁하였는데, '무라타'가 수백 정의 서구식 소총을 분석, 연구하여 만든 총이 '**무라타**' **소총**이다. 이 총은 1894년 청일전쟁에서 일본군이 승리하는데 결정적으로 기여하였다.

그뿐만 아니라, 자체적인 대포개발에도 열중하였는데, 그 중에서도 '사이고 다카모리'의 사촌으로서 훗날 러일전쟁의 육군사령관과 육군대신을 거친 후, '일본 최고의 명문가인 '공작' 작위까지 오르게 된 '**오야마 이와오**'는 1868년 '보신

야스케 대포

전쟁' 때 포병부대장을 하면서 사거리를 늘린 '**야스케**' **대포**를 제작하였다. 이 또한 1894년 청일전쟁 때 일본군의 주력 대포가 되었다.

사쓰마가 이룬 또 다른 군사적 업적은 **해군을 설립한 것**이다. 임진왜란 당시, 사쓰마의 번주 '시마즈 요시히로'는 일본 수군 대장이었다. 그런 탓일까? 1853년 미국의 흑선이 내항하자, 놀란 막부가 사쓰마, 미토, 사가, 토사 번 등에게 군함건조를 허락하고 장려하자, 사쓰마의 번

주 '시마즈 나리아키라'는 이 기회를 활용하여, 서구식 범선을 건조함은 물론, 증기선을 만드는데 착수하여 1855년에는 조잡하지만 **일본 최초로 대형 증기선 군함(雲行丸)을 건조**하였다.

'나가사키' 해군 전습소

군함건조로, '나가사키'에 군함 운용 인력 양성을 위한 **'해군 전습소'가 개설되었다**. 교육생으로 참여한 다수의 사쓰마 번사들은, 사쓰마 해군의 뿌리가 되어 막부 타도에 큰 역할을 하였는데, 이들에 의해 해군 함선이나 대포 등 신식무기체계를 다룰 수 있는 기술력을 갖게 된 사쓰마는 전투력이 배가하였다.

이들 교육생 중에는, 1876년 조선 개국을 강요한 '강화도 조약'을 맺게 한 '운요호'의 함장 **'이노우에 요시카'**도 있고, 훗날 연합함대 사령장관으로서 청일, 러일전쟁을 승리로 이끈 **'이토 스케유키'**(청일전쟁, 1895년)와, **'도고 헤이하치로'**(러일전쟁, 1905년)도 있다.

1858년, 번주 '나이아키라'가 사망하자, 새로이 번주가 된 조카 '시마즈 다다요시'는 너무 어려서 그 아버지 '시마즈 히사미쓰'가 후견인 역할을 하였다. 번정은 고인의 발탁으로 정계에 입문한 '사이고 다카모리'와 고인을 흠모하였던 '오쿠보 도시미치' 같은 하급 무사 출신들이 맡았다. 이들은, 새로운 번주 후견인인 '시마즈 히사미쓰'가 형인 '시마즈 나리아키라'의 유지를 받들겠다고 선포하자, 이에 감복하여, 번주의 체제 개혁을 지원하였고, 그들의 '인맥' 중에서 '정치에 관심이 많은' 하급 무사들과 함께 **정치적 결사 단체인 '성충조'를 결성**하였다.

당시의 제도로는 번주가 '하급 무사'의 정치적 집단을 인정하기는 어려웠지만, 유연한 정치 감각을 가진 '시마즈 히사미쓰'는 하급 무사 집단인 '성충조'의 수장 '오쿠보 도시미치'를 국정 파트너로 인정하는 한편, '성충조'의 정신을 번의 기본방침으로 받아들이는 등 국정 책임자로서 적극적인 지도자임을 가신들과 백성들에게 일깨워 주었다. 그 결과, 조슈의 과격한 유신 혁명가 정도는 아니지만, **급진성이 강했던 사쓰마의 '성충조' 집단**은 '자신들을 이끌어 주는' '시마즈 히사미쓰'라는 리더를 따라, 강력한 정치력을 과시하는 집단이 되었다.

이처럼, 새로운 번주의 아버지로 후견인인 '시마즈 히사미쓰'는, '나리아키라'를 계승한다는 정치적 명분과 '성충조' 하급 무사들의 지지로 사쓰마 번의 국론을 통일시킨 정치력으로, 중앙정치에서도 대담한 정치력을 발휘하였다. 그는 양이론보다 '개국의 불가피성'과 '거국일치' 체제를 거론하며 무장 대비태세를 주장하였는데, 이러한 정치 구상이 사쓰마의 상하를 막론한 번의 통일된 대외방침으로 인정되면서, **중앙정치에서도 강력한 발언권**을 갖게 되었다.

특히, 중앙정치에서, '시마즈 히사미쓰'는 막부와 타협적인 '공무합체론'을 외치며, 여러 웅번과 연합하는 구상을 실현하려 하였다. 하지만, 소심한 쇼군의 변심으로 이 구상이 무산되자, 사쓰마 번도, 앞에서는 막부에 머리를 숙이는 '공무합체론'을 주장하다가, 뒤로는 언제든 '근대화'라는 자신들의 갈 길을 준비하게 되었다. 이처럼, 다양하게 노력하던 그들은 결국, **서구의 '제도 모방과 장비의 도입'에서 '근대화'의 해답을 찾았다**.

1862년, '히사미쓰'가 400여 명의 호위를 받으며 교토에서 사쓰마로 복귀하던 중, **'나마무기' 마을에서, 호위무사 1명이 '히사미쓰'에게 예를 표하지 않는 영국인 관광객을 살해**한 사건이 발생하였다. 이는 외교적 문제로 비화되었고 영국에 저자세였던 막부는 배상금을 지불하며 사건을 종결하려 하였다. 하지만, 영국은 사쓰마의 사죄를 요구하였는데, 사쓰마가 이를 거부하자 1863년 영국 군함이 사쓰마와 3일 동안 포격전을 벌였다. 이게 **'사쓰에이' 전쟁**이다. 이 전쟁으로 사쓰마는 '양이'를 주장하던 사무라이들의 큰 지지를 받았으나, 전쟁 피해도 컸다.

한편, '시마즈 히사미쓰'는 영국과의 '사쓰에이' 전쟁에서 영국에게 패한 원인으로 구식 군사제도와 낡은 무기체제 탓이라 판단하여, 1865년 구식 총포를 버리고, 영국을 통해 '스나이더' 후장식 소총, '암스트롱' 장거리 대포, 증기선 등의 구입에 적극 나섰다. 특히, 신속한 물자와 병력 수송용 해군의 증강에 주력하였다. '사쓰에이' 전쟁 이후 사쓰마 번의 무기체계 근대화 방향은 자체개발보다 해외 구매 쪽으로 바뀌어 재정부담이 컸으나, '류큐'(오키나와)를 이용한 **각종 중계무역과 함께, 막부의 화폐주조 사업 승인으로 재정적인 뒷받침이 가능**하였다.

그런데, 사쓰마는 '히사미쓰'의 '나마무기' 사건으로 인한 영국과의 '사쓰에이' 전쟁에서 패배한 후유증은 피하기 어려웠다. 전쟁 이후, '히사미쓰'는 '사이고 다카모리', '오쿠보 도시미치' 등 '시마즈' 가문이 키운 '막부 타도'(到幕)파 하급 무사들에게 번정의 주도권을 맡겼다. 그리고, '존왕양이'를 주장하던 이들 번사는, 역시 '존왕양이'를 주장하던 조슈 번과 동맹을 맺어 메이지 유신의 원동력으로 활약하게 된다. '시마즈' 가문은 비록 뒤로 물러났지만 '메이지 유신' 이후, 조슈의 '모리' 가문과 같이 정권에 협조한 공로로 **'공작' 작위를 받아 세습 귀족**이 되었다.

6. '존왕양이', '양이'에서 '대양이'로 변화

'양이론'에서 '대양이론'으로 변화시킨 서구와의 첫 교전

'존왕양이'에서 존왕(尊王)은 '막부를 타도하고 천황을 옹립한다는 것'이고, 양이(洋夷)는 '외국(서구 오랑캐)과의 통상을 반대하거나 외국을 격퇴하고, 쇄국을 지속해 나가려는 배외사상'이었다. 그런데, 일본의 양이는 특이하다. 서구와 몇 차례 전쟁을 치른 이후, 이들은 대외적 입장을 바꾸었다. 논리는 간단했다. 외세를 '감정적으로 배척'하는 것은 '소(小)양이'이고, **외세로부터 배울 것은 배워서 부국강병을 이루어 서구와 동등하게 되는 것이 '대(大)양이'**라는 것이다.

과거, 사쓰마 번이었던 '가고시마'시에는 그곳 출신으로, 1905년 '쓰시마'(대마도) 해협에서 러시아의 '발트함대'를 궤멸시킨 연합함대 사령관 '도고 헤이하치로'의 동상이 있는데, 일본인들은 이 승리를 서구 열강의 도전에 대한 응전으로 간주하며 **메이지 유신의 대미를 장식했다**고 한다. 그들로서는 '대양이'의 꿈이 실현되었던 셈이다.

그런데, 일본의 '양이'(洋夷)는 그로부터 40여 년 전인 1862년부터 미국, 영국 등 외국인 살해로 구체화되기 시작했다. 영국은 1854년 미국에 이어 일본-영국 화친조약을 체결한 바 있는데, 1862년 9월에 사쓰마 번주의 후견인 '히사미쓰'의 호위무사가, '나마무기'라는 조그마한 마을을 지나는 동안, 일본말을 몰라 "말에서 내려 예를 표하라"라는 지시에 따르지 않은 영국인들을 살상시킨 **'나마무기' 사건이 있었다.**

이 사건으로 영국에 저자세를 보였던 막부의 위신은 추락하였으나, 전쟁을 불사하고 사죄를 거부한 사쓰마는 사무라이들의 칭송을 받았으며, 그때부터 외국과의 모든 조약을 파기하고 외국인을 모조리 내쫓아야 한다는 **'파약양이' 사고방식**을 가진 무사들이 생겨났다.

이들 중에서 급진파는, '요시다 쇼인'의 영향을 받은 조슈 번의 '다카스기 신사쿠'를 수장으로, '구사카 겐즈이', '이노우에 가오루', '이토 히로부미' 등 '쇼카손주쿠' 문하생 11명이었다. 이들은, 1863년 1월, 영국공사관에 잠입하여 준공 직전의 건물을 방화하였고, 그중에서도 '이토 히로부미'는 그 이후에 '고메이' 천황을 퇴위시키려 한다는 이유로 한 국학자를 살해하였다.

'조슈' 번의 '시모노세키' 해협봉쇄 전쟁(1863년 5월)

이처럼, 테러를 서슴지 않았던, 과격한 조슈 번의 '존왕양이'파는 조정이 막부가 '양이'에 나서도록 압박을 가하는 일까지도 강행하였다. 1863년, 당시 쇼군 '도쿠가와 이에모치'는 '존왕양이'파가 장악한 조정의 정치적 압박에 밀려, 막부 설립 이래 처음으로 쇼군이 교토로 찾아가 천황을 알현하였다.

그 자리에서, 당시 '존왕양이'파와 조정 대신들이 '양이 실행'을 강력히 요구하자, '쇼군'은 할 수 없이 **'1863년 5월 10일에 양이를 시행하겠다'라고 거짓 약속**을 하였다. 하지만, 서구 열강과 승산 없는 전쟁을 회피하려는 막부는, 뒤로는 각국 공사에게 개항장 폐쇄와 외국인 철수를 통고하는 문서를 보내고, 겉으로는 조정의 요구에 따르는 척하였다.

막부가 서구 열강에 구두로 다시 개항장 폐쇄 의지가 없음을 통보하는 동시에, 각 번이 실제로 '양이 실행'에 나서지 않도록 조치하자, '양이 시행'일인 1863년 5월 10일에, 각 번은 막부의 뜻에 따라 양이를 결행하지 않았다. 그런데, 상황이 이렇게 돌아가는데도, '존왕양이'파의 아성인 조슈 번은 오히려, "막부의 지시"라며 독자적으로 이날부터 **'시모노세키 해협'을 봉쇄**하고 외국군에 사전 통고 없이 미국, 프랑스, 네덜란드 상선과 군함에 대해 포격을 가하였다.

미국, 프랑스, 네덜란드 연합 함대와 싸운 조슈 번의 '마에다' 포대(좌)와 '간몬 대교' 옆에 복원된 조슈 포대(우)[16]

하지만, 이들 3국은 이미 막부와 통상조약을 맺어 법적인 보호를 받

---

16) pockyyy8, "http://ko.photo-ac.com/photo/5140380", Source: photoAC

는 나라들이었다. 그런데, 조슈가 갑자기 공격하자, 3개국 군함들은 합력하여 조슈 번의 군함과 포대를 파괴하는 등 반격을 가하며 6번의 전투를 치렀다. 전투가 계속되는 동안, 조슈 번은 큰 피해를 입으며 '시모노세키' 해협을 봉쇄했지만 제대로 승리하지는 못했다.

그런데, 막부가 조슈와 싸우다가 피해를 입은 **서구 군함을 '에도'에서 수리해 주었고, 이들 군함이 다시 조슈 군을 공격하는 일이 발생**하였다. 이런 사실이 알려지자, '사카모토 료마'처럼 조슈 번의 과격한 양이론에 동조하지 않던 사람들조차 막부에 적대감을 가지기 시작했다. 당시, 일본인은 아무리 투쟁이 격렬해져도 '외세가 내국인의 일상에 개입하는 일'은 극도로 경계하여, 누구든 **'외세와 결탁했다'**라는 꼬리표가 붙는 순간 엄청난 정치적 손실을 입어야 했다. '서구 군함을 수리해 주는 것'이 조약의 의무라지만, 민심을 읽지 못한 막부의 자충수였다.

'사쓰마' 번의 '사쓰에이' 전쟁(1863년 6월)

한편, 영국은 전술한 바와 같이, 1862년의 '나마무기' 사건으로 협상을 통하여 막부로부터 배상금을 받아냈지만, 정작 가해한 사쓰마 번은 이러한 영국의 배상과 사죄 요구를 무시하였다. 이에 영국은, 1863년 6월 군함 7척으로 사쓰마 번과 전쟁을 벌였다. 이른바, **'사쓰에이' 전쟁**이다. (사쓰는 사쓰마, 에이는 영국의 英). 1863년 5월과 6월 거의 한 달 사이에 조슈와 사쓰마가 각각 서구 열강들과 전투가 벌어진 일은 일본 무사들의 '양이론' 때문이다.

당시, 영국의 철제 함포는 사거리가 4Km를 넘었지만, 사쓰마 청동 대포는 1km에 불과하여 매우 불리하였다. 전투 발발 직전까지, 사쓰마는 '영국을 상대로 이긴다'는 자신감은 없었지만, **증기선의 단점이 '석탄소모량'**이라는 점을 알고, 단기간 전투 후에 물러날 것으로 예상하며 버티었다. 그리고, 사쓰마는 외국과 무역으로, 그나마 근대식 군대를 가장 잘 갖춘 상태였다.

영국함대의 사쓰마 '가고시마' 포격도

영국은 3일간의 공격으로 사쓰마 증기선 3척 침몰, 10개 해안포대 초토화, 가고시마의 '죠카마치'(성 아래 마을) 대부분을 화재로 소실시켰다. 그러나, 영국도 군함 7척 중 3척의 증기선이 소실되는 등 사쓰마번의 화력에 의해 막대한 피해를 입었다. 세계 최강 영국이 일본과 대등하게 증기선 3척 소실이니, 결과만 놓고 보면, **사쓰마의 분전에 영국**

함대가 패배한 모습이었다. '사쓰에이' 전쟁을 지켜본 미국 《뉴욕타임스》 등 서구 언론은, **일본의 전력이 만만치 않은 수준**이라고 보도했고, 다른 서구 열강도 영국 해군이 일본의 작은 지방 정부군에게 사실상 패한 사실에 충격을 받았다.

'조슈'와 '사쓰마'의 대립 - '간몬(금문)의 변'(1863년 8월)

이렇게 5월과 6월에 조슈와 사쓰마가 외국과 전쟁을 치루는 동안, 교토에서는 '존왕양이'를 외치는 조슈의 양이파가 점점 과격해져 가자, 아무리 자신을 지지하는 세력이라고는 하나, '고메이' 천황의 마음도 점차 이들에게서 멀어져갔다. 여기에다가, 조슈가 정국을 주도하는 것을 못마땅하게 여긴 '공무합체파' '아이즈' 번주와 '사쓰마' 번주는 막부와 단합하여 1863년 8월, 교토 **조정에서 '조슈'의 양이파를 몰아내는 쿠데타**를 결행하였다. 이른바, **'8.18 정변'**이다.

금문경호를 하였던 '천황 어소'(고쇼) 입구

이 정변으로 인해, 조슈의 '모리' 가가 담당하여 오던 '금문경호'(황실경호)는 금지되고, 조슈의 지지자들은 추방당하여, 존왕양이 운동의 핵심세력이었던 조슈 세력은 급격히 약화되었다.

약 9개월 간 막부가 조슈파의 동정을 살피는 동안, 1864년 5월 하순, '아이즈' 번 무사대가 교토에 체류하던 '쇼카손주쿠' 문하생 5명이 포함된 조슈의 '존왕양이'파를 살해하는 사건이 발생하였다. 분노한 조슈는 이를 응징한다며, 1864년, 7월 '기도 다카요시' 등이 병력 2천여 명을 천황이 거주하는 '고쇼' 주위에 집결시켜 군사시위를 하였다. 하지만, 반대파 막부군도 사쓰마 지원군 도착으로 약 2만여 명으로 증강되었다.

'천황 어소'(고쇼) 외곽[17]

1864년 7월 18일, **조슈 측은 "막부 병력이 10배가 넘는다고 해도, 이를 돌파하여 천황에게 직소하겠다"라며 교토로 진군**하였다. 조슈 측은 반나절 만에 패퇴하였지만, 이 과정에서 교토에 큰 화재가 발생하였다. 더구나, 막부-조슈 간의 전투 와중에 궁지에 몰린 조슈 군이 천황의 '고쇼' 안으로 직접 포격을 가하는 사건도 발생하였다.

이렇게 되자, **조슈는 화재 발생과 포격 사건으로 막부는 물론, 조정의 적이 되었다.** 이 사건이 **'간몬(금문)의 변'**이다. '고메이' 천황은 이틀 후에 막부의 건의대로 '조슈 정벌령'을 내렸고, 그로부터 얼마 후 막부

---

17) Hyppolyte de Saint-Rambert, "Kyoto-gosho 9999 450", Licensed under CC BY 4.0, Source: Wikimedia Commons

는 약 15만여 병력을 소집하여 이듬해 조슈 정벌에 나섰다.

'조슈-4개국 연합' 전쟁(1864년 8월)

1864년 8월, 사쓰마와 막부가 조슈로 진격하자, 조슈의 '양이'에 반감을 가진 영국도 이 기회를 이용하여, "전년도에 조슈 번이 '시모노세키 해협'을 봉쇄하는 바람에 '막대한 경제적 손실'을 입었다"라고 주장하며 **조슈에 보복**을 가해왔다. 조슈 번으로서는 설사가상이었다.

'조슈-4개국 연합' 전쟁도. 검은 군복 외국군에 의한 조슈의 고전 모습

그런데, 이번에는, 영국 혼자만이 아니라, 전년도 '양이 결행일'에 조슈에게 공격당하여 피해를 입은 프랑스, 네덜란드, 미국 등 3개국도 조슈 공격에 참가하였다. 이들 4개국은 연합함대를 구성하여 '시모노세키' 일대의 조슈 번의 포대를 포격하고 육전대를 상륙시켜 포대를 점거, 파괴하였다. 이른바, **'조슈-4국 연합' 전쟁**이다. 당시, 23살의 나이로 영국 유학 도중에 귀국하여 자원하여 참전하였던 '이토 히로부미'는 평생을 이 전쟁의 후유증에 시달렸다. 그는 이 전쟁의 '트라우마'로 청일전쟁, 러일전쟁 등 모든 전쟁마다 반대하여 '겁쟁이' 소리를 들었다.

'시모노세키' 전쟁과 '사쓰에이' 전쟁 등이 미친 영향

이처럼 양 번이 참전한 전쟁 과정과 결과를 지켜본 조정은, 조슈는 '멋대로 전쟁을 일으켜 외세에 패배하며 조정을 곤란'에 빠뜨렸지만, 사쓰마는 '천황을 대신하여 일본의 자존심을 세웠다'고 평가하였다. 이에, 사쓰마는 **"막부대신 천황을 위해 싸웠다"**는 명분을 얻었고, 적이었던 영국과 접촉하여 '프랑스의 영향력 확대를 저지하겠다'는 조건으로 영국 무기도 획득하였다.

반면에, 조슈 번은 미국 함대에 의해 조슈의 근대식 군함과 해안포대가 초토화되는 큰 손실을 입었음에도 불구하고, **일본의 실력을 보여 주어 '외국과의 불평등 조약을 개정하기 위해서'**였다고 강변하였지만, 이런 주장은 조정으로부터 외면당하였다. 양 번의 전쟁에 대한 전문가의 평가는, 조슈 번사들은 '존왕양이'에 대해 **진정성을 가진 순진함**을 갖고 있었으나 너무 과격하였다. 반면에, 사쓰마 번사들은 현실적으로 행동하여 **실속을 취하는 영리함**을 보였다는 것이다.

그런데, 사쓰마와 조슈의 번사들은 서구 열강과의 전쟁에서, 영국 등 서구 함대의 강력한 힘을 뼈저리게 느끼고, 무작정 일본에 들어온 외국인을 참살하고, 그들의 시설물을 파괴하는 거로는 '양이'가 성공하기는커녕, 오히려 더 큰 피해를 본다는 점을 깨달았다.

특히, 1863년 5월 조슈 번이 '양이 시행'일이라며 시모노세키 해협을 봉쇄하고 미국, 프랑스, 네덜란드 등 외국 함선을 공격하였다가, 이들 3국 연합군이 조슈 번의 군함과 포대를 파괴했던 **'시모노세키' 전투**에서 크게 패한 조슈 번 번사들은 **구식 장비로 서구세력과 맞부딪히는 것이 얼마나 무모한 일인지** 알게 되었다. 당시, 일본의 구식 청동대포는 사거리가

막부 시절의 청동 대포

1km에 불과하여 사거리가 4Km를 넘는 영국의 철제 함포와는 상대가 되지 않았다.

결국, 이들은 '양이'를 효율적으로 실행하는 길은, **'외국과 우호 관계를 맺고, 그들의 기술과 지식을 배워 부국강병으로 국력을 신장시켜 그들과 대등하게 겨룰 수 있는 힘을 가져야 한다'** 라고 생각하며 (훗날 점진적 '정한론'과 '탈아입구'의 사상적 배경이 되었다), "영국과는 적대보다 화친을 해야한다"는 이른바 **대양이론(大洋夷論)** 주장까지 나왔다. 이로써, '존왕양이'에서 '존왕'만 남기고 '양이'를 포기한 계기가 되었다. 영국 또한, 사쓰마 번이나 조슈 번의 강력한 군사력을 경험함으로써 오히려 더 가까워지게 되었다. (이는 훗날 영-일 동맹의 단초가 되었다.)

막부 말기 '서구화'의 선구자, 해외 유학생

막부는 17세기 '기리시탄' 반란 이후에 포르투갈과 무역을 끊고, 말기에는 쇄국과 양이를 외쳤지만, 네덜란드와는 무역거래를 하면서 난

학(네덜란드학)을 배웠고, 그들의 도움으로 1811년에 최초의 '일영(日英)사전'까지 편찬하는 등 대외 부분은 난학에 의존하고 있었지만, 아편전쟁 이후부터는 승전국인 영국의 군사학 서적을 도입하였고, 1853년 미국 함대의 '도쿄만 진입' 이후에는 '영어'로 된 서구 서적 번역과, '공부하는 연구소', 항해술을 습득하는 해군학교, 제철소 건립과, 서구식 군사제도를 도입하는 등 영미식 군사개혁도 함께 진행하였다.

또한, 막부는 1862년 최초로 **'에노모토 다케아키'**(보신 전쟁 시 막부의 해군 지휘관) 등 14명을 네덜란드로 군사 유학을 보내었고 이후, 5년에 걸쳐 유학생 62명을 공식 파견하여, 각각 3년간 교육 후에 미국, 중남미를 거쳐 귀국시킨 것처럼, 막부는 1863년 '시모노세키' 전쟁이나, '사쓰에이' 전쟁 이전부터 네덜란드 유학 등 서구의 군사력 배우기에 열중하였다.

이와 별도로, 번 자체적인 유학생 파견 금지에 따라, 막부 몰래 번이 보낸 밀항자는 공식 유학생 집계에는 빠져있지만, 조슈는 '시모노세키' 전쟁 중인 1863년에 '이토 히로부미' 등 5명을 영국에, 사쓰마는 '사쓰에이' 전쟁 이후인 1865년에 '가고시마'에서 영국으로 17명의 유학생을 보내었다.

다만, 막부가 오랜 난학의 영향으로 네덜란드에 유학생을 파견한 것과 달리, 양 번은, 막부가 지시한 '번 자체 유학생 금지 조치'를 위반하면서까지, **영국과 싸운 경험으로 영국의 문물 습득에 주안**을 두었다. 이를 보면, 선견지명이 있었다고나 할까? 이들은, 당시 한 사람 유학비가 커다란 저택 2채 정도의 비용이 들 정도로 엄청나게 비쌌지만, 영국을 택하여 서구기술 도입을 위해 아낌없이 돈을 썼다.

특히, 조슈 번은 1863년 시모노세키 전쟁 도중이었음에도 당시 20대 전, 후의 '이토 히로부미', '야마오 요조', '엔도 킨스케', '이노우에 마사루', '이노우에 가오루' 등 5명의 젊은이를 영국으로 보냈다. '요시다 쇼인'의 미국 밀항 꿈이 무산된 지 9년여의 세월이 지난 뒤였다.

이들 5명은 비록, 나이는 다르나 같은 고향에서 성장하였고, 유학을 위한 언어나 공학적 배경 등 준비가 전무하였지만, 어려운 과정을 거치고 유신 정부 최고의 정치, 외교, 기술 전문 인력으로서 나란히 일본을 대표하는 인물이 되었다. 이에, 조슈에서는 이들을 **'조슈 5걸'**로 기리고 있다.

'하기' 역사에 있는 '조슈 5걸'

이들은, '양이'를 위해 강력한 군사력이 필요하고, **군사력은 주로 해군력과 무기제작 기술**이라는데 착안하여, 일본인 최초로 '런던대학' 자연과학계 학부에서 분석화학 중심의 실험 청강생이 되었다. 그렇지만, 일본과 영국의 큰 국력 차이로 '양이'가 불가능함을 깨닫자, 근대문명을 배워 일본을 강국으로 발전시키자는 '개국주의'로 바뀌었다.

이들 5명 중, '이토 히로부미'와 '이노우에 가오루'는 1년 만인 1864년에 중도 귀국하여, 바로 '조슈-4개국 연합' 전쟁에 참전하였고, 전후 협상 등으로 승승장구하다 메이지 **정부의 총리, 외무대신**이 되었다. 1866년에 귀국한 '엔도 킨스케'는 **화폐주조 근대화**에, '야마오 요조'는 **'동경대학 공학부'**를 창설하여 광산, 제철, 철도, 조선 등 일본 중공업화에 많은 공적을 쌓았다.

그런데, 조슈 번청이 있었던 '하기' 철도역의 전시실에는 '조슈 5걸'의 사진이 걸려있다. 이는 5명 중에서도, **'일본 철도의 아버지'**라는 '이노우에 마사루'를 기리기 위한 것이다. 그는 1868년에 귀국한 이후, '일본 동서 철도' 건설에 매진하였는데, 다행히도, 1873년 '이와쿠라' 사절단을 이끈 조정의 우대신 '이와쿠라'가 미국의 발전 모습에 충격을 받고, 그 원인이 '철도'라고 느낀 탓이라 '이노우에 마사루'의 '일본 철도회사' 설립에 적극 후원하여 그의 철도 건설은 순조롭게 진행되었다.

그리고 조슈에 이어, 1865년에는 사쓰마 번도 막부 몰래 유학생을 영국으로 보내었다. 출국 당시 이들은 13세로부터 34세의 나이로, 모두가 귀국하자마자, 때마침 출범한 메이지 정부에 투신하여, 메이지 시대 동안에 외무대신, 문부대신, 일본 은행 총재 등등 쟁쟁한 인물이 되었다. '가고시마'현의 '가고시마'시 중앙역 광장('사이고'와 '오쿠보'의 생가 마을 '고라이초' 근처)에 는 **'젊은 사쓰마의 군상'**이라는 동상이 세워져있고 동상은 17명의 최초 유학생의 모습을 새겼다.

젊은 사쓰마의 군상[18]

　이처럼, 메이지 정부의 '서구 배우기' 정책은 막부가 깔아놓은 기초 위에 튼실한 건물을 올려놓은 모습이었다. 유학생 출신이 승승장구하는 모습을 보아서일까? 일본의 학부모들은 유신 이후, 약 100여 년이 지난 1970년대까지 자기 자식을 영국, 미국 등의 해외 유학에 많은 관심을 쏟았다.

---

18) Misokatsuebihurai, "http://ko.photo-ac.com/photo/32034948", Source: photoAC

 7   막부의 제1차 '조슈 정벌'과 '삿-쵸동맹'

'조슈 번'과 대립하는 '사쓰마 번', 그리고 막부의 제1차 '조슈 정벌'

앞서 살펴본 대로, 1863년 8월 18일, 교토에서는 막부와 사쓰마, 아이즈 번이 연합하여 조슈 번의 번정을 장악하고 '천황을 끼고도는' 급진적인 '존왕양이'파를 몰아내는 **'8.18 정변'이라 불리는 '군사정변'**이 있었다. 그런데, 사쓰마가 조슈에 대적한 것은, 8.18 정변 몇 개월 전 사쓰마 군사령관으로 복귀한 '사이고 다카모리'가 번주 후견인 '시마즈 히사미쓰'에게 "조슈를 그대로 두면 급진 양이론자로 인하여 일본의 미래가 크게 위험해질 것"이라 건의했기 때문이었다.

오래전에, '사이고 다카모리'는 사쓰마 번주 후견인 '시마즈 히사미쓰'에게 불순하게 대한 죄로 섬으로 유배되었는데, 1863년, 교토에 정치권력 공백 해결을 위한 인재가 필요 하자, '히사미쓰'는 자신을 보좌하던 '오쿠보 도시미치'의 건의에 따라, 유배 중인 '사이고 다카모리'를 사면하고 '가고시마'로 복귀시켜, 사쓰마 군사령관으로 임명하였다.

'8.18 정변'으로 쫓겨났던 조슈 번 인사들은, 1864년 7월, '번사 피살사건'으로 다시 병력을 일으켰으나, 사쓰마의 참전으로 불리해지자, "천황에게 직접 호소하겠다"라며 천황이 있는 '고쇼'로 돌진하는 전투 과정에서, 조슈 군이 천황의 '고쇼' 안으로 포격하는 일이 생기고, 교토에 화재가 발생하여 조슈는 돌이킬 수 없이 '**조정의 적**'이 되었다. 그리고, 곧이어 천황도 막부의 건의대로 '**조슈 정벌령**'(제1차)을 내렸다. 여기까지가 지난번 이야기의 요약이다.

천황어소(고쇼)(좌)[19], 천황의 황궁으로 쇼군의 '니조 성'보다 작다.
막부의 쇼군 거처 '니조 성' 외곽(우)[20]

천황의 윤허 아래 정벌령이 내리자, 막부가 1864년 7월에 전국에 동원령을 내리고 15만 병력을 앞세워 조슈번 정벌에 나섰다. 당시, 조슈번 번주 '모리 다카치카'는 정치적 감각은 별로였으나, 후덕한 인격으로 가신들과 깊은 공감대를 형성하고, 그들을 신뢰하여 믿고 일을 맡겼고, 신분과 연령을 가리지 않고 능력 있는 사람을 중용한 번주였다. 하지만, 조슈가 막부군의 압박에 중과부적으로 절체절명의 순간을 맞으며, **"항전이냐, 항복이냐?" 토의 끝에 조슈는 막부에 항복**하였고, 항전파 '스후 마사노스케' 등 존왕파 가로들은 '사죄한다'며 배를 갈랐다.

---

19) Saigen Jiro, "Kyoto-gosho Gekkamon-2", Licensed under CC BY 1.0, Source: Wikimedia Commons
20) Hyppolyte de Saint-Rambert, "NIjo Castle (Kyoto) Outer moat hdsr S5 02", Licensed under CC BY 4.0, Source: Wikimedia Commons

이처럼, 1864년 10월, **제1차 조슈 정벌은 조슈의 항복으로 쉽게 끝났다.** 당시, '사이고 다카모리'는 막부 연합군의 참모로서 조슈 항복 주선과 전쟁 종결에 큰 역할을 하였다. 막부군이 조슈에 진주하자, 조슈 번의 '존왕'파는 권력을 상실하고 보수파가 번정을 장악하였다. 이어서, 보수파가 '존왕'파 인물을 죽이고 숙청하여 존왕파(개혁파)는 사실상 소멸 직전이 되었다.

 이런 사태에서 목숨을 부지한 조슈의 개혁파는 열정과 무력에 의한 '존왕양이'가 아니라, 천황 중심으로 '존왕의 새 시대'를 여는 것이 훨씬 더 중요하다는 것을 뼈저리게 깨달았다. 그러려면, 무엇보다 보수파에 장악된 조슈 번의 권력을 되찾아야 했다. 그런, 막막한 상황에서, 권력을 상실하고 번외로 숨었던 '쇼카손주쿠' 출신의 **'다카스기 신사쿠'** 가 시모노세키로 돌아와 1865년 12월 15일, **시모노세키 근교 '고잔지'(공산사)에서 거병**하였다. 거병 시작은 초라하기 그지없어 쿠데타군은 '이토 히로부미'가 데려온 84명의 '역사대'(力士隊)가 전부였다.

'고잔지'(공산사) 입구(좌)[21], 그리고 본당(우)[22]

---

21) shonenf, "http://ko.photo-ac.com/photo/30241329", Source: photoAC
22) SHOCHANKSD, "http://ko.photo-ac.com/photo/28008197", Source: photoAC

'다카스기 신사쿠'는, '기습임무를 수행한다'는 **'기헤이타이'(奇兵隊)라는 농민군을 창설**하였던 인물인데, 같은 '쇼카손주쿠' 출신인 '야마카다 아리토모'에게 지휘권을 물려준 인연으로 '야마가타'에게 쿠데타 합류를 요청하였다. 하지만, 믿었던 '야마카다'는 "아직 시기상조"라며 반대하였다. 이는, **제일 먼저 달려왔던 '이토'와 가장 늦게 합류한 '야마가타'의 진정성 차이**였다. (이는 훗날 청일전쟁 개전 논의 과정에서 다시 등장한다.)

조슈 번의 농민군 '기헤이타이'

이처럼, '다카스기'의 성공은 조슈 번 동료조차도 확신하지 못하였다. 그런데, 막부-조슈 전쟁에서 막부와 타협하고 저항하는 과정에서, 조슈의 인재를 단합시킨 인물은, 1843년 '모리 다카치카'에 의해 조슈 번정을 맡아 번의 경제회복을 주도하다 물러난 **'무라타 세이후'**(寸田靑風)로, 그는 오래 전 사임하였지만, 시간이 지났어도 그를 흠모하는 자가 많았다.

게다가, 쿠데타군이 시모노세키 주변의 관청을 습격하고 함선을 탈취하는 등 점점 성과를 올리고, 이에 고무된 농민지원병이 들어오고 상인들도 군자금을 지원하자, **사태를 관망하던 '이노우에 가오루'와 '야마가타 아리토모' 등 '쇼카손주쿠' 문하생들도 '무라타'의 권유로 마지막 순간에 쿠데타군에 재합류**하여 병력이 순식간에 3천을 넘어섰다.

이에, 조슈 번의 급진개혁파 '다카스기'는 1866년 1월, '오오다' 전투에서 조슈 번 보수파를 격파하고 다시 조슈 번의 정권을 잡았다. 승리한, '다카스기'는 검술에도 조예가 깊고 서구 정보에도 밝은 '쇼카손주쿠' 선배로서 1862년 이래 급진파 개혁론자로서 널리 알려지고, 8.18 정변을 지휘하였던 **'가쓰라 고고로'**('기도 다카요시'로 개명)를 조슈 번정을 이끌어 달라며 모셔왔다. 그리고, '다카스기 신사쿠'는 그 밑에서 군사부문을 담당하였다. '기도 다카요시'는 번정을 맡는 즉시, **'삿-쵸 동맹'을 추진하고, 조슈의 대표자로서 '사이고'와 협상을 성공시켰다.**

한편, 조슈 번 내에서 보수파가 쿠데타로 정권을 잃자, 그동안 보수파를 지원해 오던 막부가 조슈 번주에게 "에도로 와서 정권이 바뀐 이유를 설명하라"라고 명령하였다. 이에, 조슈 번은 "알겠다"라면서도 막부의 정벌에 대응할 군비, 군제개혁을 준비하는데 필요한 시간을 얻으려, 여러 가지 핑계를 대며 시간을 끌었다. 약 반년의 시간이 지나도록 조슈 번의 대응이 없자, 막부는 조정의 허가를 얻어, **1866년 6월 제2차 조슈 번을 정벌할 군대를 파견**하였다.

하지만, **조슈는 막부군의 침입 이전 1866년 1월 21일**, 이미 사쓰마라는 든든한 지원군을 확보하였다. 이는, 메이지 유신 과정에서 가장 큰 전환점인 **'삿-쵸 동맹'을 결성한 덕분이었다.**

'삿-쵸 동맹'을 중재한 '사카모토 료마'

 '**1863년 8월 18일 정변**'에서 막부와 손을 잡고 조슈 군을 제압한 1등 공신은 '사쓰마 번'이었다. 하지만, 사쓰마 번은 일단 조슈의 과격한 '존왕양이'파를 제거하기는 했지만, '조슈 번'을 아예 없애려는 막부의 의도에는 동조하지 않았다. 이 때문에 '조정의 적'을 징벌한다는 '제1차 조슈 정벌'(1864년 10월)에는 동참하였지만, 조슈를 완전히 무력화시키려는 '제2차 조슈 정벌'(1866년 6월)에는 참전을 망설이고 있었다.

 그렇지만, '사이고'는 조슈가, 서구 신무기 도입으로 부국강병을 추구하는 라이벌임에도 불구하고, 만약 막부를 도와 조슈를 처단하면, **막부가 다음 처단 순서로 노릴 대상은 사쓰마**라고 판단하였다. 하지만, 사쓰마로서는 '1863년 8.18 정변' 등 교토에서 벌어진 몇 차례 정변에서 서로 반대편에 서서 이미 조슈를 공격하여 사상자가 발생하고 나락으로 빠뜨리는 데 일조하여 앙숙이 되어버린 사이였다. 그런 상태에서 조슈에게 섣불리 손을 내밀 수도 없었다.

 그런데, 사쓰마 번 수뇌부가 막부의 제2차 조슈 정벌 출병 지시를 어떻게 처리할지 논의하고 있을 때, 사쓰마 번의 군사령관 '사이고'가, "제2차 조슈 정벌은 막부가 '사적인 감정으로 결정한 사전'(私戰)이다"라고 조소하면서, 사쓰마가 '조슈 2차 정벌'에 불참을 결의하고, 오히려, 조슈를 도와 반막부의 중심에 서겠다고 선언하였다.

 '사이고'의 이런 입장변화의 중심에는 '사카모토 료마'가 있었다. '토사번' 출신의 낭인 **'사카모토 료마'**는, 8.18 정변 당시, 막부의 해군력 강화를 위해 임명된 '가쓰 가이슈' 아래 '고베 조련소'에서 해군훈련을 받고 있었는데, '가쓰'가 막부의 조슈 정벌(1차)에 반대하다가 해고되며 '고베조련소'가 문을 닫자, 동료들과 사쓰마 번으로 옮겨 '사이고'에 바짝 붙어 있었다.

'료마'는 틈날 때마다 '사이고'에게, 영국, 프랑스 등 외세의 개입을 우려하고 **"막부보다 일본이 우선이고, 막부를 타도하려면, 막부를 제외하고 가장 강력한 사쓰마와 조슈가 서로 손을 잡지 않으면 안 된다"**라고 역설하였다. 남들과 달리, '료마'는 '사이고'의 우려를 잘 알고 있었다.

사쓰마 번 수뇌부가 막부의 제2차 조슈 정벌 출병 지시에 거부하는 모습을 보면서, '료마'는 **"사쓰마가 조슈와 연대할 수 있겠구나!"라는 희망**을 가졌다. '협상의 달인'라는 '료마'는 사쓰마가 조슈 정벌에 참전하지 않기로 최종 결정하자, 양 번이 화해하고 연대할 방안을 찾았다. 그는, 사쓰마가 막부와 조슈 사이의 딜레마를 역이용하여 서로 화해하도록 중재에 나섰다.

'료마'는, 마음속에 막부를 버린 '사이고'가 조슈 번의 지도자인 '가쓰라 고고로'(훗날 '기도 다카요시'로 개명, '사이고 다카모리', '오쿠보 도시미치'와 함께 '유신 3걸'로 불린다)를 만날 수 있도록, '가쓰라'를 찾아가서 사쓰마의 입장을 전달하였다. 그는 조슈 번 '모리'가의 문장이 "화살 하나는 부러뜨리기 쉬우나, 셋은 불가능하다"라는 의미로 알고 있다며, 가쓰라에게 동맹을 제의하고 서로 만나기로 합의하였다. 하지만,

조슈와 회담을 위해 시모노세키를 방문하려던 '사이고'가, 중간에 다른 일로 인해 방문이 불발되면서 **'료마'의 1차 중재는 실패**했다.

'사이고'를 기다렸던 조슈 번 지도자들은 화를 삼키지 못했지만, 현실적으로 '조정의 적'이 된 조슈로서는 서구 상인들과 접촉을 통제당하여 각종 무기 조달이 매우 어려운 상황이었다. 이를 간파하고 다시 '사이고'를 만난 '료마'는, "조슈가 조만간 닥쳐올 **막부의 침공을 대비하는 데 가장 절실한 것은 '신식 서구 무기'**이니, 사쓰마 번의 명의로 함선과 총포를 구입해서 조슈에게 넘겨주자"는 제안을 했다. 물론, 막부에게 발각되면 사쓰마마저 전화(戰禍)에 휩쓸릴 수도 있는 위험한 제안이었지만, '사이고'는 **"막부 타도를 위해서라면…."** 하고 수락하였다.

사쓰마와 거래하던 영국인 무기상 '토마스 글로버'로서는 조슈나 '료마'가 아닌 사쓰마 번의 명의로 대량으로 무기를 구입한다 하니, 이를 마다할 이유가 없는 셈이었다. '글로버'는, 이제 막 영국 유학에서 복귀하여, 무기구입을 위해 사쓰마 번의 나가사키에 도착한 '이토 히로부미'와 '이노우에 가오루'와는, 2년 전 영국 유학을 주선해 준 인연으로 이미 구면이었다.

그는 조슈 번의 청년 '이토 히로부미'와 '이노우에 가오루'에게 중국 '상하이'에서 구입한 **'미니에' 총 4천 정, '게벨' 총 3천 정 등 총포와 일부 함선까지** 넘겨주기로 하고, 비밀리에 이를 조슈까지 운송하기로 하였는데, 당시 해운사는 협상 중개자 '사카모토 료마'의 소유였다.

이처럼, 양 번 지도자들이 만나기 전에 신뢰 조성을 위해 조슈의 '무기구입'까지 주선하였던 '료마'는, "막부가 조슈를 칠 경우, 군량미도 사쓰마가 지원하고, 대신 조슈는 교토에 주둔하고 있는 사쓰마 군에게 군량미를 지원한다"라는 약속까지 양쪽으로부터 받아내어, 이제부터는 정말 양대 번이 화합할 순간이라고 생각하였다.

무기구입과 군량미 교환합의로 화해 분위기가 무르익자, '료마'는 조슈 번 야마구치 근교에 위치한 모리 가문의 별채였던 '침류정'에서 조슈와 사쓰마 번의 지도자들을 만나도록 주선하였다. 역사적인 현장의 참석자는, '사이고 다카모리', '오쿠보 도시미치' 등 사쓰마 번 주역과 '가쓰라 고고로'(기도 다카요시)와 '이토 히로부미' 등 조슈 번의 지도자들이었다.

 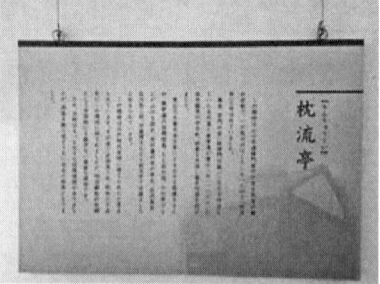

'삿-쵸 동맹' 회의가 열렸던 침류정 외견(좌)과 안내 액자(우)

그러나, 이들은 밀담을 나누면서도 누구도 먼저 아쉬운 소리를 하지 않고, 속내를 드러내지 않고 서로를 경계하자 회담은 결렬 직전으로 갔다. 그때 양 번 지도자들 모두와 친근한 '사카모토 료마'가 나타나, "번의 감정이나, 막부보다는 일본을 위해!"라며, 서로 불신하는 서로에게 **'응어리를 풀고, 일본의 장래를 위해 손잡을 것'**을 간청하였다.

이에, '가쓰라 고고로'(기도 다카요시)가 그동안 사쓰마에 갖고 있던 울분을 모두 토해내자, '사이고'는 바닥에 손을 짚고 머리를 숙였다. 양측의 마음이 움직였다. 그리고, **1866년 1월 21일,** 메이지 유신에서 가장 큰 전환점인 **'삿-쵸 동맹'이 결성**되었다. 후일 유신 개혁을 이끌어 **'유신 3걸'로 불린 '사이고 다카모리', '오쿠보 도시미치' 그리고, '기도 다카요시'가 새롭게 등장하는 순간**이었다.

'삿-쵸 동맹'의 주요 합의 내용은 "막부-조슈 전쟁의 전황의 유리, 불리에 무관하게 사쓰마는 조정에 상주하여 전쟁 중지와 조슈 번에 물은 죄의 사면을 위해 진력하고, 막부군이 지금처럼 조정(천황)을 끼고 정의를 거부할 경우 결전하며, 황국을 위해 황위가 빛을 발하게 한다. 그리고, 외압으로 기울어져 가는 일본 부활을 위해 진력을 다한다"라는 것 등이다.

침류정이 있는 야마구치 근교 '향산공원'은 신사와 절이 함께 있다.
침류정 소개 현판(좌)과 침류정에서 보이는 '류리광 사' 5층 목탑(우)

협상 주선자 '사카모토 료마'는 고향인 토사 번에서 일찌감치 탈번한 낭인 신분이라 오히려, 번의 제약을 받지 않고 여러 동지를 모아 반막부 운동을 펼치며, 다양한 인사와 횡적 연대를 가졌고, 그로 인해 여러 번 권력자들의 도움을 받았다. 그리고, **여느 인사들과 달리, 해군 육성과 무역 확대 등을 주장하고 '국제적 마인드'를 중시**하였지만, 해외 침략에는 적극적이지 않았다. 이는 일본 민족주의를 강조하고 해외팽창론을 주장한 '요시다 쇼인'과도 결이 다르다.

그뿐만 아니라, **'막부보다 일본!'**을 외치며 막부 타도에 나섰지만, '무조건 타도'가 아니라 공적은 인정할 건 인정하고 평화적인 정권교체를 주장했다. 이런 점은, 다소 음험하게 여겨지는 '요시다 쇼인'과 그 제자들이 주장한 '막부타도론'이나, '존왕양이론'과는 많이 달랐던 셈이다. 이를 볼 때, 고지식하고 과격한 '요시다 쇼인'이나, 달변과 외교적 수완으로 근대 일본의 초석을 놓았던 '오쿠보 도시미치'의 중간 정도로서 과히, **'타협의 달인'**이라 불릴 수 있었던 이유였다.

'료마'가, '삿-쵸 동맹' 주선으로 그의 존재감이 커지자 고향 '토사' 번에서 먼저 손을 내밀며 다가왔다. 이에, '료마'는 사쓰마-토사 간 **'삿-토 맹약'**을 맺게 하고, '토사' 번주에게 쇼군을 설득하도록 건의하여, 쇼군 스스로 권력을 천황에게 반환하는 '대정봉환'(1867년)에 나서도록 하였다고도 한다. 이러한 활약의 영향 탓일까? '료마'는 '대정봉환' 1개월 후, **막부파의 사주로 암살**되었다.

8. 막부의 제2차 조슈 정벌, '다윗'과 '골리앗'의 싸움

무참하게 패배한 막부의 제2차 조슈 정벌(시쿄전쟁)

1866년 6월, '삿-쵸 동맹'으로 무장한 조슈 번은 '시쿄전쟁'이라 불리는 제2차 조슈 정벌군을 맞이하였다. '시쿄전쟁'(4境 전쟁)이란 막부가 무려 13만여 명의 대군을 소집하여 불과 5천여 명에 불과한 조슈 번을 **4가지 방면에서 공격**하기 시작한 전쟁이었다. 최초, 막부는 사쓰마 번의 참가를 고려하여 5가지 방면에서 조슈를 공격하려 했으나, 조슈의 심장인 '하기'를 공격하기로 했던 사쓰마 번이 조슈와 맺은 '삿-쵸 동맹'으로 출병을 거부하면서, '고쿠라구치', '오시마구치', '게이슈구치', '세키슈구치' 등 4 방면에서 협공을 가하는 전쟁이 되었다.

그러나, 조슈는 이미 서구 신식무기로 단단히 무장해 있었고, 총대장 '다카스기 신사쿠'의 강력한 리더십과 '전술의 달인'이라는 '오무라 마스지로'의 합류로 사기도 충천해 있었다. 전쟁 발발 전, 조슈의 전쟁 준비 상태를 둘러본 '사카모토 료마'는 "마을마다 군대가 훈련하고, 번의 방방곡곡에 방벽을 치고, 큰길마다 지뢰를 설치했다. 그리고, 조그마한 숲속이라도 반드시 야전 포대가 설치되어 있다. 이런 곳은 일본 전체에서 조슈 밖에 없다"라며 조슈의 임전태세에 감탄했다. 과연, 그의 예측대로 전쟁은 조슈 군의 주도권 장악으로 시작되었다.

이 전쟁에서 '오무라 마스지로'의 활약상이 크게 돋보였다. 막부가 공격을 가한 네 방면 중, **'오시마구치'**에서 '오무라'의 조슈 군은 '기헤이타이'(기병대) 농민군 5백여 명이었지만, 약 1주일 동안의 전투에서 막부군 2천여 명을 격파하였다. 그리고, **'세키슈구치'**에서는 '오시마구치'에서 활약하던 '오무라'가 달려와, 약 1,200여 명의 조슈 군을 지휘하여 여러 번에서 차출되어 통일된 지휘체계도 없이 참전한 3만여 명의 막부군을 물리쳤다. 역시, '다카스기' 못지않은 지략을 가진 '오무라'가 신식무기로 각개전투를 하도록 병사들을 잘 훈련시킨 덕분이었다.

　승전을 거듭하던 '오무라'의 조슈 군은 산악으로 이동하여 막부군의 주력이 있는 '마스다' 성을 공격하였다. 성을 지키는 막부군이 7천5백여 명 정도였는데, 공격하는 조슈 군은 700여 명 정도였다. 공성전의 경우, 병력 면에서 공격군이 방어군의 3~6배 정도로도 승리를 장담하기 어려운데, 아무리 신식장비로 무장하였다지만 오히려 1/10에 불과한 병력으로 공격하기는 어려웠을 것이나, **전장의 주도권을 장악한 '오무라'**는 막부군을 세 방면에서 포위 압박하는 척하다가 퇴로를 열어 준 곳에 매복군을 준비시켜 계책에 말려든 막부군을 궤멸시켰다.

　그는 또한, **'게이슈구치'**에서 2천여 명의 조슈 군으로 25배나 되는 막부군 약 5만여 명과 약 80여 일 동안 일진일퇴를 거듭하다 정전에 합의하여 무승부로 끝났다.

　그런데, **'고쿠라구치'** 전투에서 '다카스기'가 이끈 약 1천여 명의 조슈 군도 약 5만여 명의 막부군을 물리쳤다. 당시, 막부군 지휘부는 전투를 모르는 문관이라, 그저 압도적인 병력으로 포위하면 조슈 군은 1차 조슈 정벌 때처럼 싸우지 않고 항복할 것으로 방심하고 있었다. 하지만, 병력이 부족한 '다카스기'는 오히려, 조슈 상륙을 위해 대기 중인 막부군을 기습하여 상륙용 함선을 모조리 불태웠다. 신식무기를 가지고도 죽기 살기로 달려드는 조슈 군에 비해, 여러 번에서 차출된 막부군은 구식무기를 가졌고, 전투력도 약한 데다가 굳이 이런 전투에서 희생을 치르고 싶어 하지 않아, **무기체계나 정신전력 면에서 조슈 군과 비교가 되지 않았다.**

특히, 이 지역 전투의 백미는 '다카스기'가 석탄 운반선(증기선은 석탄으로 동력 제공)으로 위장한 조슈 군을 지휘하며 **일본 최대의 서구식 군함인 '후지산 마루'에게 엄청난 피해를** 입혀 전장을 이탈하게 만든 것이었다. '다카스기'는 해전뿐만 아니라, 육전에서도 우세한 병력을 보유한 '구마모토' 번의 군대를 여러 가지 전법과 지략으로 격파하였다.

전 총리 '기시 노부스케'가 '고잔지' 경내에 건립한 '다카스기 신사쿠' 동상

조슈 2차 정벌 전쟁이 시작되었을 때, 많은 이들은 공격하는 막부군이 조슈 군보다 수십 배의 병력이라 "이번에야말로 조슈가 끝났다"라

고 생각하였지만, 전쟁이 끝났을 때 정작 막부가 끝난 상황이 되었다. 이 전쟁의 승자인 '다카스기 신사쿠'는 앞서 '8.18 정변'에서 전사한 '구사이 겐즈케'와 함께 '요시다 쇼인'이 총애한 수제자로서 우수한 전술가였다. 하지만, 지병인 결핵으로 승전 7개월 후에 병사하였다.

'시쿄전쟁'에서 막부군이 조슈 군에게 연전연패하고, 전쟁으로 쌀값이 상승하여 농민 반란인 '잇키'가 곳곳에서 발생하는 가운데, 설상가상으로 쇼군 '이에모치'가 병사했다. 쇼군의 죽음과 전쟁에서 패배하자, 막부는 **조슈-막부 전투로써, 아무런 힘이 없다는 사실이 만천하에 드러나게 되었다.**

'오무라 마스지로'의 신식 군사 제도와 훈련

조슈 군이 모든 전선에서 기적 같은 승리를 거둔 것은, 번의 개혁에 따른 경제력 증강으로 신식무기를 대량 도입하였고, '가쓰라 고고로'('기도 다카요시'), '다카스기 신사쿠', '오무라 마스지로' 같은 걸출한 지휘자와, 근대화된 군사제도 및 전술 전략에 따른 맞춤식 훈련 때문이다.

특히, 막부와의 전쟁이 불가피함을 인지한 조슈의 지도자 '기도 다카요시'가 전쟁 준비를 위해 '오무라 마스지로'를 상급 무사로 천거하였을 때는, 조그마한 1개 번이 막부의 대군을 맞이해야 하는 상황이어서 남녀노소 전 주민이 모두 무기를 들고 나서도 모자랄 판이었다. 이에, '기헤이타이'(奇兵隊)라는 농민군을 설립하였던 군사 지휘관 '다카스기 신사쿠'가 '오무라'에게 어떤 군사제도를 갖추어야 할지 문의하자 **'오무라'**

는 군사력 확대를 위한 군제개혁에 나섰다.

먼저, '오무라'는, 전국시대 전쟁의 주역이었던 '사무라이'나 '아시가루'(농민지원병)에 의존하는 전근대적 봉건 군대의 막부군과 달리, 조슈의 전 주민이 '여기서 지면 마지막'이라는 절박한 심정을 확인하고, 무사는 물론, 농민 등 거주민 모두를 병사로 소집하고, 번이 급여를 지불하는 **국민개병제(國民皆兵制)식의 군제개혁을 단행**했다. '오무라'의 '징병제'는, 전국시대 이후 직업군인 '사무라이' 대신 **거주민 모두의 병역의무 부과**라는 '새로운 패러다임'으로서, 과거의 답습만으로는 새로운 세계로 나아갈 수 없다는 걸 보여 주었던 사건이었다.

'오무라'가 고안한 국민 의무복무제는, 메이지 유신 이후 창설한 신정부군에도 도입되었다. 이는, 미국이 독립전쟁기(1776년 이전)와 남북전쟁기(1861~65년)에 징병제를 채택하였고, 프랑스도 나폴레옹 혁명기(1798~1815년)에 유사한 방식을 택한, 서구 각국의 군제에 비해 결코 뒤지지않는 근대적 군제였다. 이로 인해 '오무라'는 **'일본 근대 군대의 아버지'**로 불린다.

전술적 식견도 뛰어난 '오무라 마스지로'는 조슈 군을 전술적인 측면에서도 훈련시켰다. '기도 다카요시'의 추천으로 번의 상급무사로 발탁된 '오무라 마사지로'는 번의 군사제도 개혁과 군전술 교육을 위하여 '후몬지'(보문사)에 사숙을 개설하기도 했다. 그는, 군사 전문가라면 누구나 알지만, 그는 과거의 군사적 훈련방식을 답습하기보다, '미니에' 소총이라는 신식 총기의 장점에 맞게 '각개전투' 보병 전술을 가르쳐 병사들이 지휘관의 지시 아래 독자행동이 가능하도록 훈련하여 **군사력의 가동성을 높였다.** 병력의 수적 열세에도, 우수한 무기체계와 병력의 질적 수준 향상으로 거의 열 배나 많은 막부군을 물리쳤다.

'흑선 내항' 이후, '막부 타도'와 '존왕양이' 의식이 강했던 조슈는 1863년 5월, 미국, 프랑스, 네덜란드 등 3국과 **'시모노세키 해협 봉쇄' 전투**를 벌였고, 사쓰마는 1863년 6월, 영국과 **'사쓰에이' 전투**를 치르며, 사상 처음으로 서구와 교전을 벌였다. 이듬해 1864년의 '조슈-4개국 연합' 전투에서 이들은 신식무기를 가진 서구와 맞붙는다는 게 얼마나 무모한지 알며, 누구보다도 신식무기의 중요성에 눈을 뜨게 되었다.

근대식 무기가 가른 승패

통상, 총기는 활동성과 편의성, 탄약 가용성, 장전시간 및 장전 방법이 중요하다. 그리고, 총기의 성능은 총강이 '그냥 뻥 뚫린' 활강식이냐, '회전하는' 나선형식이냐에 따라, 유효 사거리, 명중률과 치명률 등이 좌우된다. 당시, 나선형식인 '미니에' 소총은 탄환의 회전 관성으로 탄도 안정성을 유지하여 약 180미터(약 200야드) 밖의 물체에 대해 90%의 명중률을 가졌지만, 활강식인 '게벨' 소총은 탄도의 힘이 약해 명중률은 42%가 채 되지 않았다고 한다. 그러니, 약 270미터 정도의 장거리에서는 힘의 차이가 더욱 커져 나선형이 압도적으로 우세했었다.

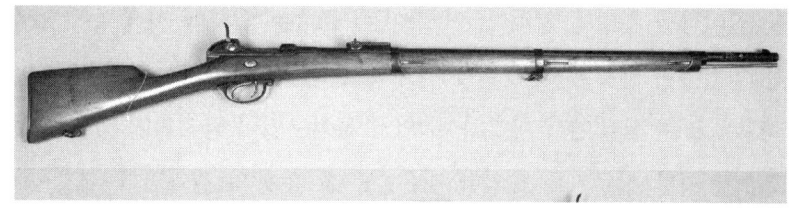

막부군이 사용한 종류의 전장식 '게벨'(Gewhher) 소총

이처럼, 조슈 군의 '미니에' 소총은 1853년 이래 막부군이 사용하던 '게벨' 소총보다, 훨씬 사거리도 길고 명중률이 높은 신식무기여서, 실제 전투에서 조슈군의 병사들은 막부군의 '게벨' 소총 사거리 밖에서 정확하게 조준사격을 할 수 있었다.

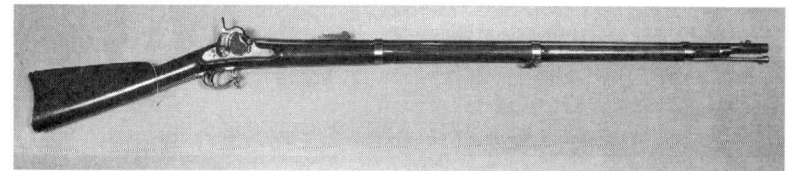

조슈군이 사용한 종류의 전장식 '미니에'(Minie) 소총

특히, 둘 다 단발식으로 매번 총구에다 총알과 화약을 장전하는 전장식이다 보니 재장전에 시간이 많이 소요되고, 엎드린 자세로 있다가 일어나서 장전해야 했다. 이럴 경우, 사거리나 명중률이 높은 '미니에' 소총을 지닌 조슈군 병사들은 상대의 사거리 밖에서, 몇 명이 조를 지어 다니며 '일어나서' 재장전하려는 적을 조준사격하고 다시 흩어져 싸울 수 있어 **산병 전투에서 훨씬 유리**하였다.

반면에, 막부군은 보이지도 않는 상대에게 무턱대고 얻어맞으니 겁을 집어먹을 수밖에 없었다. 이 차이로, 조슈는 막부에 비해 수적으로는 엄청나게 열세였지만, 이를 만회하고 승리한 것이다. 원래, 조슈는 '제1차 조슈 정벌'에서 항복하여, 외국 무기구입이 금지되어 있었으나, **조슈가 이런 신무기를 도입한 것은 '삿-쵸 동맹'의 결과**였다. 조슈-사쓰마 동맹 체결을 의식하여, 사쓰마가 영국인 무기상 '글로버'에게 무기를 구매하여 다시 조슈에 판매하였던 것이다.

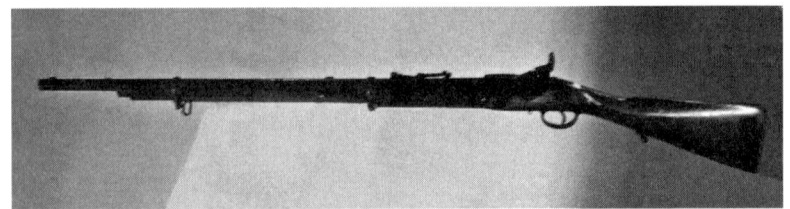

후장식 소총 '스나이더'(Snider)

영국 무기상 '토마스 글로버'는 유럽 전쟁에서 변화하는 무기체계의 흐름을 잘 짚고 있었다. 1860년대 후반, 조슈 전쟁 당시 유럽에서는 이미 총기 후미에서 실탄을 장전하는 후장식 소총 '스나이더'가 등장하였다. 이로 인해, '미니에' 소총은 유럽에서 구닥다리가 되었지만, 일본에서는 누구보다 강한 최신식이었다. 그는 **유럽에서 소총이 한 세대씩 진화할 때마다 구닥다리가 된 소총을 사와서 일본에 판매**하였다. 그는 총포 외에 함선까지 팔아서 막대한 부를 축적하였지만, 훗날, 메이지 정부는 그의 활약에 감사하며 파격적인 서훈까지 내렸다.

 # '대정봉환'(大政奉還)과 왕정복고

'대정봉환'(大政奉還)

1866년 '제2차 조슈 정벌' 전쟁에서 대패하고 철수한 막부에서는 그 해 마침 쇼군 '도쿠가와 이에모치'가 죽자, 마지막 쇼군으로 '도쿠가와 요시노부'가 대를 이었다. 그즈음, 막부는 약 1만 5천의 병력이 있어서 서구 열강들이 무력시위를 하며 약속대로 더 많은 항구를 개항하라고 압박하는데도 개국을 늦춰 외세에 대처할 시간을 가지려고 노력하였다. 특히, '고베 해군조련소'를 설립하여 해군 인력을 양성하고, 각 번에게 근대식 군함건조를 독려하는 등 군사개혁에 손을 놓지 않았고, 뛰어난 행정조직과 훌륭한 인재들도 많아 **막부의 정치, 군사력은 결코 약하지 않았다.**

하지만, 조슈와의 '제2차 조슈 정벌' 전쟁에서 만천하에 무능을 드러내고 패배하자 위신을 잃어버렸다. 더구나, 새로운 쇼군이 즉위하고도 '쇼군 후계자' 문제로 불거진 각종 음모론, 복잡한 혈통문제, '로주' 등 가신들과의 불협화음 등으로 완전히 권력을 장악하지 못하자, 쇼군 '요시노부'는 갈수록 내, 외부적으로 더욱 고립무원이 되었다.

한편, '시마즈 히사미쓰'를 뒤이어 사쓰마 번정을 담당하며 전국적 명성을 얻은 '사이고 다카모리'가 이런 막부의 어려움을 이용하여 '삿-쵸 동맹'에서 약속한 대로 **'조슈 번의 사면'**을 강경하게 밀어붙이고, 응하지 않으면 **'무력으로 막부를 치겠다'**라고 위협하였다. 이에, 쇼군 '요시노부'는 갑작스레 뜻밖에도 1868년 "막부를 해체하고, 자신도 **쇼군직에서 물러나 자발적으로 통치권을 천황에게 반납**하겠다"라는 **'대정봉환'**을 선언하며 대반전을 시도했다.

쇼군이 이처럼 '대정봉환'을 선언함으로써, 260여 년의 '에도 막부'는 종언을 고하게 되었고, 12세기 말 '가마쿠라' 막부 이래 정치에서 배제된 천황을 다시 정치로 불러들이게 되었다.

1867년 '대정봉환'으로 천황에게 반납된 '니조' 성의 상징적인 정문인 '가라몬' 당문

그런데, '대정봉환'에 조용히 기여한 주인공은, 막부와 반막부 세력을 중재하며 오간 '중재의 달인'이라는 '토사' 번의 **'사카모토 료마'**였다. '료마'는 비록 탈번한 낭인이었으나, 그의 존재감이 커지자 '토사' 번에서 먼저 손을 내밀며 다가왔다. 이에, '료마'는 '삿-토 맹약'을 맺은 '토사' 번주에게, **'평화적인 왕정복고'**를 위해 "국가 대권을 천황에게 돌리는 것이 일본도 살고, 쇼군도 사는 길"이라고 쇼군을 설득하고, 만약

쇼군이 거절하면 '전쟁뿐'이라고 말하게 하였는데, 이것이 쇼군 스스로 권력을 천황에게 반환하는 '대정봉환' 실현에 기여하였다는 것이다.

한편, '료마'가 활약한 '삿-토 맹약'도, 순간순간의 판단력과 순발력이 뛰어난 '오쿠보 도시미치'가, '사카모토 료마'의 주선으로 이룬 **'삿-쵸 동맹'** 이후부터 '대정봉환'이 이루어지기 전까지 계속해서 유창한 말솜씨로 '이와쿠라 도모미' 등 조정의 대신과 각 번의 번주를 상대로 '막부 정권을 천황이 회수하고, 전국의 정치세력을 모아 천황 아래 의회를 두자'며 **정치공작**을 이어 간 결과와도 연결된다. '오쿠보'에게 설득된 토사 번은, 막부로 부터 소외받아 온 '도자마' 번의 하나로 같은 입장이던 사쓰마와 의기투합하여 **'삿-토 맹약'**에 임하였다.

왕정복고 쿠데타, '메이지' 유신(明治維新)

그런데, 쇼군이 너무 뜻밖의 '대정봉환'을 선포하자, '무력으로 막부를 치려고 계획'한 사쓰마와 조슈는 무력 사용의 명분이 없어졌다. 하지만, **막부의 보복을 우려한 '사이고 다카모리'**와, 지난 두 차례의 조슈 정벌로 인한 피해로 뼛속까지 막부에 대한 원한이 사무친 **'기도 다카요시'는 '막부를 타도해야 한다'**는 일념으로 가득 차 있었고, 조슈-막부 전쟁에서 이미 막부를 군사적으로 제압하였던 터라 강한 자신감을 갖고 있었다.

하지만, 막부의 군사력이 만만치 않음을 잘 알고 있어서 막부가 대응하기 전에 먼저 선수를 칠 요량으로, "쇼군이 번주들을 교토에 모아 천황을 허수아비로 세우고, 새로 구성된 천황 정부에서 실권을 잡을 가능성이 있다"라는 빌미로, 사쓰마와 조슈의 병력을 교토로 불러 모았다. 당시, 교토에는 막부가 번의 반란을 막기 위해 시행된 '산킨코타이'(參勤交代)에 따라, 각 번주가 그의 수행원들을 데리고 머무는 거대한 저택이 준비되어 있어 병력 집결이 가능하였다.

이런 의도를 알지 못한(?) 쇼군은 '대정봉환'을 선언한 지 두 달이 지나도록 신정부를 구성하지도 않고 계속 행정을 대행하고, 의회의 수장으로서 실질적인 지배력을 행사하고 있었다. 당연히, 천황과 막부의 권위에 따른 정국 혼란이 계속되자, 이를 빌미로 사쓰마의 '사이고'와 '오쿠보', 그리고 조슈의 '기도' 등은, 교토 황궁에서 이른바, '낡은 제도를 고쳐 새롭게 한다'는 뜻인 **'메이지 유신'(維新)이라는 '왕정복고 쿠데타'**를 일으켰다. **새 시대의 시작**이었다.

'메이지' 천왕

1868년 1월 3일, 무력 행동대인 '사이고'와 '기도' 등 '하급 사무라이' 출신 지도자는 막부의 권력을 '메이지 천황'에게 이양하게 하려고, 각각 미리 준비한 **사쓰마와 조슈의 병력으로 궁궐을 포위**하는 한편, 정치 공작대인 '오쿠보 도시미치'는 15세 나이 어린 '메이지' 천황에게 '왕정복고'를 선언하도록 **조정 어전회의를 조종**했다.

'오쿠보'는 '대정봉환' 이후 쿠데타 직전까지, 쿠데타가 아닌 평화적인 방법으로 **'막부 정권을 천황이 회수하고, 전국의 정치세력을 모아 천황 아래 의회를 두자'**는 구상으로 많은 번주나 조정 대신들의 호응을 얻었다. 하지만, '오쿠보', '사이고' 등이 왕정복고 쿠데타를 일으키자, 그 자리에서, '오쿠보'는 '기존의 **조정관직도 모두 제거하여 새롭게 혁신하겠다**'는 **왕정복고 쿠데타**의 의도를 확실히 보여 주었다.

이에, 궁궐인 '니조' 성 '니노마루'의 '천황' 어전에서 쿠데타와 후속 조치에 대해 대 격론이 벌어졌다. 결국, 막부나 쿠데타 세력은 대규모 내전발발과 서구 열강의 개입을 우려한 **쌍방은 모두 무력충돌을 회피**하려고 회의에서 모든 것을 결정하여야만 했다. 긴장감이 흐르는 회의 내내, 쿠데타와 쇼군 '요시노부'의 처벌에 대해 여러 번주들의 반발이 제기되자, 조정 대신 **'이와쿠라 도모미'**는 오히려, '오쿠보'의 정치공작에 적극 호응하여, **조정의 대표로써 '왕정복고 대호령'**을 공포하였다.

니조성 '니노마루' 오오히로마(대거실)[23]

---

23) Keith Pomakis, "Nijo Castle", Licensed under CC BY 2.5, Source: Wikimedia Commons

마치, 사전 모의라도 한 듯, 기습적으로 '왕정복고 대호령'이 공포되어, 모두 우왕좌왕 혼란스러워지자, '사이고 다카모리'가 **"칼 하나면 해결될 일"**이라고 외치며 분위기를 장악하고 모든 사태를 제압하였다. 쿠데타가 성공한 것이다. 이날 '대호령'을 공포한 조정대신 '이와쿠라'는 이후에도 '오쿠보'와 관계를 굳건히 이어 가며 중요한 정치적 변곡점마다 많은 도움을 주었다.

'왕정복고 쿠데타'로 비로소, 메이지 신정부가 탄생하였다. 이날 천황을 옹위한 '오쿠보'는 내무경(행정과 치안), 병력을 끌고 온 '사이고 다카모리'는 군권을 장악한 근위도독으로 육군 대장(국방), '사이고' 군과 연합한 조슈의 '기도 다카요시'는 신정부 황실 총재국(천황 비서실)의 핵심인물이 되었다.

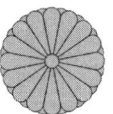

'살아 있는 신'으로서 유신 개혁을 수행하고, 조선의 식민지화를 달성한 '메이지' 천황

메이지 유신(明治維新)과 국가개조(國家改造)

10 '보신 전쟁'과 막부의 몰락

무위로 끝난 막부군의 교토 진군(도바-후시미 전투)

1868년 1월 3일, '삿-쵸' 동맹의 '하급 사무라이'들이 반란으로 정권을 장악하자, 일본을 혁명적으로 '완전히 세탁하겠다'며, '왕정복고' 쿠데타 당일, 우선적으로 쇼군 '도쿠가와 요시노부'의 '내대신' 직위와 영지 반납을 결의했다. **정치개혁의 시작**이었다. 예상치 못한 상황 전개에, 쇼군 '요시노부'는 천황과의 충돌을 피해 일단 '오사카' 성으로 퇴거하였다. 하지만, 다음 방책을 모색하던 막부는 1868년 1월 27일, 교토 신정부를 압박하고 **정치 권력을 되찾으려 '사쓰마 정벌'을 선포**하였다.

'보신 전쟁' 이전 프랑스식 기병훈련을 받는 막부군 기병대

당시, 쇼군 '요시노부'는 1866년 조슈와의 2차 전쟁에서 막부가 패한 이후에, 프랑스군 고문단을 초빙하여 무기 근대화를 추진하여 '미니

에' 소총과 대포로 무장한 병력을 프랑스식으로 훈련시킨 육군, 해군 등 신식 군대 병력과 갑옷과 창검으로 무장한 기존 무사 등 약 1만 5천 정도의 병력을 보유하고 있었다. 이에 비해, 사쓰마-조슈 연합군은 약 3천여 명에 불과하였다. 더구나, 조슈 군 대부분은 '오무라 마스지로'가 훈련시킨 농민 등 징집된 평민군이었다.

1868년 1월 27일, 막부군은 진격로를 두 갈래로 나누어 교토로 진입하려 기동하였다. 그런데, 막부군은 자신들의 병력 규모와 위세를 믿고 전투대형을 취하지도 않고 행진을 계속하다, 대치 중인 사쓰마 군이 신형 '스나이더' 후장식 소총을 사용하며, 영국식 '화력 방어' 전술로 임하자 큰 피해를 입고 교토 진입에 실패했다. 한편, 창검 등 전통적인 무장을 한 다른 방면의 막부군도 평민인 조슈 군의 총격 앞에 실패하였다. 막부군은 진지를 새로 구축하고 대치하며, 저항하였지만 두 부대 간 상호지원마저 불통되자 아무런 조치도 못 취하고 후퇴하였다.

국화 문장의 천황기(니시키노미하타, 錦旗)

이런 상황에서, 교토 조정은 막부군이 교토를 공격했다는 이유로 막부군을 '조정의 적'으로 규정하고, **유신 정부군에게 메이지 조정을 상**

징하는 '금기'(錦旗)(천황기)를 내렸다. 사쓰마-조슈 연합군이 이 깃발을 들고 나타나 정통 정부군으로 천황군 행세를 하자, 막부군은 완전히 전의를 상실하여 퇴각하였고, 이후에 이어진 전투에서도 막부군은 패배를 거듭하였다.

이제부터, 유신 정부군이 공식적으로 천황을 등에 업고 '대의명분'을 확보하자, 팽팽하던 전황이 막부군에게 결정적으로 불리해지게 되었다. 이로 인해, 사태를 관망하던 여러 번이 일제히 천황군 측에 합류하였으며, 특히, 사쓰마와 조슈 중간에 있던 '사가' 번은 '암스트롱' 화포로 유신군을 지원하는 등 적극 참여하여, 천황군의 병력과 화력은 급격히 증가하였다.

유신 정부군의 '에도' 공략(우에노 전투)

이제 가장 중요한 것은, 막부의 근거지인 '에도'(도쿄)를 공격하는 일인데, 사쓰마의 '사이고'가 이 원정군의 총지휘관이 되고, 조슈의 '오무라 마스지로'가 총참모로서 서로 연합하여 파죽지세로 에도성까지 진군했다. '에도' 성은 3중 해자를 가진 난공불락의 요새였으며, 여전히 많은 친 막부 세력의 번이 건재하여, 병력의 숫자나 훈련 수준은 사쓰마, 조슈, 토사 등 3번의 수준을 능가하고 있었다. 만약, 막부가 휘하 번에게 총동원령을 내리고, 막부를 지지하던 프랑스의 지원을 받아 총공세에 나선다면, 관군이 승리하기는커녕 **장기적인 내전**이 될 수 있었다.

그런데, 쇼군 '요시노부'는 사쓰마, 조슈와의 전투 직전 **'가쓰 가이슈'**

를 '에도' 성 방어 지휘관으로 임명하였다. 도쿄 출신인 '가쓰'는 과거, 전임 쇼군 '도꾸가와 이에모치'가 제1차 조슈 정벌을 계획하였을 때, 조슈 정벌에 반대하다가 해임되어, 그가 지휘하던 일본 해군 최초의 '고베 조련소'마저 문을 닫아야 했었다.

이처럼, '가쓰'는 줄기차게 **막부보다 일본!**이라는 신념을 보여 온 인물이라, 주전파들은 그를 '에도' 성 방어 지휘관으로 임명하는 데 극구 반대하였다. 그럼에도, 쇼군 '요시노부'가 굳이 전쟁 회피에 전력을 기울이던 '가쓰 가이슈'를 총지휘관에 임명한 것은, 정부군과의 협상을 염두에 두고 그들과 친분이 있는 인물을 임명한 것으로 보기도 한다.

사실, '가쓰 가이슈'는 막부파였지만, '대정봉환'을 촉구한 '사카모토 료마'의 스승이기도 하고, '사이고'와도 이미 구면이었다. 1864년, '사이고'가 사쓰마 번 군사령관이 되기 한 달 전에, 조슈 정벌의 부당성을 주장하는 '가쓰 가이슈'를 만났는데, 이때도 **막부나 번보다도 일본 전체를 생각하던** 둘은 첫 대면에서 서로 간에 인간적으로 큰 호감을 갖게 되었다는 것이다.

'가쓰 가이슈'에 대한 일화로는, 미국 '페리 함대'가 도래하기 전부터 기를 쓰고 서구문물을 배우려 했던 인물로서, 23세 때(1846년) 난학(네덜란드학)을 배우는데 어학 사전이 필요하자, 살 돈이 없어 이를 빌려 1년 동안 사전을 전부 필사한 뒤 어학을 공부하였다. 서구의 전쟁기술도 배우기 위해서 병학서적도 필사하며 공부하고, 소총과 대포, 함선제작에 관여하였다. 또한, 막부가 만든 '고베 해군조련소'의 초대 책임자로서 **'일본 해군의 아버지'로 불린 인물**이었다.

'사이고'에 대한 '가쓰 가이슈'의 회고를 보면, 협상 이후에도 '사이고'는 막부 중진인 '가쓰'에 대해 **시종일관 예의를 잃지 않고 점령군의 오만함을 보이지 않았다**고 한다. 그리고, 메이지 정부군이 '에도' 성을 인수하고 나서도 여전히 '쇼키타이'라는 막부 잔재 무장세력이 시내 치안에 문제를 일으키자, '사이고'는 '가쓰'에게 "에도에 대한 지금부터의 일을 잘 부탁드린다"라고 한 뒤, 에도를 떠나버린 것까지, '사이고'의 대범한 일면을 높게 평가하였다.

만약, '사이고'가 아니고 '오쿠보 도시미치'였다면 그 성격상 내정을 하나하나 간섭했을 것인데…. 어쨌든, '사이고'와 '오쿠보'의 업무 스타일은 서로 극명하게 다른데, 이런 차이가 두 사람의 우열을 가렸다는 게 '가쓰'의 평이었다.

공자와 방자라는 서로 다른 입장에서도, '사이고'와 '가쓰' 간 서로에 대한 존경과 신뢰가 통했던 탓일까? 4월 11일, '에도' 성 공방을 앞둔 양군 지휘관은 좁은 방에서 차 한잔 놓고 담판을 지었다. 유신군과 막부측이, 쇼군의 생명 보장과 '도쿠가와' 가문 유지 대신, 영지는 1/4로 축소하는 것으로 합의하자, **쇼군 '도쿠가와 요시노부'는 '미토' 번으로 돌아가 은거**했다.

협상 합의로, '도쿠가와' 막부군은 무장을 해제하고 유신군은 무혈로 '에도'에 입성하였다. **마지막 쇼군 '요시노부'**는 자신을 몰락시킨, '유신

3걸'이 메이지 유신 약 10년 전후로 다 죽은 후에도, 35년이나 더 살아남아 '공작' 작위를 받고, 천황 메이지의 사망 연도인 1912년에 사망했다.

그런데, 막대한 전력을 보유한 마지막 쇼군 '도쿠가와 요시노부'가, 왜? '대정봉환'을 순순히 받아들이고, '왕정복고' 쿠데타 때도 전혀 저항하지 않았고, '유신군의 '에도' 성 무혈입성'을 허락하며, 무력충돌을 피해 떠나버렸는지? 그 이유에 대해 많은 이들은 궁금증을 표하기도 한다.

이에 대해, 전문가들은 **외세가 내전을 빌미로 개입하여 일본을 식민지화하려는 우려 때문**, 혹은, 교토로 진군하여 **역적이 된 것에 대한 심한 충격 때문**, 혹은, 일본 내 각 번이 **양쪽 진영으로 갈라져 장기적인 내전**으로 이어질 경우, **나라가 피폐해질 것을 우려**했기 때문, 혹은, 쇼군을 통제하려는 **일부 가신들에 대한 불만 때문**이라는 분석을 내놓기도 하였다.

당시, 양측의 배후에 영국과 프랑스가 있었고, 막부의 병력이 만만치 않은 상황이라, 만약 '요시노부'의 지시로 전투가 벌어졌으면 장기전으로 이어져 '도쿄' 시민 약 100만여 명 중 상당수 인명 피해와 도쿄의 각종 시설이 파괴되었을 것이니…. **일본으로서는 행운**이었던 셈이다.

보신 전쟁 최대의 항전(도후쿠 전투)과
'에조' 공화국의 항복(하코다테 전투)

　이유야 어쨌든, '쇼군'이 쉽게 항복하자, 지금까지 기득권을 누려온 '도쿠가와' 가문의 가신들은 쇼군에게 크게 분노하고, **"항복을 인정할 수 없다"**는 여론몰이로 '쇼기타이'라는 막부 잔재세력을 동원하여 **무장 해제를 거부하고 난동**을 피웠다. 그런데, '사이고'가 떠난 이후 막부 사령관이지만, 통제력을 상실한 '가쓰'가 '쇼기타이'를 해결하지 못하자, 유신 정부 군무관 '오무라 마스지로'가 하룻밤 사이에 약 4,000여 명의 '쇼기타이'를 무력으로 진압하며 제거하였다.

당시 최고의 신무기 '개틀링' 기관총.
발칸포처럼 여러 개의 총열이 돌아가며 실탄이 발사된다. 이때로부터 26년 후인
1894년 공주 '우금치' 전투에서 이 무기에 의해 동학군 2만여 명이 살상된 바 있다.

　이에, '도쿠가와' 막부의 가신들은 휘하 병력을 이끌고 에도를 떠나, 에도 막부이래 막부를 따르고 지원한 '마쓰다이라' 가문의 '아이즈' 번 등 '후다이' 다이묘가 지배하고 있는 일본 혼슈 동북부의 여러 번과 **'동북부(도후쿠) 연합'**이라는 **동맹**을 맺었다. '동북부(도후쿠) 연합'은 초반

에는 에도에서 멀리 떨어진 우에노, 우츠노미야, 나가오카 등지에서, 전선 지역을 지원할 함선 부족으로 병력과 양식, 탄약 등을 수송하지 못한 유신 정부군을 무찌르며 기세가 등등하였다.

이처럼, 유신 정부군의 상황이 불리해지자, 황실 요원으로, '**전쟁 지원**' **임무**로 전선에 나섰던, '기도 다카요시'는, 군무관 '오무라 마스지로'를 만나, "**3~4개월 이내에 승리하지 못하면, 유신정부가 와해할 수도 있다**"라며, 병력 증파와 물자 수송함의 긴급 수배를 독려하고 지원에 나섰다. 그리고, 정부도 사태의 위급성을 인지하여, '**삿-쵸 동맹**'**으로 연합한 강력한 군을 다시 신속하게 '도후쿠'에 파견**하자 '동북부 연합'도 처음 기세와 달리 항전은 오래가지 않았다.

'아이즈' 번의 '쓰루가' 성 천수탑(항복 후).
1868년 보신 전쟁의 격전지로 천수탑 여러 군데에 포격을 받아 허물어진 흔적이 보인다.

'도후쿠 연합'의 항전이 약해진 것은, '나카오카' 번과 '아이즈' 번을 제외한 대부분 번은 장비가 부족하여 재래식 군대로 무익한 저항을 하다가 파멸되기보다, 차라리 항복해 버린 탓이다. 그중에서도, 일본 내에 몇 정 없던 '개틀링' 기관총을 소유하고 있었던 '나카오카'마저 항복하자, **홀로 남은 가장 강력한 '아이즈' 번은 얼마간의 농성전 끝에 9월 22일 항복**하였다.

그런데, '동북부(도후쿠) 연합'이 무너지자, 1862년대에 네덜란드로 유학 가서 1868년에 네덜란드가 제작한 최신예 군함을 타고 귀국한 뒤, 막부 함대를 이끌었던 **'에노모토 다키아키'**는 유신 정권에 항복을 거부하고, 10월 20일, 예하 해군 함선 등 잔존세력을 이끌고 홋카이도로 건너가 '에조 공화국'이라는 자체 정권을 수립하고 유신 정부군과 여러 차례 해전을 벌였다.

하지만, 중과부적, 이마저도 패배하고 1869년 5월 17일 항복하면서 약 1년 6개월여에 걸친 **'보신(戊辰) 전쟁'이 끝나며 막부는 몰락**하였다. 유신 정부는 '전후처리' 문제에 '보복보다는 안전', '국민통합' 등으로 대외적인 평판을 고려하여, 반란군 막부의 해군사령관 '에노모토 다키아키' 등 막부파 고위인사들까지 처형대신 2~3년 정도의 투옥 후에 새 정부 관리로 중용하였다.

보신 전쟁 이동 경로[24]

'보신 전쟁'은 일본 열도 전역에서 벌어진 내전이었다. 하지만, 사쓰마, 조슈와 인접한 번 등 일찌감치 유신 정부 편에 선 교토 서부 지역은 전쟁 피해가 거의 없었고, 교토와 에도 사이 지역도 피해를 비교적 가볍게 입은 정도였으나, 막부의 지지기반이었던 **동북부(도후쿠) 지역, 특히 '후다이' 각 번의 피해가 심대하였다.**

피해 복구는, 거의 40여 년이 지난 1910년대 중반 '다이쇼' 천황 시대에 이루어졌다. 어쨌든, 이 전쟁으로 인해 오랜 봉건제도 해체 작업이 가속화되었으며, **신정부의 개혁 행보에 발목을 잡을 수 있는 세력들이 자연스레 소멸**되어, 유신 개혁으로 근대 일본이 새로운 국가와 사회로 나아가게 하는 결정적인 전환점이 되었다.

---

24) Hoodinski, "Boshin war", Licensed under CC BY 3.0, Source: Wikimedia Commons, 범례 번역 및 수정

 군국 일본의 근간, 해군과 육군의 창설

유신 정부, 해, 육군 병제 논의의 착수

 1868년 1월, 메이지 정부가 출발하자 막부 세력의 반발로 국가적 내전으로 번진 **'보신 전쟁'은 중세 일본의 군대를 근대화 군대로 끌어올린 대사건**이었다. 유신 정부가 내전을 치르고 새로운 국가를 지향할 때, '삿-쵸 번벌'로 불리던 일본의 개혁 리더들은 거의가 하급 무사 출신이었다. 이들은 군대의 중요성을 절감하는지라, 자연스레, '군국'(軍國)이 일본의 기조가 되었다.

 '보신 전쟁'이 막 시작되던 1868년 2월, 천황은 **각 번에게 유신 정부의 '해, 육군 흥장책' 제출을 명령**하였다. 이는, 조슈 출신으로 네덜란드 유학파인 '병부대보' '오무라 마스지로'(大村益次郎)가 보기에, 막부군에 대항할 병력이라고는 사쓰마-조슈 연합군밖에 없는 실정이라 새로운 유신 정부의 군대 조직을 최대한 신속히 확립할 필요성을 느낀 탓이었다. 사실, '왕정복고'가 되었다고는 하지만, 천황의 권력은 미미했고 여전히 지방의 각 번주들은 막강한 군사력을 자체적으로 보유하고 있었다.

 다급함을 느낀 '오무라'는, 같은 조슈 번 출신의 좌장으로서 '왕정복고' 이후 '총재국(황실) 고문'으로 발탁된 '기도 다카요시'에게 "'병제'(군제)와 관련하여 다양한 이견이 있다"라며, 하루빨리 **'해, 육군의 병제'**

논의에 착수할 것을 촉구하였다. 이에, '기도'가 태정대신 '이와쿠라'를 움직여 천황에게 '오무라' 중심으로 '병제'의 기초 작업을 주도하도록 건의하였다.

일본제국 해군

그런데, 막부 이래 260여 년간 조그마한 군함조차 없었던 일본에서 '해군 육성'이라는 발상은 모두에게 전혀 뜻밖이었다. 그 이전까지, 대부분 사무라이의 창검술, 기마술에 대한 집착은 거의 종교적일 정도였다. 하지만, 1853년 미국의 '흑선 내항'으로 전 일본이 놀란 터라, 막부가 '대함건조'를 못하게 한 규정을 철폐하고, 함정 건조를 촉구하자, 조금이라도 국제감각을 가졌던 **하급 무사들까지 해군 양성에 큰 관심을** 가지기 시작했다.

물론, 일본이 해군에 전혀 무심했던 것은 아니었다. 1855년 사쓰마 번주이자 '사이고 다카모리'의 주군이었던, '나리아키라'는 자체적으로 증기선 제작에 열을 올리다가, 8척의 증기선을 구입하였고, 조슈 번의 리더 '기도 다카요시'도 1857년 상급 무사 '오무라 마스지로'와 함께 조선소를 건설하여 **함선을 제작**하기도 하였다. 물론, 막부도 1864년부터 3년 동안 증기선 9척을 구입하는 등 해군 건설에 공을 들였다.

'고베' 해군조련소 유적지[25]

그중에서도, 막부는 **'일본 해군의 아버지'**라고 불리는 **'가쓰 가이슈'**에게 '고베'에 '해군 조련소' 설립하여 **해군 간부를 양성**하고 있어서. '사카모토 료마'도 이때 '가쓰'를 스승으로 만났다.

그렇지만, 일본이 해군을 갖는 과정은 험난하였다. 특히, '유신' 정부는 '보신 전쟁'(1868~1869년)으로, 큰 홍역을 치뤘는데…. 전쟁 발발 이후, 신정부는 구 막부 함대를 평화롭게 접수하려 하였으나, **구 막부 함대가 탈주하여 신정부와 싸우는 바람에**, 자체 해군력을 갖지 못한 신정부는 구 막부 함대에게 고전을 면치 못하였다.

'총재국(황실) 고문'으로 전쟁을 지원하던 '기도'는 이런 일을 직접 겪자, 훗날 **'일본 근대 군대의 아버지'**로 불리게 된 '오무라 마스지로'에게 향후 육군과 함께 해군 병제 확정시, 해군 창설의 필요성을 주장하기 위한 준비를 시켰다.

---

25) Yanajin, "The old navy training center in Kobe", Licensed under CC BY 3.0, Source: Wikimedia Commons

이에, '병부대보' '오무라'는 1868년 11월, 각 번의 함선을 도쿄에 집결시켜 '천황의 군함시승 행사'를 준비하였고 여기에, 만족한 천황의 지지로 해군력 강화는 탄력을 받게 되었다. 한껏 고무된 '기도'는 1869년 1월, '오무라'에게 **"신정부 직속의 군사력으로 조선의 부산을 개항시키자"**라고 주장하며 '오무라'가 병제 확정작업에 착수할 것을 거듭 강조했다.

'기도'는 '병제' 개혁으로 '일본의 국체 정립 및 흥성'을 기대하며, 이어 탄생할 해, 육군의 **첫 실전 대상으로 조선을 설정**하였다. (하지만, 그는 훗날 '사이고'의 정한론은 반대) 이에, '오무라'도 "일본의 해외 무력 과시는 해군에 의해서만 가능하다"라며 화답하고, 신정부의 해군력 강화를 '천황'의 위세 과시와 직결시키며, 해군 창설에 관한 건의서를 신정부에 제출하였다.

천황은 마치 '기도'와 '오무라'의 건의를 기다렸다는 듯, 이들의 주장을 받아들여 **"해, 육군의 흥장책(興長策)을 강구하라"**는 명령과 함께, **"해군 문제가 당면한 급선무"**라며 '해군'부터 창설할 것을 병부에 하달하였다. 그때부터 본격적인 해군 창설이 태동되었다. '기도'는, 1857년에 조슈 번에서 '함선 건조'에 매달린 경험이 있지만, 십수 년이 지나서야 비로소 천황의 하문으로 신정부의 **해군력 강화에 전념**하게 되었다.

한편, 천황의 신뢰를 얻은 '오무라'는 해군 우선의 '병제(군제)'기초를 확립하고, 영국식 해군 병식을 도입하는 한편, **'군함은 사관(장교)이 곧 정신이므로 사관이 없으면 수병도 필요 없다'**는 논리로 해군사관 양성기관인 '해군 조련소'(해군 병학교)를 설치하여, 해군 창설을 추진하였다.

그렇게 노력하던 '오무라'가, 1869년에 불의의 암살사건을 당하여 후유증으로 사망하자, 1870년 해군 병제 확정시에 천황과 군 수뇌부가 해군 창설을 당면과제로 인식하도록 하려는 '기도'의 계획은 틀어져 버렸다. '오무라'가 죽은 이후 '기도'는 우선, 1869년 '해, 육군 병제 기초'부터 확립하기 위해 노력하였다.

하지만, 이번에는 예상치 못한 **재정 부족 문제**에 직면하였다. 그는 **국가 재정수입의 3/5을 국방예산** 즉, 해, 육군 군비로 충당하는 안을 제시했으나, 메이지 2년 차의 신정부 재정은 빈약하기 짝이 없었고 '국가회계'의 기초조차 없었다.

이에 '기도'는, **'투명한 국가회계'**의 확립을 '이와쿠라' 태정대신에게 건의하고, 각 번의 재산을 몰수하는 **판적봉환**도 함께 추진하여 재정을 확보하는 한편, 신정부의 여력으로는 군함 20척도 보유하기 힘든 점을 들어, 다시 각 지방을 상대로 **'국채' 발행 모집을 요청**하였다. '기도'는 또한 그 연장선상에서 '오쿠보' 등과 함께 '폐번치현'(廢藩置懸, 1871. 8월)으로 번의 권력과 세력을 없애려는 정국을 주도하였다.

한편, '기도'가 한동안 '해군력 강화'를 선도적으로 제창하다가 느닷없이, '폐번치현'을 점차 기정사실로 하자, 그간 재정부담을 경감하고 싶었던 각 번들은 "이때다!"라며 번 자체의 해군력을 해체하거나, 보유 함선을 신정부에 헌납하려는 움직임을 본격적으로 보이기 시작했다.

이는 **"해군은 반드시 신정부 소속으로 해야 한다"**라고 주장하여 온 '기도'에게는 천행이었다.

한편, 해군은 1870년 병제 확정 회의에서, '사쓰에이' 전쟁을 치른 사쓰마에게 해군 건설을 주도하게 맡기자, 사쓰마는 나폴레옹 전쟁 중 '넬슨'이 '트라팔가' 해전에서 나폴레옹 해군을 격파한 **영국을 본받으려** 영국식 병제를 채택하기로 확정했다.

1870년 7월, '기도'는 정부가 편성해 준 국방 예산과, 사쓰마 해군 등 각 번이 헌납한 갑철함 등 함선 14척과 수송선 등으로 **신정부 최초의 해군함대를 편성**하였다. 이어서, '기도'가 해군성 창설을 제안하자, 정부 수뇌부에도 공감대가 형성되어 **1872년 2월 내각에 최초로 해군성(海軍省)을 창설**하였다.

정부 내각에 해군 전담 부서가 설치되자, '기도'는 절실히 원하였던 함선의 수배와 매입을 위한 재원 마련, 해군사관 양성학교 설치, 영국 교관 초빙은 물론, 각 번의 함선 헌납으로 만든 근대 일본의 해군함대 창설을 목표로 해군력 강화 준비에 착수하였다.

매년 군함 1척을 건조한다는 '기도'의 목표는 이루어지지 않았으나, 1873년 1월, 천황이 '해군 병학료'를 방문하여 '관함식'을 거행함으로써 '기도'의 바람대로 **근대 일본 해군이 창설**되었다. 천황의 지시로 해군이 창설되자 **많은 사무라이가 해군으로 진출**하였고, 해군은 창설 초기에는 메이지 유신 이전의 육, 해군 군사경력을 인정하여 각 장교에게 맞는 계급을 주었다.

일본 해군 함정 진수식

해군에 대한 일본식 열정은 20여 년이 지난 뒤 크게 꽃을 피웠다. 1895년 청일전쟁에서 연합함대 사령장관으로 황해해전에서 **청나라의 '북양함대'를 대파**했던 사쓰마 출신 '사토 스케유키'의 경우, '보신 전쟁'에서 막부 파와 싸운 이후, '가쓰 가이슈'의 '코베 해군조련소'에서 '사카모토 료마' 등과 함께 포술과 항해술 등을 교육받고 난 뒤 임관한 최초의 일본 해군 대위였다.

또한, 1905년 러시아 '발트함대'를 격파하여 일본의 영웅이 된 사쓰마의 '도고 헤이하치로'도 이런 식으로 해군 장교가 된 뒤, '사이고 다카모리'의 추천으로 1871~1878년까지 **8년 동안 영국 '포츠머스'에서 관비로 유학하여 영국 해군을 연구**한 후, 청일전쟁에는 전함 '나니와' 함장으로 참전하였고, 그로부터 다시 10년 뒤, 러일전쟁에는 연합함대 사령장관이 되었다.

하지만, 본격적인 해군사관 양성은 1888년 '히로시마' 근교 '에타치마'에 '해군 병학교'(간부후보생 양성소)가 설립되면서부터다. 이 학교는 마치 일본 내 외국인 특구처럼 **숙식과 복장도 서구식이었고, 훈련 등 군사학교 커리큘럼 모두를 영국 해군학교를 그대로 베껴서 청년들에게는 선망의 대상**이었다. 더구나, 당시의 시대적 상황은 경제적으로 매우 어려운 시기여서 몰락한 무사 가문 자제 등 우수한 인재가 군인의 길을 택하였고, 해군은 이들 중 높은 경쟁을 뚫고 선정된 매년 150여 명 정도의 생도를 3~4년간 교육 후 해군 장교로 임관시켰다.

지금 보아도 이 학교의 군사훈련 중 특이했던 것은, 1885년경에 이미 영국으로부터 도입한 순양함에 생도들을 탑승시켜 **몇 개월씩 지중해까지 원양 실습을 나갔다**는 점이다. 청일전쟁이나, 러일전쟁을 염두에 둔 건 아니지만, 당시로서는 획기적인 발상이었다. 이 학교는 제2차 세계대전 종료 시까지 운영되며 제국해군의 근간이 되었다. 돌이켜 보면, **영국의 교육과 기술지원으로** 인력과 장비 면에서 보잘것없었던 구식 수군이 최단 시간 내에 **근대적인 강력한 해군으로 탈바꿈**하였다.

일본제국 육군

한편, 군국의 근간인 **일본제국 육군도**, 천황이 '보신 전쟁' 도중인 1868년 2월, 각 번에게 '해, 육군의 흥장책' 제출을 명령한 데서 출발한다. 먼저, 조슈 출신 '오무라'는, 막부-조슈와의 제2차 전쟁(1866년)에서 대승을 거둔 바 있는 '국민개병제'에 의한 국가상비군 체제를 제시하였다.

하지만, 사쓰마의 '오쿠보 도시미치'는 **사쓰마, 조슈, 토사 등 3개 번 무사들을 중심으로 중앙군을 편성**하자고 맞섰다. 당시, '오쿠보'는 1868년 천황의 '도쿄 행차' 호위 목적으로 **사쓰마, 조슈, 토사 등** 3개 번에서 차출된 무사 8,000여 명으로 구성된 황실 경호대 격인 **'어친병'**(御親兵)을 이미 창설하였고, 전국의 어느 번도, 이에 대항할 만한 병력은 없었다.

이처럼, '어친병'이 실제로 작동하자, 1869년 9월, 태정대신 주관회의에서, '오무라'의 건군 안은 유보되고, 3개 번의 병력으로 구성된 '어친병' 체제의 개념으로 천황 직속의 중앙군을 조직하며 상설편제로 전환하였다. 이는 **일본제국 육군의 근간**이 되었고, 황실경호대인, '어친병'은 황실 근위사단으로 개편되었다. 1870년 10월 일본육군은 한때 유럽을 석권하였던 '나폴레옹'의 **프랑스식 병제**를 채택하기로 확정하였다.

1871년, 유신 정부가 중앙집권을 위한 '폐번치현'으로 중세 봉건 잔재인 번을 해체하여 현으로 대체하여 가는 동안, '기도 다카요시'와 '야마가타 아리토모', '사이고 다카모리' 등 유신세력은 '폐번치현' 등의 정국에 불만을 가진 번이 반란을 일으킬 가능성에 대비하여, **프랑스식 사단 편제로 조직된 '진대병'**(鎭臺兵)을 주요 지역별 요새에 주둔시켜 유사시에 대비하였다.

이어, 신정부는 '육군 흥장책'을 들이밀며 각 **번의 무사 계급 해체와 동시에 각 번이 보유하던 무기도 몰수**하였다. 당시, 각 번에는 '보신 전쟁'이 막 끝난 터라 다수의 장비와 훈련된 병사들이 여전히 남아 있었다. 그런데도, 각 번이 '폐번치현'에 순순히 응한 데에는, 전쟁 피해와 흉작 등으로 번의 **재정상태**가 크게 나쁜 상태에서 유신 정부가 **재정과 관련한 많은 지원을 약속**하였기 때문이다. 다만, 사쓰마 번주 후견인 '히사미쓰'가 **토사구팽**이라며 잠시 항거하기도 했지만 결국 굴복하였다.

야마구치현에 있는 '오무라 마스지로' 신사

그런데, 중앙군이 점차 커지며, 3개 번의 무사들을 차출하는 '어친병' 개념으로는 중앙군 병력조달이 어렵자, 1872년 정부는 **'일본 근대 군대의 아버지'**라는 '오무라 마스지로'가 죽기 전 제안한 대로, 조슈 번을 모델로 한 **국민 개병제를 도입하는 '징병령'을 발효**하였다. 이로써, 수백 년 동안, 군을 주도하며 특권층으로 군림하던 **무사 계급이 드디어 역사에서 사라졌다.**

일본육군이 무사 시대를 끝내고 '오무라'의 구상대로 **'징병의 의무'를 지닌 국민의 군대**로 나아가는 동안, 평민군으로 변화한 '진대병'은 점점 늘어났다. 그러던 중, 1873년 '이와쿠라' 사절단의 독일 방문 뒤에 '보-불 전쟁'(1870~1871년)에서 프랑스를 이긴 **독일을 육군의 본보기**

로 하며 본받기 대상을 수정하였다.

 이 과정에서, '사이고 다카모리'의 신임을 얻은 육군대보(陸軍大輔)였던 '야마가타 아리토모'는 육군성과 해군성의 설치 등 군제개혁 업무에 종사하며, '국민 개병제'를 위한 징병제의 도입 등 뛰어난 군사행정가로 발돋움하였다. 특히, 신생 일본육군을 독일식의 근대 육군으로 변모시킨 장본인으로, 구 일본군은 훗날 그를 군부의 조상이라며 **'일본육군의 아버지'**로 불렀다.

 1872년 '징병령' 이후, 정부가 사쓰마 출신의 '사이고 다카모리'를 육군 대장에 임명하고 근대 군대를 이끌게 하자, '사이고'는 사쓰마의 병사들이 사무라이였기에 평민 출신보다 **'무사 중심으로 군대를 꾸려가자'는 강병체제를 주장**하였다. 하지만, '징병령'으로 무사 제도를 폐지한 정부가, 각 번의 무사에게 지급하던 녹봉을 없애고 이들의 동원 의무를 해제시키자, 무사들의 불만은 최고조에 달했다. 이에, 군 책임자인 **'사이고'는 '정한론'을 주장**하며 전쟁으로 무사들을 활용하는 방법을 제시하였으나, 그의 '정한론'은 반대파에 의해 받아들여지지 않았다.

 1877년 '사이고'는 무사들과 궐기하여 **'세이난' 전쟁을 촉발**하였다. 유신 정부군은 비록 고전하기는 하였으나, **'진대병' 체제가 효과적으로 작동하여 반란이 진압**되자 비로소 **근대식 일본육군 제도가 정착**하게 되었다. 이후 1885년쯤 상황은, 사무라이는 거의 소멸되었거나, 남은 이들도 가난에 허덕이며 온갖 하층민 일을 해야 했다. 반면, 농민이나 기타 계급 출신으로 입대하여 각 지역에 주둔하던 일본육군 병사들의 위상은, 과거 사무라이의 위상만큼이나 높아, 남녀노소 일반인들은 **병사들을 마치 사무라이를 대하듯 '병사님'이라고 불렀을 정도**였다.

1890년, 총리가 된 '야마가타'는 '주권선, 이익선' 논리로 식민지 확보 등 팽창정책의 필요성을 '안보적' 관점에서 접근하였다. 군의 위상이 높아지고, 근대식 **일본육군 사관학교가 창설**되자, 사회적, 경제적 어려움을 겪던 몰락한 무사 가문 자제들이 자연스레 군으로 몰렸다. 환골탈태한 일본육군은 독일식 군사교육제도에 따라, 독일군 장교를 초빙하여 훈련을 시키고, 우수한 인재를 독일 등 각국 군사학교에 유학 보냈다. 이로써, **일본육군은 청일전쟁 직전까지, 각 지역의 '진대병'을 독일식 사단 편제로 완전히 탈바꿈시키고, 군사체제를 정비하였다.**

사실, 육군은 이미 **1870년대 사쓰마, 조슈, 토사의 3개 번 출신 무사들로 시작되었기에 1890년대 이후의 군내 주요 간부는 모두 이들 출신**이었다. 그중에서 유신 정부의 양대 인맥이랄 수 있는 사쓰마와 조슈 출신의 행보가 엇갈리는데. 최초, 해군 창설은 사쓰마의 함대가 주축이었지만 조슈 출신 '기도'와 '오무라'가 해군을 창설하였고, 군국의 근간인 육군은, 조슈가 강했지만, 창설의 역할은 사쓰마 출신의 '오쿠보'가 주도하였다.

하지만, 그로부터 20~30여 년이 지난 청일전쟁과 러일전쟁에서 '북양함대'를 대파했던 사쓰마 출신 '사토 스케유키'나, '발트'함대를 전멸시킨 '도고 헤이하치로' 등 해군의 제독급 이상 주요 간부는 사쓰마 출신이 많았고, 두 전쟁에서 육군의 장성급 이상 주요 간부는 '야마가타 아리토모', '노기 마레스케' 등 조슈 출신이 많았다. 육군이 특히 조슈 출신이 많았던 것은 **'야마가타 아리토모'가 형성한 파벌의 영향**이었다.

그런데, 군국의 근간이라는, 일본제국 육, 해군에는 메이지 15년 (1882년)에 공포된 '군인칙유'가 군인의 핵심적 가치였다. 이는 일본 군인이 가져야 할 정신과 행동을 명문화한 규범으로, 제1항에서는, "충성은 군인의 근본이다. 군인은 군령을 받드는 동시에, 한 몸을 다하여 천황에게 충성을 바쳐야 한다"라고 군인에게 무엇보다도 중요한 **충성심을 강조하였다.**

즉, 천황에 대한 충성은 단순한 충성이 아닌 도덕적 의무이자 인간 존재의 기본 가치로 주입하여, 절대복종과 희생을 최고의 가치로 삼게 한 것이었다. 더구나, 1889년 일본제국 헌법에서도 군대를 천황에 종속시킴으로써, 일본군대에는, **"충성=군인의 존재 이유"라는 공식이 제도적으로 정착되어**, 군대가 어느 집단보다 먼저 천황의 수족이 되었다. 이른바, **황군**이었다.

# '천황 신격화'와 일본 정신(大和魂), 그리고 '야스쿠니' 신사

국민통합의 수단, '천황의 신격화'

'가마쿠라' 막부(1185~1375년) 이후 메이지 유신까지 **천황의 존재는 아무런 실권이 없어 그저 형식적인 직위나 내줄 뿐, 사실상 황궁 내에 유폐되어 있었다.** 1868년, 유신세력은 '왕정복고' 쿠데타에 정치에서 소외된 천황을 전면에 내세우고 집권하였다. 그리고, 개혁에 반발하는 무사 중심 막부 잔재세력을, 약 1년 6개월간 내란인 '보신 전쟁'을 통하여 완전히 제압하였다.

그렇지만, 유신과 막부라는 신, 구세대의 갈등으로 민심은 양분되고, 앙금이 곳곳에 남아, 이제 막 중세에서 근세로 들어선 일본은 '국민통합'을 하기는커녕, 제도 미비와 사농공상 계층 간의 간극이 커서, 개혁은 출발조차 못 할 지경이었다.

이에 유신세력에게 절실한 것은, 유신과 개혁의 전제 조건은 '국민통합' 즉, **"국민을 어떻게 묶을 것인가?"** 라는 것이었다. 그런데, 혼란스러운 '보신 전쟁'을 겪는 동안에도, 막부 잔재든 누구든 일본 국민이라면 모두가 **천황을 숭배하고 있었다.** '천황'의 존재는, **모든 국민을 묶을 수 있는 유일무이한 상징**이었다. 이에, '존왕사상'에서 시작된 유신세력은, 보신 전쟁 도중부터 중앙집권과 국민통합을 위해서, 막부 이래 700여

메이지 유신(明治維新)과 국가개조(國家改造)   **137**

년간 가려졌던 '천황 얼굴 보이기'라는 정치적 연출을 기획하며 **천황의 존재를 국민 앞에 내세우기로** 했다.

1868년 '보신 전쟁' 와중에, 유신세력 지도자인 '기도 다카요시'는 '전쟁'보다도 천황의 존재를 국민에게 알리는 일을 무엇보다 중요하게 생각하였다. 그는, 260여 년간 '에도' 막부에 쇼군이 상주하며 수도 역할을 하였던 '에도' 성을 함락한 지 4개월 후인 8월 4일에, **'메이지' 천황의 '에도 행차'를 시행**하였다.

'기도'는 국민의 열광적인 반응을 확인하자, '오쿠보' 등과 협의하여, 나라의 수도는 국토의 중앙에 위치한다며, **'에도'를 도쿄(東京)로 개명하며, 1868년 11월에 수도를 교토에서 '에도'로 옮겼다.** 그리고, 다시 한번, '메이지 천황'의 존재를 사람들에게 보여, '에도'가 이제는 쇼군의 도시가 아니라, **'천황의 도시'**임을 알렸다. 무려 700여 년 만에 천황이 귀환하였다.

이어서 1871년, 메이지 정부는 **'신사(神社) 규칙'을 공포**하고 전국의 신사를 체계적으로 국가의 통제 아래 두었다. '보신 전쟁'으로 막부의 잔재와 전국적으로 치른 내전에서 일본 전역이 큰 상처를 입었는데, 다른 일보다도, 국가가 **신사를 통제하는 일에 우선적으로** 나섰던 것이다. 제3자의 시각에서는 매우 뜬금없는 조치로 보일 수도 있었지만, 역발상이랄까? 유신세력이 선택한 방법은 '천황'을 단지 정치적 수반이 아닌, **신과 같은 존재로 만들려는 기막힌 발상**이었다.

그럼, **왜 천황이 '신'이 되어야 했을까?** 이들은 천황을 '국가 상징화', '신격화'로 초월적 존재로 격상시켜, **국민을 하나의 정체성 아래 결집**시키고, 천황을 그 정점에 놓으려 하였다.

유신세력이 지금껏 경험하지 못한 **정신개혁**으로 시도한, **'천황 신격화' 작업**은 단순한 정치제도의 변화로는 설명할 수 없는, 더 깊은 문화적 전략을 포함하고 있었다. 이들은, '신사 규칙' 공포로, 전국의 신사를 통제하게 되자, 국민 대중 속에 깊게 자리 잡은 전통 '신도'(神道)의 틀을 빌려서, 천황을 '살아 있는 신'으로 승격시키고, 국민의 충성심을 결속시키려는 정치적인 수단으로 활용하였다. 그때부터 일본 고유의 '신도'가 종교적 경계를 넘어, 이른바, **'천황 신격화'의 제도적 기초가 된 '국가 신도'(國家神道)라는 새로운 이념체계** 아래에 들어간 것이다.

이 조치에 따라, 천황가의 참배지인, '이세' 신궁(伊勢神宮)을 중심으로 발전한 '아마테라스'(태양신) 신앙은, **천황이 '아마테라스'의 직계 후손이라는 신화를 정당화**하는 도구로 활용되었으며, 그와 관련된 많은 상징물도 등장하였다. 예컨대, 일본(日本)이라는 나라 이름은, 태양신에서 나온 것이고, 욱일승천기(旭日昇天旗)는 태양신의 후광을 빛의 모양으로 나타낸 것이다.

이에 따라, 일반 국민 참배지인 각 지역 신사도 그때까지의 단순한 지역 민속신앙의 중심지에서 벗어나, 태양신의 후손인 **천황 중심의 국가 이념을 전파하는 기관으로 재편**되었다. 이로써, '신도'는 '천황 숭배'를 개인의 '종교'가 아니라 '의무'로, 모든 국민에게 요구하게 된 것이다.

메이지 천황의 '에도' 행차로 천황의 위상을 실감한 유신세력은, '천황 숭배'의 일환으로, '천황의 전국 순회 순시'를 기획하였다. 1871년은 '폐번치현' 이후, 천황이 임명한 각 현의 지사가 백성을 다스리는 모습과, 전국의 민심을 살피며 각 지역에 흩여져 있는 천왕릉과, 유명 신사를 참배하였고, 1872년부터 1885년까지 **거의 2년에 한 번씩 일본 전국을 6번 순회**하였다.

메이지 9년(1876년) 6월 2일 메이지 일본 천황 일행이
도쿄 '만세이바시'(萬世橋)에서 시작해 동북지역 오우지방으로 순행하는 장면

이처럼, 700여 년 만에 국민 앞에 나타난 천황은, 가족, 문무관 등으로 2,000여 명의 대규모 순례단을 구성하여 대중에게 '보이는 권력'을 과시하며, 일종의 '포장된 모습'을 보여줌으로써 **천황제 하의 충직한 신민**을 만들기 위한 정치적 전시효과를 노렸다. 이 과정에서 '살아 있는' 신을 목도한 전 국민의 감격과 열광으로 천황제는 더욱 공고해졌으며, 일본은 번 위주의 소국체제에서 천황 위주의 중앙집권 황국으로 바뀌며, **충성의 대상이 천황으로 바뀌어 갔다.**

'천황 신격화'를 지탱하는 정신적 기반, '야마토 다마시'(大和魂, 일본혼)

이처럼, 유신세력이 정성을 들인, '천황 신격화'의 완성은, '쇼카손주쿠'에서 사숙하며, '요시다 쇼인'에게 대일본 팽창주의를 배운 '야마가타 아리토모'가 소위 **'야마토 다마시'**라는 일본 고유의 민족정신을, '살아 있는 신' 천황과 결합시킴으로써 더욱 공고히 완성되었다. '쇼인'은 처형당하기 전, 일종의 유서인 그의 《유혼록(류콘로쿠)》에 "비록 몸은 무사시 벌판에 썩어 가더라도 남겨 놓은 것은 **'야마토 다마시'(大和魂)**"라는 유명한 말을 남겼다. 이에, '야마가타' 등 '쇼인'의 제자들은 그의 말을 오래도록 암송하며 가슴에 새겼다. 그리고, 이들이 내민 '천황'과 '고유의 민족정신'은 일본의 정치체제와 정신세계에 상호보완적 역할을 하며, 군국주의 국가체제의 기초가 되었다.

원래, '야마토 다마시'는 일본인 고유의 정신체계로, '순수하고 감성적인 일본 정신'을 의미하는 것이었다. 하지만, 메이지 유신 이후 유신세력이 천황을 단순한 정치 지도자가 아닌 '신성한 존재', 곧 '현인신'(現人神, 살아 있는 신)으로 승격시키려고, 충성심, 자기희생, 조상과 역사에 대한 자긍심, 천황에 대한 절대복종 등과 함께, '일본인은 본래부터 강하고 순수한 정신을 가진 민족'이라는 자의식을 부여하면서, 국가주의 이념의 정당화 수단으로 변질된 '천황 신격화'와 결합되었다. 이렇게 세뇌된 개개인은 자아의식조차 갖지 못하고 천황에 종속되었다.

신도에서 나온 이러한 정신은, 일본인의 인생관 중, '충성은 사람이 당연히 해야 의무(義務, 기무)'로, '천황 숭배'는 전 국민의 통일된 의리(義理, 기리)로 보는 데서 출발한다. 이는 유학의 근본인 삼강오륜(三綱五倫) 중 '군신유의'(君臣有義), 즉 **군주와 신하 간의 의리를 강조**한 것을, '요시다 쇼인'이 '일본혼'(大和魂)으로 내놓은 '야마토 다마시'에 담았다.

1872년, 일본 근대 군제와 내무행정을 설계한 '육군대보'였던 '야마가타'가, '사이고 다카모리'에게 국민개병제인 '징병제' 도입을 건의하며 모든 국민에게 병역의 의무를 부과한 이후, 모든 입대 병사들에게 강조한 정신이 바로 '야마토 다마시'였고, 그 정신은 국민 개개인이 천황의 명령에 생명을 바치는 '충성과 희생'을 지상 최고의 미덕으로 간주하였다.

그로부터 10여 년 뒤, 1882년에 공포된 '군인칙유'에서도 '군인은 국민이기 이전에 천황의 신하'라며, 모든 군인에게 천황에 대한 충성을 강요하였는데, 이 내용도 역시 '야마가타'의 작품이었다. 이처럼, '쇼인'의 제자로 강성 군인인 '야마가타 아리토모'가 일본군의 '정신적 가치관'으로 미화하며, 수많은 젊은 군인들을 천황에 대한 의무와 의리의 족쇄로 세뇌시켰다. 결국, 군인들을 침략의 도구로써, 죽음의 전장에서도 '천황 폐하 만세!'를 외치며 뛰어들도록 내몬 것이다.

1890년, '야마가타'는 제국 헌법 의회의 초대 총리로서 군대뿐 아니라 교육 및 지방행정까지 장악하자, '천황의 신민으로서 충실한 삶을 사는 것'이 곧 국민의 사명이고, "천황을 위한 충성심은 곧 야마토 다마시"라는 공식을 통해 국가 전체를 하나의 '정신 공동체'로 통합시키려 했다. 그는 1889년에 제국 헌법 설계 시에 깊이 관여하여 헌법에, **'천황이 군**

통수권자이며, 국민은 신민(臣民)'이라는 사상을 법제화했다. 이로써, '야마토 다마시'는 이러한 '천황 중심 국가체제'를 지탱하는 정신적 기반으로써, 일본이 선택한 국가주의적 정신무장 체계가 된 것이다.

이제, 군인뿐만 아니라 전 국민이 천황에게 충성을 다짐해야 했다. 이를 위해, 신도 중심의 '국가신도'(國家神道) 이외에 **'교육 시스템'**이 '천황 신격화'의 핵심 역할을 담당할 **또 하나의 수단이 되었다.**

1872년 근대 학제 도입으로, 전 국민에 대한 소학교, 중학교, 대학교 등 보편적인 학교 교육이 시작되어, 이미 각급 학교에서는 **'야마토 다마시'를 내면화한 국민 양성이 강조**되어서, 소년기부터 충성·희생정신을 배우며, '천황 숭배'를 강요받았다.

하지만, 1890년 공포된 '교육칙어'는, '군인칙유' 등의 군인적 충성심에서 더 나아가, 국민 도덕의 기초를 제시하며, 충효의 미덕과 함께 황실에 대한 절대적 충성을 강조했다.

메이지 시대 소학교 수업 모습

이처럼, '천황 신격화' 교육은 단순한 윤리 교육이 아닌, **천황 중심의 국가관을 체화(體化)시키는 수단**으로써, 소학교 어린이들도 매일 아침 학교에서 천황의 초상 앞에 경례하며 국가에 대한 충성심을 자연스럽게 내면화했다.

이렇게 국가관을 익혀나감으로써, 아이들은 어릴 때부터 '충성하지 못했을 때' 받는 비방에 대해 모욕감을 느끼고, 부여된 의무(義務, 기무)와 의리(義理, 기리)에 대한 감각을 기르며, '남에게 폐를 끼치지 않겠다'는 '메이와쿠' 정신체계를 체득하게 되었다. 이는, **'전체의 일원으로써 절대로 유별나지 않겠다'**는 다짐이었다. 만약에, 집단의 이러한 기준에 벗어나면 어김없이 '이지메'(왕따) 등 처벌이 뒤따랐다. 이 때문에, '난징 학살'에서 보듯 선량한 인간조차 자기 단체가 범하는 악행에는 스스럼 없이 '함께'하여야 했으니, 전체주의가 피할 수 없는 과오였다.

'교육칙어'에 따른 교육현장의 한 장면을 유추해 보자. 1890년대 어느 날, 도쿄의 한 소학교(초등학교) 교실. 아이들은 매일 아침 나무로 만든 신단 앞에서 머리를 숙인다. 그 신단 안에는 천황의 초상이 모셔져 있고, 차렷 자세로 군인처럼 서 있는 교사는 엄숙하게 말했다.

천황 초상에게 참배하는 교사와 학생들

"천황 폐하는 '아마테라스 오미카미'의 후손이시며, 일본은 만세일계(萬世一系)의 나라다."

교사의 말은 단순한 종교적 믿음이 아니었다. 그것은 **국가가 설계한 신화**였고, 아이들은 그것을 교육받은 것이다. 더 나아가, 천황 탄생일에는 모두가 '기미가요'(일본 국가)를 불렀다. 이처럼 **교육은 국가의 이념을 주입시키고 세대 간에 계승시키는 강력한 기제로 작동**했다.

그뿐만 아니라, '천황 신격화'는 여성들의 의식체계에도 영향을 미쳤다. 종교 국가라는 이스라엘에서, "누가 유태인가?"의 기준은 "엄마가 유태인인가?"이다. 그만큼 엄마의 존재는 아가가 성인으로 성장할 때 인격 형성이나 교육 등에서 절대적이다.

당시, '천황 신격화'에 세뇌된 일본의 엄마들은 "아기를 천황이 준 선물로 받으며, 성장하면 천황에게 되돌려준다"라고 인식하였다. 그 때문에, 대부분 가정에서 '아이를 건강하게 키우는' 것은 '천황을 위한' 자식 교육으로, 만약, 국가가 지급해준 소학교 책자를 아이가 훼손하거나 밟기라도 하면 '천황을 들먹이며' 엄격한 체벌을 가하는 **비정상적인 행위조차 일상**이 되었다.

욱일기를 흔드는 어린 꼬마

심지어, 아들이 군에 입대하여 전사하더라도, 이를 '기쁘게 받아들여야 한다'는 해괴한 논리에도 순응했다.

이처럼, 남의 눈을 의식하여 '부끄러움'을 느끼지 않도록 행동하여야 하니 자연스레, "남이 나를 어떻게 보는가?"가 나의 판단과 행동의 기준이 되었다. 유학, 특히 성리학에서는 인간의 본성과 감정을 설명하는 핵심 개념으로 **사단칠정(四端七情)**이 있다. 사단은 네 가지 도덕적 단심인데, 측은히 여기는 측은지심(惻隱之心), 부끄러움을 느끼는 수오지심(羞惡之心), 겸손하게 양보하는 사양지심(辭讓之心), 그리고 옳고 그름을 가리는 시비지심(是非之心)이 있다. 이 중에서 일본인은 뻔뻔하고 이기적인(?) 일부 다른 나라의 국민성에 비해, 뭔가를 잘못하였을 때 느끼는 수치심 즉, '부끄러움'을 가장 중요하게 여긴 듯하다.

하지만, '천황 신격화' 작업은, 정치 엘리트들이 치밀하게 기획하고 주도한 프로젝트였다. 군인인 '야마가타 아리토모'는 **병사들에게 천황 중심의 충성을 강조**했고, '모토다 나가자네'는 **국민교육을 위한 '교육칙어'의 정신적 틀을 제공**하였으며, '이노우에 가오루'는 외교 정책에서도 **황실의 신성(神性)을 강조하며 '국제적 정당성'을 확보**하고자 했다. 이들은 하나같이 **동일한 정치적 목적 아래 '천황의 상징성'을 강화하였다.** 그렇게 함으로써 **'일본은 국민국가이지만 살아 있는 천황이 신이면서, 바로 국가'**라며, 천황과 일본을 분리시킬 수 없는 존재로 엮었다.

이처럼, '천황의 신격화'는 단순한 전통의 계승이 아닌, **정치적으로 의도된 신화의 재구성**이었다. 유신세력은 '근대화'라는 정치적 과제 해결을 위해 과거의 신화를 부활시키고, 이를 국가운영의 핵심 원리로 삼은 것이다. 여기에서, '국가신도', 군인칙유, 교육칙어, 야스쿠니 신사 등은 모두 이 신격화를 제도적으로 뒷받침한 기제이며, 그 중심에는 '신이 된 천황'이 있었다.

천황의 '수족'이 된 군대와 '야스쿠니' 신사

그런데, 무엇보다도 '천황 신격화'의 기제를 상징적으로 보인 것은 바로 '야스쿠니' 신사였다. '야스쿠니' 신사는, 1869년 조슈 출신으로 '국민개병제'(國民皆兵制)의 **'병제' 개혁**이라는 새로운 패러다임을 제안하여 **'일본 근대 군대의 아버지'**로 불렸던 '오무라 마스지로'가 메이지 혁명이 성공한 뒤, '조슈-막부 전쟁'과 '보신 전쟁' 등 내란 도중 유신을 위해 죽어 간 **자신의 동료 전사자들의 영혼을 위로**하기 위해 만든 것으로, 원래, **'동경 초혼사'라는 제사 공간**이었다.

'야스쿠니' 신사 입구 중앙에 서 있는 '오무라 마스지로'의 동상.
그는 일본제국 군대 창설과 함께 일본군의 정신적인 지주가 되었다.

이는, 1874년, **메이지 천황이** 천황을 향한 충성심을 정치적으로 이용하려는 목적으로, '동경 초혼사'에 **참배**하면서 일반인에게 알려졌다.

1877년, '사이고 다카모리'가 유신 개혁에 반발한 '세이난' 전쟁으로 많은 사망자가 발생하였을 때, 유신 정부는 유독 **천황파 전사자만** 거두어 이곳에 합사하였다. 이후부터 이곳은 **'천황을 위해 죽은 자만이 신으로 봉안되는 곳'**이 되었고, 1879년에 유신 정부는 이곳을 '국가를 위해 희생한 자를 위로한다'며 **'야스쿠니' 신사로 개칭하였다.**

'야스쿠니' 신사 입구[26]

1882년, 일본군에 "충성은 군인의 근본이며, 충성의 대상은 천황이다"라는 **'군인칙유'가 선포**되었다. 이로써, 군조직 내 '천황 신격화'는 제도화되었고, 군대는 천황의 친위부대로서, 모든 명령은 '천황의 뜻'으로 내려졌다. 그 결과 **군인의 충성심은 오로지 천황 중심의 이념으로 고착**되어, '천황 개인'의 군대(**황군**)가 되었다. 그리고, 군은 '신격화된

---

26) Kakidai, "2018 Chumon Torii (Yasukuni Shrine) 2", Licensed under CC BY 4.0, Source: Wikimedia Commons

천황'의 영도아래 '부국강병'의 주축으로써, 정치를 장악하고 군국주의로 내달았다.

1887년에 '야스쿠니'는 일본육군이 관리하는 '국가시설'로 승격되었다. 그때부터 이곳은 단순한 추모 공간이 아니라, 전쟁에서 천황을 위해 전사한 병사들을 신령으로 추모하며, 천황을 위한 죽음을 영광스럽고 신성한 것으로 포장하는 **'국가의 제단'**이었다. 특히, **'천황을 위한 군인의 희생은 곧 신이 되는 길'**이라는 담론이 형성되었다. 이는, '오무라'가 전사자가 가운데, 천황을 위해 싸운 **전몰자의 영혼만 불러 위로하고 이들을 합사하며 신으로 섬긴 탓이다.**

1890년, 군 출신 '야마가타 아리토모' 총리는 유교 교육과 국가 충성을 결합한 **'교육칙어'**를 천황의 이름으로 선포하였다. 주목할 것은, 유신세력은 그 근본이 **주군에게 복종하고 무인으로 사고하고, 행동하는 집단**이었기 때문에 유신세력의 개혁은, **천황에 대한 무조건적 복종과 국가 전체를 군인화된 집단으로 만들어 일사불란하게 움직이도록 하는 '군국주의 방식'**이었다.

'야마가타'는 '오무라'보다 한발 더 나아가, 천황을 '최고 군사령관'으로 받들고, 모든 병사는 천황의 이름 아래 죽도록 했다. 그는 "천황의 명은 곧 신의 명이며, 따르다 죽는 자는 신이 된다"라고 외쳤다. 정치와 교육, 언론, 군대는 이를 반복적으로 각인시켰다. 국민은 자발적(?)으로 군인이 되어 전장으로 향해야 했고, 세뇌된 그들은 죽음의 전장에서도 "천황 폐하 만세!"를 외치며 **죽음을 두려워하지 않아야 했다.** 설사, 전장에서 죽더라도 '야스쿠니'에서 신으로 살아남아야 했기 때문이었다.

이처럼, '천황 신격화'는 제국 일본의 '군국주의'를 정당화하는데 가장 효과적인 도구였다. 이는 단순한 사상적 이념이나 종교적 상징체계에 머물지 않고, 국민교육, 법체계, 군사조직, 국가의례, 종교적 구조와 밀접히 결합되어 일본 군국주의의 핵심 동력으로 작동하였다. 그 체계로 **천황은 전쟁의 명분이 되었고, '야스쿠니'는 죽음을 미화하는 상징**이 되었다.

더불어, '천황 신격화'는 단지 그 상징성에만 머무르지 않고, 국가적인 큰 중대사에 직면하였을 때, **실질적인 '전쟁 동원의 동력'으로도 활용**되었다. 이 과정에서, 군신(軍神)을 섬기는 '야스쿠니'는 '국가 이데올르기'의 에너지원으로써, **국가의 군사적 동원 체제를 뒷받침**하였다. 그리고, 이는 다시 '천황 숭배'로 연결되었다. 일본이, 청일전쟁(1895), 러일전쟁(1905)에서 승리하며, 전 세계가 인정하는 제국주의 열강이 되자, 전쟁에 대한 국민의 기대와 자부심은 극에 달했다. "천황을 위한 충성"의 명분 아래, 대규모 병력 동원과 전시 사상통제가 정당화되었다.

일본은 두 전쟁에서 죽은 병사들을 '야스쿠니'에 봉안하며 '영령'으로 불렸다. 국가와 언론은 이들을 '신'이라 칭했고, 가족들은 슬픔 대신 '명예'를 강요받았다. 전사는 국가를 위한 숭고한 희생으로 미화되어, 국민에게 전쟁터의 죽음을 **명예로운 종교적 의무로 인식**하게 하였다.

1900년대, 군국주의에서 시작된 이러한 흐름은 1930~40년대에 이르러 극대화되는데, 그 단적인 예가, 태평양전쟁 시기 (1941~1945)로, '야마토 다마시'는 '가미카제' 특공대 등 극단적 자기희생 행위의 사상적 뿌리가

출격 전 '천황 하사' 술을 받는 '가미카제' 대원들

되었다. "천황을 위해 죽는 것이 가장 명예로운 죽음"이라는 신념은 **실제 작전과 군사훈련에서도 중심이 된 정신적 지주**였다. 이런, 집단 세뇌에 빠진 군인의 모습에 제2차 세계대전 시, 독일 '나치스' 제국의 선전선동가 '괴벨스'조차 혀를 내둘렀다.

하지만, '천황 폐하 만세!'를 외치며 죽음을 두려워하지 않았던 병사들, 아이들에게 전사자의 '고결함'을 가르치는 교과서, 그리고 매년 천황이 직접 참배하는 '야스쿠니' 의례 등등, 모든 것은 **'천황을 신으로, 전쟁을 '자위'를 넘어선 성전(聖戰)'으로 만들기 위한 정치적 연출**이었다.

1937년 중일전쟁, 1941년 태평양전쟁 등 이 시기 **일본의 전쟁은 '천황의 이름'으로 선전포고**가 되어 전몰자들은 당연히, '야스쿠니'로 갔고, '야스쿠니' 신사는 제2차 세계대전 **A급 전쟁 범죄자까지 모두 봉안하고 합사하여 신으로 승격**시켰다. '야스쿠니'는 전범 참배 문제와, 반성없는 과거사로 한국, 중국 등 주변국과 외교 마찰의 중심에 있지만, 전, 후임 총리들은 여전히 전몰자들이 묻힌 '야스쿠니' 공식 참배를 계속하고 있다.

특이한 것은, 군국 일본이 성장하는 동안, 군사정부는 약 210만 영령이 합사된 **'야스쿠니'에 대한 전국민적 관심을 고취**하기 위해 '신성한 곳'이라고 외치는 '야스쿠니' 신사를, 국민이 즐겨찾는 '경마장'이나 '스모' 등 일본 고유의 전통이 담긴 볼거리가 많은 집단 오락장으로 만들어, 유명 명소로 만들었다. 정숙해야 할 묘지를 '가깝고도 친근한 장소로 만들겠다'는 정치적 목적으로 시끌벅적하게 만든 일본인의 발상은 놀랍기만 하다.

'야스쿠니' 신사는 단순한 종교 공간이 아닌, 기억과 역사, 권력의 교차점이다. '신이 된 천황'은 이제 사라졌지만, 그 신화를 만든 시스템과 정서는 여전히 해체되지 않았다. 메이지 유신의 신격화 프로젝트는 단지 한 국가의 역사적 에피소드가 아니라, 이념이 어떻게 제도와 죽음을, 심지어 신성을 조작할 수 있는가를 보여 주는 사례였다. 그들은 **국가를 위해 신을 만들었고, 만들어진 그 신을 위해 수많은 인간을 희생**시켰다.

그런데, 그 모든 과정은 지금껏 여전히 일본인의 의식 속에서 반복되고 있는 듯하다. 아마도, 역사의 신은, 인간이 그것을 망각할 때 다시 등장하는 것 같다. 일본만이 아니라, 어느 사회든 전쟁터의 죽음이 신이 되는 순간, 그 사회는 이미 **전쟁에 중독된 좀비들의 사회**일 것이다.

13. '판적봉환'(재정개혁)과 '폐번치현'(중앙집권화)

'판적봉환(版籍奉還)' - 소요 재정확보를 위한 '재정개혁'

'메이지 유신'은 '책 읽는' 하급 무사들이, 15세의 어린 천황을 내세우며 '왕정복고'를 도모한 군사 쿠데타였다. '메이지 유신'으로 국정의 주요 직위를 담당한 이들은, 대내적으로는 국민통합을 위해 '천황의 신격화' 작업을 수행하였으며, 대외적으로는 '양이론' 대신, '개국 화친'으로 대외정책 기조를 바꾸었다. 특히, 서구 열강에 의한 '식민지'화를 피하고, "서구를 따라잡겠다"며 '부국강병'과 급격한 '서구 배우기' 정책을 추진하였다. 그리고, 이 과정에서 **군사와 재정, 권력장악 측면에서 중앙집권적 체제를 강화**할 필요성을 절실히 느꼈다.

이를 위해, 먼저 유신 정부는 '막번제'(막부와 번으로 이루어진 체제)라는 구시대의 정치 질서를 해체하려고 하였다. 쉽게 권력을 내놓지 않으려는 각 지역 번주(다이묘)들의 저항은 충분히 예상됐으나, 유신 정부는 면밀한 전술을 세워 3년 만에 목적을 달성하였다. 그 과정에서 막대한 재정, 즉 **돈이 필요**하였다. 메이지 정부는 '보신 전쟁'에서 항거하였던 '아이즈', '나가오카' 번의 영토를 몰수하여 천황령에 포함시켰지만, '원래부터 작은 천황가'는 석고가 800여만 석으로, 일본 전체 3,200여만 석에 비해 겨우 25%밖에 되지 않았다. **유신 정부의 직할령이 워낙 적다보니 재정집행에 필요한 세금수입이 턱없이 부족**하였다.

이에, 유신 정부 각료 중 가장 급진적 개혁파인 '기도'와 '오쿠보'는, **막부의 쇼군과 각 지역 번주, 그리고 상급 무사의 영토를 빼앗아 천황에게 집중**시키려고, 유신 지지든 반대든 간에 예외 없이 모든 번주와 상급 무사의 영토를 뺏으려 하였다. 1869년, 유신 정부는 '판적봉환'을 선포하였다. **'판적봉환'은 '번의 토지와 영지의 농민들을 천황에게 반납한다'**는 뜻인데, 메이지 정부는 막부시대에 막부와 주종관계를 인정하는 번주에게 막부가 영지를 다스리는 위임장을 주는 형태에 착안하여, 유신 정부도 판적봉환을 단행하면서 번주의 지위를 명칭만 '번 지사'로 바꾸고 나머지는 그대로 인정해 주겠다고 약속했다.

1869년 1월, '판적봉환'이 시행되자마자 친정부적인 사쓰마, 조슈, 히젠, 토사 등 **'존왕양이' 4개 번이 자발적으로 판적봉환**을 하였다. 이렇게 되자, 나머지 전국의 각 번도 앞다투어 '판적봉환'을 하였기에, 번을 무너뜨리기 위한 유신 정부의 작전은 계획대로 진행되었다. 사실, 번으로서는 정부가 '판적봉환'을 한다고 해도, 기존 체제와 별반 다를 게 없다고 느꼈다.

그렇지만, 교활한 유신 정부는 번의 독립은 '예전처럼 유지해 준다'고 하면서도, '행정지도'라는 항목을 슬쩍 끼워 넣었다. 그리고, 차츰차츰 이 **'행정지도'**를 들이밀며 번의 '가신'들을 몰아내고 새 인물을 임용하는 형태로, 번의 독립성을 점차 약화시켜 나갔다. 설령, 누군가가 유신 정부의 이런 조치에 대해, 반발하려 해도 이미 1868년 보신 전쟁으로 인하여 번의 재정이 파탄 나고 군사력마저 소진된 상태여서 반발할 여력도 없었다.

유신세력이 천황을 내세우고 **'판적봉환' 등으로 영토와 재화를 빼앗으며 유신의 동력**으로 삼아 갔지만, 토지가 번주 소유든 누구 소유든, 대다수 농민은 대부분 무식하고 가진 것 없이 그저 경작이나 하고 소출 일부만 갖는 식으로 **자기 자리**만 지키면 되기 때문에, 이런 조치들은 **지배층 간의 싸움**으로 보고 남의 일이었다. 하지만, 메이지 유신이 시작되면서 어느 순간 **근대국가의 국민**이 된 이들은 이런 조치에 큰 영향을 받게 되었다.

'폐번치현(閉藩置縣)' - 중앙집권을 위한 '행정개혁'

메이지 정부가, **재정개혁**으로 번과 별다른 갈등없이 '판적봉환'을 먼저 시행하였지만, 천황의 중앙집권화를 위해 번을 폐하고, 현으로 일원화하는 **행정개혁**으로 **중앙집권을 실현**시키려는, **'폐번치현'**은 번의 번주와 사무라이를 모두 물러나도록 정리해야 하는 큰 문제로서, 군사적 기반이나 국민적 지지(번의 백성이라는 인식으로)가 약한 신생 정부에게는 매우 도전적인 과제였다. 이런 이유로, '폐번치현'은, 과히 '근대화'를 향한 **메이지 유신의 최대 개혁**이자, 거대한 **'행정개혁'**이었다.

'판적봉환' 당시, 일본은 번마다 제각각 토지제도, 세제, 법령, 가신단 봉록체제 등을 갖고 있어서, 백성들의 1차적인 충성의 대상은 당연히 번주였다. 심지어, 메이지 정부의 상급관료가 되었지만, 하급 무사 출신이었던 '기도 다카요시'나 '오쿠보 도시미치' 등도 옛 주군 앞에서 **함부로 말도 못 할 정도**였으니, **'번'이라는 체제가 있는 한 중앙집권제는 불가능**하게 보였다. 그 때문에, '기도 다카요시'나 '이토 히로부미' 등은 급하게 '폐번치현'(군현제) 실시를 주장했지만, 1869년, 태정대신 '이와쿠라'는, '판적봉환' 이후에 점진적으로 시행하자고 주장하였다.

더구나, '폐번치현'은 '판적봉환'과 달리, '보신 전쟁'에 참가한 후, 승리감에 도취 되어 있던 사쓰마와 조슈의 관군 측 병사는 물론, 전국적으로 많은 번의 번사 등 **약 250여만 명이 넘는 사무라이(번사)들을 대량 해고해야 하는 문제가 불가피**하였다. 이는 정권 유지를 위해 꼭 해결해야 할 정치적 과제였지만, '무사 대량 해고'로 인한 문제의 심각성을 깊이 인식해야 했다.

게다가, 혹시 모를 불만 세력에 의한 만약의 사태에 대비하던 신정부의 군대도 각 번에서 파견된 군대여서 실제로 모든 사무라이를 해고하기는 어려웠다. 특히, 압도적인 군사력으로 유신에 적극 참여하였던 사쓰마 번조차 신정부의 **새로운 '병제' 개혁에 반발**하고 나서자, 정부 내에서도 찬, 반간 대립이 지속되었다. 오랜 토의 결과, 앞서 본 바와 같이, 사쓰마 출신 최고 각료인 '오쿠보 도시미치'가 '3개 번 무사들'로 중앙군을 갖자고 제의한 **'어친병'안이 병제로 채택**되었다.

중앙집권을 상징하는, 중앙군 건군을 위한 '병제' 개혁은 무산되었으나, **'번을 폐지하자'는 중앙집권의 필요성**은 점차 지지를 얻었다. 이에, '야마가타 아리토모'는, 번 체제의 한계를 느끼고 있던 '사이고 다카모리'를 설득하였고, '이노우에 가오루'는 중앙집권화를 목표하는 '기도 다카요시'와 '오쿠보 도시미치'의 동의를 얻었다. 사쓰마와 조슈가 주도한 '폐번치현' 밑그림이 비밀리에 진행되다, 논의가 확산되자 '이와쿠라 도모미' 등 조정 대신의 지지도 확보하였고, 반발 세력을 잠재울 강력한 무력도 준비하였다. **'폐번치현'은 또, 하나의 쿠데타였던 셈이다.**

1871년 8월 29일, 메이지 정부는 우선 교토에 주재하던 56명의 번주를 차례대로 황궁에 불러 천황 명의의 칙령을 하달하였다. 천황의 갑작스런 칙령에 모두가 영문을 몰라 어리둥절하는 사이, 유신세력은 전광석화처럼 **'폐번치현'을 달성**하였다. 그런데, 이렇게 엄청난 개혁이 있는 동안, 왜, 번주들이 별다른 **반발 없이 이를 받아들였을까? 여기에는 3가지 이유**가 있었다.

먼저 **경제적인 이유**로, 유신 정권은 종신제였던 각 번주들의 직위를 면직하되, 각 가문에는 번 전체 수익의 10%라는 엄청난 금액을 지급하고, 번주가 소유하였던 저택이나 각종 건물까지 모두 사유화하게 인정하였다. 다음은, 예하 번사에 대한 '가록 지급' 의무를 없애고, 전쟁 등으로 **번이 짊어진 엄청난 부채를 유신 정부가 변제**해 주기로 한 것이다. 끝으로, 번주들은 **수백 년 동안 가신들과 분란**을 겪었고, 툭하면 터지는 '잇기'라는 농민 반란도 골칫거리였는데, '폐번치현'으로 경제적, 정신적 문제를 모두 해결하게 되었다. 너무 매력적인 제안이었다.

위 3가지 이유 외에, 1868년 보신 전쟁 때 신정부에 저항하였던 '도후쿠' 지방의 여러 번을 제압한 후 '기도 다카요시' 등 이 그들을 지배하기 위해 **'부현제' 등을 시행한 경험**이 있어, 이를 치밀하게 준비해 온 것 때문일 것이고, 또 다른 이유는, 유신 혁명파는 만일에 대비하여 강성 군인인 '사이고 다카모리'를 대장으로 하여 사쓰마와 조슈 번 무사들 약 8천여 명으로 **천황을 옹위하는 '친어군'을 편성**하여 포진하고 있으니, 그 위엄이나 기세에 각 번주들이 눌린 측면도 있었을 것이다.

1870년 '하기'에서 '야마구치'로 옮겨진 조슈 번청 정문[27]

'판적봉환'에 이어, '폐번치현'에서도 사쓰마의 '시마즈' 가문과 조슈의 '모리' 가문이 자진하여 앞장서서 신속히 이를 결행에 옮기자, 다른 번도 뒤따르며 '폐번치현'도 순조롭게 이어졌다.

당초의 '폐번치현' 계획은, 각 번을 그대로 현으로 재편하여 3부 302현이 존재하는 것이었으나, 이후 영토 조정 등으로 3부 72현(1871년)으로 재편하였다가, 다시, 1889년에 현재와 같은 '3부 42현' 체제가 정립되었다. 이 과정에서 **'기도 다카요시'는** 일본제국의 수도를 '교토에서 에도(도쿄)'로 옮기는 책임과 함께, **주도적인 역할**을 하였고, 중앙정부에서 임명된 지사들이 안정적으로 각 현을 다스리는 데 일조하였다.

---

27) Saigen Jiro, "Yamaguchi Castle, Omotemon", Licensed under CC0 BY 1.0, Source: Wikimedia Commons

'폐성령(閉城令)'과 무사계급 폐지

그런데, 이걸로 끝이 아니었다. '기도 다카요시' 등은, 그 여세를 몰아 1873년 태정대신 '이와쿠라 도모미'를 설득하여 **번청이 소재한 각 성을 '폐성령(閉城令)'으로 허물며 마지막 봉건제의 잔재마저 일소했다.** 성은 언제든 반란군의 은거지가 될 수 있는 요새였다. '도요토미 히데요시'가 죽은 뒤, '세키가하라' 전투(1600년)에서 승리한 '도쿠가와 이에야스'는 일본을 통일하자, 다이묘(번주)들의 권력을 억제하기 위하여 전국에 소재한 각 번 400여 개의 성을 허물었다. 그래도, '1국 1성'령(1615년)으로 각 번청이 소재한 170여 개의 성은 용인되어 있었다.

폐성령으로 터만 남은 조슈 번 '하기' 성터(천수각 유적지에서 내려다본 '하기' 성)(좌)[28]와 '하기' 성 내부 '해자'(우)[29]. 일개 번의 성터지만 그 웅장함을 상상할 수 있다.

하지만, 260여 년 만에 '도쿠가와(에도)' 막부를 타도한 유신 유신 정권은, 1871년 8월에 전격적으로 시행한 **'폐번치현'이 순조롭게 진행되**

---

28) Reggaeman, "Hagi Castle The Keep Base", Licensed under CC BY 3.0, Source: Wikimedia Commons
29) そらみみ, "Moat of Hagi Castle 1", Licensed under CC BY 4.0, Source: Wikimedia Commons

자, 전국의 성곽을 일본육군이 관리하게 되었고, 육군은 필요에 따라 보존할 성과 폐쇄할 성을 구분하였다(폐성령, 1873년). 이 조치로 번주들의 성은 대부분 허물어 버려져 현재는 일본 전역에 18개 정도의 성이 남아 있다.

'폐번치현'이 진행된 조슈 번을 예로 들면, '기도 다카요시'는 자신의 출신지인 조슈 번의 번정 지도자들에게 누구보다도 조슈 번의 **탈번적인 정국 인식의 전환과 전폭적인 협조를 요청**하였다. 이로써, 삼각주 지역으로 바다와 산을 등진 천혜의 방어지역인 '하기'에, 1604년 성을 구축하고 본거지를 두었던 '모리 가문'('하기' 성을 건축한 모리 조상 '모리 데루모토')은, 지리적으로 다소 외진 마을에 있던, '하기' 성과 성 내의 조슈 번청을 '폐번치현'으로 해체하였다.

이 조치로써, 막부 말기 인구 5만, 쌀 석고 약 37만 석이었던 조슈 번은 '야마구치'현으로 바뀌며 역사에서 사라졌고, 행정의 중심인 현청은 '야마구치' 시로 옮기고, '모리' 가는 시모노세키로 이주하였다. 현재, '하기' 시는 인구 15만 정도의 '야마구치'현 내의 중소형 도시이다.

유신세력은 미리 '폐번치현'의 결과를 염두에 둔 듯 1869년, 영국 등 서구의 귀족제도를 본떠 '화족'(공작, 후작, 백작, 자작, 남작 등)이라는 **귀족제도를 만들었다.** 1884년 메이지 천황의 화족령에 의거, **일종의 당근책으로 유공자별로** 번주 등 약 500여 개 가문에게 세습 귀족의 **'화족' 작위를 부여**하였다.

번주 중 작위를 부여받은 가장 큰 수혜자는, '폐번치현'의 불리함에도 앞장서서 천황의 지시에 순응하였던 조슈 번주 '모리' 가문과, 사쓰마 번주 '시마즈' 가문이다. 이들 두 가문은 1884년 함께 세습 '공작'이 되었다. 천황은 이 중에서도 조슈 번 출신인 '이노우에 가오루' 등의 적극적인 추천

메이지 천황이 조슈 순시 시 머물렀던 '모리'가 저택의 본관 건물

으로 1900년에 '모리' 가문에게 '시모노세키' 시 인근에 거대한 저택을 하사하였다.

하지만, 수많은 번은 이들과 달리 정부의 '폐번치현'에 협조적이지 않았다. 그런 번의 무사들은 하급 무사 출신의 유신 정부 관료들이, 자기네 주군의 권력 기반인 번을 폐지하고, 번주의 근간인 성을 허물며, 무사 계급 폐지로 자신들을 평민으로 내쫓는다며, 분노를 느꼈다.

실제로, **메이지 유신에 헌신하였던 수많은 번주와 무사들은 '자신들의 희생으로 이루어진 유신' 때문에 '토사구팽'당하여 오히려, 실업자 신세로 전락하였다.**

1871년, 정부는 '폐번치현'과 동시에 '무사 계급 폐지'에 착수하여, 무사에게 '존마게'라는 상투를 잘라 머리를 자유롭게 하고, 칼을 휴대하지 않도록 하는 '산발탈도령'(散髮脫刀令)을 내렸다. 그리고, 1872년에는, 전 국민 '징병제' 도입으로 모든 국민에게 병역의무를 부여하고,

그때까지 군인 신분이었던 하급 무사에게는 가록은 유지해주나 신분을 평민으로 바꾸었다. 이로써, 사무라이 계급의 전통적인 무기 소유 특권도 폐지되었다.

이후, 1876년에는 아예 군인, 경찰 등 필수요원 이외에는 칼을 휴대하고 다니는 것을 금지한 '폐도령'(廃刀令)을 내렸다. 하지만, 정부의 이런 일련의 조치는 많은 무사들의 분노를 샀다. (당시, 일본에서 칼은 무기라기보다, 특권 신분의 상징이었다.)

1870년대 중반, 유신 정부의 이런, 저런 개혁에 분노한 무사들의 반란이 여러 차례 일어났다. 한 부류는, 유신에 함께했던 동료 일부가 권력을 독점하는 것에 분개한 진보적 무사들로, 신설될 내무성 중심의 관료와 사법성 중심의 법치주의 정책 노선 간에 정치적, 정책적 주도권 대립에서 물러난 사법경 출신이 반란을 일으킨 **'사가의 난'**이다. 다른 부류는 1877년에 발생한 **'세이난' 전쟁**으로, '정한론' 논쟁에서 패하고 사쓰마로 귀향했던 '사이고 다카모리' 중심의 보수적 무사들이 너무 빠른 근대화에 반감을 갖고, 과거 질서로 회귀를 원하였던 부류였다.

그런데, 이 두 가지 집단이 각각의 반란 사유에 못지않게 공통적 불만으로 반란이 더욱 증폭된 것은, **'질록처분'**('가록'을 5~14년 만기의 '국공채'로 바꾸어 준 것)으로 인한 경제적 궁핍과 '폐도령'에 대한 반발이었다. 각종 특권의식을 포기하게 하는 '무사 계급의 폐지'는 유신 초기의 많은 개혁 중 가장 혁명적이면서도 가장 큰 대가를 치른 사건이었으며, 약 3년 정도 걸린 '폐번치현'과 달리, 무사들의 반발이 거의 10년간 이어졌으나, 정부군에게 제압당한 무사들은, "무력으로 정부를 전복시킬 수 없다!"라는 현실을 확인하며 더 이상의 반란은 없었다.

 이런 조치로 무사는 '역사의 뒤안길'로 사라졌다. 무사들은 강직하고, 자부심은 강했지만 '칼 쓰는 것'이외는 별다른 기술이 없어서 무사 제도가 없어지자 거의가 극빈자 신세가 되었다. 하지만, 가난 속에서도 버틴 자존심은 이들의 자제들을 전쟁을 준비하는 일본군대로 인도하여 향후 군국주의 세력이 되었다.

메이지 유신의 '유신 3걸'로 불리는 '기도 다카요시', '사이고 다카모리', '오쿠보 도시미치'

국가개조의 주역, '유신 3걸(3傑)'

일본 근대화의 밑알, '이와쿠라' 사절단

일본을 어떻게 서구에 필적할 만한 나라로 만들까?

　'대정봉환'과 유신 직후 벌어진 **'보신 전쟁'**을 겪으며, '판적봉환'은 물론, 유신 3년여에 걸친 개혁 중에서도 가장 큰 난관이었던 '폐번치현'을 완료하였지만, 여전히 미래에 대한 비전은 없었다. 이에, 유신 정부는 한동안 '마음은 앞서는데, 무엇을 어떻게 해야 할지?'라며 한 번도 경험해 보지 못한 '미래에 어떻게 다가갈 것인가?'라는 문제로 우왕좌왕할 수밖에 없었다.

　그런데, 네덜란드 선교사 '베르텍'의 러시아 '표트르 대제의 서유럽 관찰 사절단' 이야기에 착안한 천황의 특명으로, 태정대신 3직 중 '우대신'이던 '이와쿠라 도모미'가 1850년대에 **구미 열강과 맺어진 '불평등' 조약을 개정하고, 서구 열강의 문물을 배우겠다**며, '기도 다카요시', '오쿠보 도시미치', '이토 히로부미' 등 장관급 4명과 학자 등 107명과 함께 1872년 1월부터 약 1년 10개월 후인 1873년 12월까지 일본을 떠나 미국, 영국, 프랑스, 독일 등 12대 강국 순방을 거쳐 '스에즈' 운하와 싱가포르, 사이공, 홍콩을 거쳐 일본으로 세계를 일주하였다.

이와쿠라 사절단 왼쪽부터; 기도 다카요시, 야마구치 마스카,
이와쿠라 도모미, 이토 히로부미, 오쿠보 도시미치(1872, 런던 체류 중 촬영)

이는 선견지명이었으나, **기나긴 행정의 공백과 엄청난 비용이 소모되는 국운을 건 모험**이었다. 그 때문에, 기나긴 기간 동안 '놀고 즐기는 호화 여행'이라는 질타의 목소리도 있었다. 하지만, 여행을 다녀온 이들은 각종 보고서(**'미구회람실기'** 등)로 구미 각국의 정치정세와 산업혁명의 공장으로부터 상, 하수도에 이르기까지 세세한 발전상을 전 각료에게 전하며, 과학, 교육, 문화, 군사 등 다양한 분야에서 **일본 근대화를 촉진하는 선구적 역할**을 하였다.

다만, 그들의 최초 가장 큰 방문 목적이었던 '불평등 조약' 개정은, '선진 문명'의 서구를 견학하는 동안, **일본과 서구 열강 간의 압도적인 국력차이 앞에서 단념**할 수밖에 없었다. (이는 거의 20여 년 후인 청일전쟁 이후에야 개정되었다.) 오히려, **서구와 일본과의 국력 차이를 심하게 느낀** '오쿠보 도시미치' 같은 이는 향후 일본이 어떻게 생존해야 할지를 고민하게 되었다.

일본은 메이지 유신으로, 이미 다양한 서구식 제도를 도입하여 이를 일본 현실에 적용하려고 하였지만, 유신세력의 내정 개혁은, 경제력, 기술력, 관료 능력은 물론, 사회적 인프라가 중세 봉건적인 수준을 벗어나지 못하고 있어서 사실상 추진하기가 불가능하였다. 이 때문에, **"일본을 어떻게 서구에 필적할 만한 나라로 만들 수 있을 것인가?"**의 문제가 수많은 고위공직자와 고급인력이 거의 2년 동안 서구 12개국을 직접 방문하면서 견문을 넓혀왔던 '이와쿠라' 사절단 요원들의 고민이 되었다.

고민 끝에 이들이 추진하려는 개혁정책의 방향은, 이른바, **'서구 배우기'와 '부국강병'에 전력을 집중하자**는 것이었다. 먼저, **군사력 강화**를 위해 군비증강, 군제개혁, 징병제 개선 등에 초점을 두고, **'서구 배우기'**는 교육제도를 서구식으로 만들어, 모든 국민을 서구식으로 교육시키고, 많은 유학생을 파견하여 과학 기술 등 서구문물을 적극 도입하자는 것이었다. 그리고, 그때까지의 제도적 시행 결과를 바탕으로, 농지개혁이나 조세 개정, 식산흥업 등 국가 경제력을 증강하겠다는 발상이었다.

일본을 놀라게 한 서구의 '산업혁명'과 '제국주의'

사실, 아무런 과학과 공학적인 배경도 없이 그저 유교 정도만 이해했던 사무라이들의 눈에 비친 서구의 산업혁명에 따른 경제발전과 민주적인 정치제도의 모습은 그야말로 경이의 대상이었을 것이다. 그 때문에, '이와쿠라' 사절단에 참여한 최고위 각료들은 이를 건성으로 지나치지 않고, 귀국 후에 하나같이 서구문물 도입에 앞장서서 개혁에 나섰다.

1870년대 미국 동서횡단철도

그리고, 이 점이 가장 주목할 점이었다. 예를 들어, 경제발전 분야에서 사절단 단장인 '이와쿠라'는 미국의 **철도 시스템**이 마치 인간의 핏줄처럼 많은 화물을 곳곳으로 나를 수 있어, 미국을 부강하게 만들었다고 강한 인상을 받았으며, 이때 받은 감명으로 인하여 일본 철도 건설을 앞장서서 지원하였다.

또한, '기도'나 '오쿠보' 등도 영국 방문 간에 증기기관, 제철, 철도, 도로, 무역과 함께 영국 공장의 설비와 생산과정, 그리고 대량 생산 등을 보면서 영국식 **'산업혁명'**이 이룬 경제에 대해 놀라움을 금치 못하고, 이를 영국이 부강한 원인으로 간파하였다.

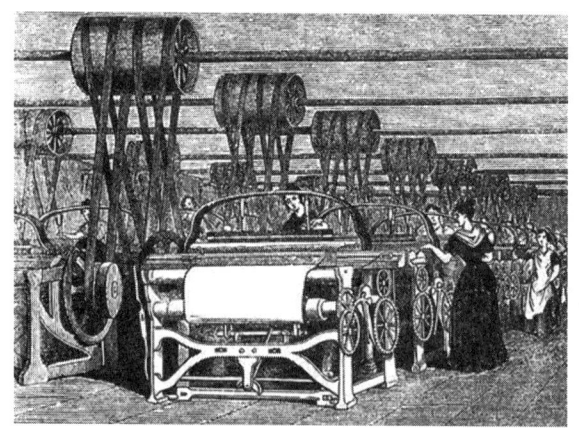
영국 산업혁명의 현장, 방직공장 모습

또한, 정치와 군사제도는 무엇보다도 가장 큰 사절단의 관심 사항이었는데, 정작, 기대하였던 영국의 '입헌군주제'는 국왕의 권력이 상징적인 것뿐인 점에 대해 많은 문제점을 느꼈다. 이후, 방문한 프랑스의 '공화정치'는 불안정하기 짝이 없었고, 일본육군이 본보기로 정했던 프랑스군은, 이들의 유럽 순방 직전 터진 '보불전쟁'(프로이센-프랑스 전쟁, 1870. 7월~1871.1월)에서 '프러시아'(독일)에게 대패하여 관심이 없었다.

하지만, 이 전쟁에서 승리한 독일은 달랐다. 1873년 3월, 사절단은 '보불전쟁'에서 승리한 독일 제국의 '빌헬름 1세 황제'와 철혈재상 '비스마르크'를 만났다. 이때, 그들이 느낀 황제의 위엄은 국민을 압도하고 있어 부러움을 금치 못하였고, 이후, **'황제국가' 독일의 정치제도를 흠모**하게 되었다.

특히, '비스마르크'가 사절단을 위해 베푼 만찬에서 연설하는 동안, "약소국은 국제법을 지키려 하나, 강대국은 자신에게 이익이 되면 지키나 불리하면 무력으로 짓밟는다"라는 부분에, 유신 정권의 실력자 두 사람 **'기도'와 '오쿠보'**는 서구 열강의 식민주의, 제국주의 실상을 실감하고 일본의 식민지화에 대한 공포로 **"등골이 오싹하였다"**라고 하였다.

독일의 철혈재상 '비스마르크'

이들은 귀국 후에 '비스마르크'의 말을 되새기며, "일본이 통일 독일처럼 조속한 근대화를 이루려면 경제력과 군사력**(부국강병)이 절실하**다"라며, 이는 이후 유신 정부의 개혁 지침이 되었다.

이처럼, 부국강병의 의미를 절실히 느낀 이들에게, '사이고 다카모리'가 외쳤던 '사무라이 기득권'이니, '일본 전통 보존'이니 하는 것들은 너무나 하찮은 이슈였다. 이들은, 서구처럼 변하지 않으면 모든 기득권도, 전통도 하루아침에 사라지고 말 것이라는 절박한 위기의식을 강하게 느끼며 이른바, 약육강식의 논리에 따른 **'서구식 제국주의' 사상에 집착하기 시작**했다.

'서구 배우기'를 향한 전제조건 - 근대식 교육제도

서구를 공부하면서 서구의 힘이 국방과 교육에서 나온다고 판단한 일본은, **'국민개병제'와 '의무교육 제도'도 추진**하였다. 이 중, 유신 정부 각료들이 근대 국가건설의 핵심 기반으로 여긴 근대식 교육제도는, 1872년 프랑스식 중앙집권 교육 모델을 참고하여 **"모든 국민에게 기초교육을 제공하여 근대 국민으로 형성한다"**라며, 소학교 4년간은 의무교육으로 하는 등 국가주도 하에 빠르게 서구식으로 재편하였다.

특히, 일본 최초의 근대적 교육법령인 **근대적 학제**는 남녀 모두를 교육 대상으로 명시하고, 전국을 8개 구역 대학교 → 중학교 → 소학교로 나누는 구조를 공포하였는데, 교육의 중점은, '국민통합과 충성심 교육'과, '산업 인재 양성'으로 전통 윤리(유교)와 근대적 제도(서구식)를 절묘하게 결합한 정책이었다.

메이지 유신에서, 본격적인 '서구 배우기'는 '이와쿠라' 사절단이 귀국한 1873년 말 이후에서야, 비로소 본격화되었다. 당시, 일본 사회는 정체성 확보를 위한 '양이' 운동이 치열하게 전개되었지만, '이와쿠라' 사절단이 정말로 답답하였던 문제는, 그런 부분보다 서구 각국의 의회, 대학교, 신문사, 방직공장, 조선소, 제철소, 목면 기계장, 맥주 공장 등등 **자신들이 체험하고 느낀 기술 문명을 '어떻게 국민에게 알리느냐?' 라는 것**이었다.

이런 답답함을 풀기위해, 사절단의 일원인 '구메 구니타게'는 사절단이 둘러본 모든 일을 자신의 관점에서 분석하여 **'미구회람실기'**라는 5권짜리 보고서를 발간하여 정부 관료는 물론, 일반인까지도 열람할 수 있게 하였고, 유신 정부도 정치, 경제, 과학, 공학, 의료, 철학 등 다양한 분야에서 **서구의 학문과 서구 백과사전을 전방위로 입수**하여 이들 학문의 번역과 전파에 심혈을 기울였다. 일본 역사상 이 시기가 해외 정보 도입에 가장 적극적인 시간이었다.

'서구 배우기'의 전제 조건인 '외국 학문' 도입은 쉽지 않은 과제였으나, 일본의 노력은 필사적이어서, 1873년에는, 일본이 구미 각국에 파견한 유학생의 수가 총 373명까지 증가했다. 당시 교육부는 이들의 교육지원비로 예산의 18%를 사용하였고, 그 밖에도 거액을 들여 추가로 300여 명의 외국인 고문단과 외국인 기술자 240여 명을 초청하여 서구 문명 흡수에 박차를 가하였다. 이와 별도로 외국인들도 1874년에 '도쿄 외국어학교'를 설립하였다. 이처럼, **외국인 초빙에는 큰돈이 들었지만, 이들로부터 배운 기술은 일본의 서구화를 촉진**시켰다.

이 과정에서, 외국 서적을 일본어로 번역해 가는 일은 쉽지 않았다. 책 속의 영어 단어나 어휘를 일본어로 영어의 의미를 소통하려면, 번역할 때, **"어떻게 일본어 한자식 표현에 맞게끔 어휘를 선택해야 할까?"** 라는 문제가 컸다. 이에, '후쿠자와 유키치' 같은 일본의 석학은 1873년 '메이로쿠샤'(明六社)라는 학술 단체를 결성하여 **한자 용어를 번역어로 차용**하기 시작했다.

예컨대, Democracy를 '민주'라고 옮기듯이 서구에서 근대적 개념을 들여오는 과정에서 많이 쓰이던 한자어나 중국의 고전에 있던 한자어로 번역하여 차용한 것이다. 이런 식으로, 정치, 경제, 과학, 의료, 철학 등 거의 전 분야에서 엄청난 양의 전혀 생소한 말(어휘, 용어)을 자국어와 의미를 하나하나 맞추어 한자식으로 표현해야 했으니, 하나하나에 경이로운 노력이 필요하였다. 지금 보면, 일본이 이렇게 엄청난 노력을 하였기 때문에, 한국, 중국 등 한자 문화권 국가는 영어 어휘마다 의미에 맞는 한자를 찾아야 하는 노력을 덜게 된 측면도 있다.

그러나, 서구와의 격차를 조급하게 극복하려던 일본의 교육은 장시간이 소요되는 서구 학문의 **개념에 대한 이해보다, 단시간에 개념과 내용을 요약하고, 암기를 강조**하였다. 예컨대, 미적분 등의 수학 문제는 개념에 따른 풀이보다 공식암기로 문제를 풀었고, 철학 등의 경우는 그 내면적 고찰보다 축약된 내용을 암기하여 **단시간 내에 박학다식하게** 될 수도 있었다. 하지만, 교육적 관점에서 암기 위주의 수동적인 교육은 효율성은 증대되나, 실질적인 문제 해결에는 응용력이 제한되었다.

그런데, 당시 일본이 지름길로 선택한 암기식 학습은 최근까지 전통적 교육방법으로 자리 잡아, 중학과 고교에서는 지식 위주의 시험을 보았고, 초, 중, 고교 때까지 배운 내용을 의심하고 토론하는 곳이 되어야 할 대학에서도 **"무조건 교수의 말에 따르라!"**라고 강요하기도 했었다. 회사조차도 대부분 상명하달의 조직 문화여서, 스스로 생각하고 행동하는 인재는 틀 밖으로 삐져나와 미움을 사기도 했는데, 한국도 한동안 이런 암기식 교육을 답습하여 응용력이나 가공력이 떨어졌었다.

그런데, 이런 학습 분야 말고도 '이와쿠라' 사절단이 다녀온 이후의 변화는 다양하다. 유학생들은 **견문만 넓힌 것이 아니라 현지인들과의 인맥도 쌓았다.** 예를 들어, 사절단이 미국에 데려간 유학생 중 '가네코

겐타로'는 하버드 대학에 입학한 후 '시어도어 루즈벨트'라는 학생과 절친한 사이가 되어 친분이 계속 이어지다 30여 년 이후, '시어도어 루즈벨트'가 미국 대통령이 되자, 둘의 친분이 정치외교 문제에 작동하였다. 조선 문제에 대해 **'가쓰라(일본 외상)-테프트(미 국무장관)'** 조약을 체결할 때나, 러-일 전쟁 이후 휴전을 중재하였던 미국이 일본에 유리한 조건으로 러시아를 압박한 일들이 모두 '가네코'와 '루즈벨트'와의 친분의 결과였다는 것이 훗날 사실로 드러났다.

한 단계 차원 높은 개혁정책

메이지 유신 이전, 일본은 농업과 약간의 상업, 공업이 있었지만, 서구와는 비교가 되지 않는 조그마한 경제력이었다. 인재들 또한, 주요 직위자는 전부가 칼을 숭상하는 무인들뿐이었다. 1869년 '보신 전쟁'이 끝나자마자, 근대 국민국가로의 이행을 위해 마음이 조급해진 메이지 정부는, 각 분야에 걸쳐 '메이지 유신'이라는 대대적인 개혁을 숨 가쁘게 시도하였다.

구체적으로는, '국민통합'을 위한 '천황 신격화' 등의 **정신개혁**, 그리고, 개혁에 필요한 '돈'을 확보하는 **재정개혁**인 '판적봉환' 등은 물론, 메이지 유신 3년여에 걸친 개혁 중에서도 가장 큰 난관이었던 **행정개혁**인 '폐번치현'을 추진하였다. 이 이외에도, 1872년에는 관료체제 개편인 **관제개혁**, 징병령에 의한 **병제개혁** 등 민감한 문제와 함께, 근대적 학제로 개편한 **교육개혁**이 있었다. 이후, 국립은행 설립, 서구식 회계제도, 진료소, 전신선, 가스등, 노동 적립금, 양복착용, 태양력 도입,

기독교 금지 해제 등등 수많은 서구식 제도 도입이 뒤따랐다.

이처럼, 메이지 유신 직후부터 근대국가를 위한 인프라 건설이 하나씩 시행되었지만, 각 분야별로 개혁을 담당한 주체들은 자신이 개혁할 분야에 거의가 생소하고 문외한이어서 이들의 역량으로는 개혁의 속도는 더디기 짝이 없었다. 이 점이, 단순한 외유와 달리 메이지 정부가 '이와쿠라' 사절단을 구성하여 장기간 외국을 다녀온 이유이기도 하다. 사절단이 가져온 성과와 파급효과는 기대 이상이었다. 그들의 선견지명이 통했다. 그리고, 이를 계기로, 일본 전역에서는 국가개조와 서구 문물 도입 등 국가발전에 대한 질적인 욕구가 조선과 청나라 등이 상상하지 못할 정도로 끊임없이 분출되며 활기를 띠기 시작했다.

19세기 중반, **일본은 화혼양재(和魂洋才)라는 방침이었고, 청나라는 중체서용(中體西用), 조선은 동도서기(東道西器)**라는 생각이어서 모두가 자국의 정신문화를 지키면서 서구문물을 배우겠다는 주장은 같았다. 다만, 일본이 비록, 서구에 의해 강제로 개국되었지만, 20여 년이 채 안 되어 서구문물을 재빠르게 차용하며, 전통적인 인습과 중화주의에서 완전히 벗어나, 새로운 나라로 변신한 것은 이런 놀라운 욕구가 이끈 결과였다.

이런 모습은, 청나라가 '1, 2차 아편전쟁'(1840~1842년과 1856년)과 '태평천국의 난'(1850~1864년, 한족의 등용과 군사제도 개편)을 거친 이후, 어머어마한 자금으로 비슷한 개혁을 시도하였던 '양무운동'(중체서용) 방식과는 전혀 달랐다.

청국의 개혁이 서구문물을 들여오되, **유학생을 보내기보다 외국인 교관을 초빙하여 수동적으로 진행**하여, 숨 가쁘게 돌아가는 '근대화'의 현장에서 현장 감각이 없는 비전문가가 의사결정을 좌우하였던 것에 비하여, 일본은 아직도 정권이 불안정한 가운데서도 서구와의 불평등 조약을 개정하려고 나간, 최상급 **고위관리들이** 무려 2년 가까이 미국 등 주요 서구 열강과 **서구문물의** 모습을 하나하나 확인하고 **직접 보고 배워온 지식을 '근대화' 개혁의 원동력으로 삼아**, 황권강화와 개화론을 앞세워 부국강병책으로 나아갔다는 점이 가장 큰 차이점일 것이다.

 ## 과격파에서 온건파가 된 유신 개혁자

새로운 시대의 정치 리더십, '기도 다카요시'

메이지 '유신3걸'(三傑)이라면 '삿초(薩長) 동맹'의 주역인 사쓰마(薩摩) 출신의 '사이고 다카모리'(西鄕隆盛), '오쿠보 도시미치'(大久保利通)와 함께 조슈 출신의 '기도 다카요시'(木戶孝允)를 가리킨다. 이는 일본 역사학자 **도쿠소미 소호**가 《근세 일본국민사》라는 그의 저서에서 '**유신 3걸**'이라는 표현을 사용하자, 무슨 꼬리표 달기를 좋아하는 일본인이 고유명사화 하였다.

이들 세 사람 '유신 3걸'은 앞서, '막부의 조슈 정벌' 과정에서 등장한 이래, '삿-쵸 동맹'을 맺고, '대정봉환'을 이루며, 다시 '왕정복고 쿠데타'로 '메이지 유신'을 주도하였다. 그리고, 유신 정부 초기에 '기도'는 '총재실 징사'(천황비서실 수석격), '사이고'는 '군 총사령관'(국방), '오쿠보'는 행정 수반격인 '내무경'(행정, 치안)으로서 각 단계마다 커다란 역할을 수행하였다.

그런데, '최후의 사무라이'로 불리며 후대까지 큰 인기를 누린 '사이고'와 오늘날까지 일본정치의 중요한 한 줄기를 형성하고 있는 '오쿠보'에 비하면, '기도 다카요시'에게는 일반인의 관심이 적은 듯하다. 어떤 인물에 대해 무슨 아버지, 무슨 무슨 3걸, 5걸 10걸이라고 하면서 의

미를 부여하는 일본인들이, '기도 다카요시'에게는 '유신 3걸'이라고 하면서도 그의 치적보다는, 게이샤 '마쓰코'와의 사랑과 결혼, 그리고 요절 등 개인사에 더 많은 관심을 보인 것 같다.

하지만, '기도'는 유신정부 최고위 인사로 10여 년간 정치 활동에서, 누구 못지않게 중세 봉권제 무인 정권을, **근대적인 국민국가 일본으로 탄생하는 데 큰 역할을 한 정치 지도자**였다.

일본 국회도서관에 소장 중인 '기도 다카요시' 사진과 그의 생가 내부(구 저택)

'기도 다카요시'는 지금의 야마구치현인 조슈 번의 '하기' 시에서 하급 무사 집안인 '와다 마사카게'의 막내아들로 태어나 '가쓰라' 집안에 양자로 들어가, 성장한 후 **'쇼카손주쿠' 기숙학교에서** 나이가 3살 정도 위인 '요시다 쇼인'의 문하생으로서, **병학과 존왕양이 사상**을 배우고, 다양한 신문물을 공부하며, 장차 '막부' 타도를 이끈 미래 조슈 번의 지도자들과 가깝게 지냈다.

'기도'는 1862년 조슈 번정의 지도자 가운데 한 사람으로, 서구식 함선 건조를 참관하고 조슈에 돌아와 '오무라 마스지로'와 함께 조슈 번의 첫 번째 전함 건조를 감독하고 있었다. 1863년, 조슈가 '간몬의 변'으로 막부와의 갈등에 휩싸인 후, 막부의 원정(**제1차 조슈-막부 전쟁**)으로 항복하자, 조슈 내 보수파는 조슈 번정을 차지한 후 급진개혁파를 가혹하게 탄압하였다.

이에, '기도' 등 개혁파는 번외로 숨어들었지만, '쇼카손주쿠' 출신의 '다카스기 신사쿠'가 **시모노세키 근교 '고잔지'(공산사)에서 거병**하여 조슈 번 보수파를 격파하고 몰아내자, 그의 선배인 '기도'(당시 이름은 '가쓰라 고고로')에게 조슈 번정을 맡기고, 그 자신은 그 밑에서 군사부를 담당하였다.

1866년 1월, 조슈 번의 지도자가 된 '기도'와 군사부를 담당한 '다카스기'의 첫 임무는 **막부의 제2차 출병에 대비**하여, 조슈 번 내의 군사 전략가로 알려진 '오무라 마스지로'를 상급 무사로 영입하여 군사제도 개편과 방어 전략을 맡겼다. 그리고, 필요한 신식무기를 얻지 못하는 고립무원의 상태였을 때, '사카모토 료마'가 찾아와 사쓰마 번과의 화해를 주선하자, '기도'는 죽은 동료들을 생각하면 앙숙인 사쓰마와 '화해는 불가능하다'라고 생각하였지만, **'존왕'과 '막부 타도'의 대의에 순응**했다.

그런데, 사쓰마와의 협상이 난관에 봉착하였을 때, '기도'의 울분에 '사이고'가 진심어린 사과를 하자, 서로 간에 묵은 감정의 응어리가 풀렸다. 이후, 조슈 번의 '기도'와 사쓰마 번의 '사이고 다카모리', '오쿠보 도시미치' 등의 급진파 사무라이 리더들은 1866년 1월 21일에 이른 바, **'삿-쵸 동맹'**을 맺었다.

이 동맹으로 사쓰마의 지원으로 막부와 싸울 다량의 신식무기와 함선까지 손에 넣을 수 있게된 조슈는 1866년 6월, 막부가 발발한 **제2차 막부-조슈 전쟁**에서 막부의 15만 병력을 물리치고. **조슈 번의 리더인 '기도 다카요시'는 일약 중앙정계의 강자로 등장**했다. 전쟁을 효율적으로 지도한 '기도'와, '다카스기'의 군사 리더십 그리고, '오무라' 전술의 합작품이었다.

조슈의 부상과 비슷한 시기에 새롭게 즉위한 쇼군 '도쿠가와 요시노부'의 쇼군직 퇴위와 천황에게 통치권을 반납하겠다는 '대정봉환'으로, 260여 년의 '에도' 막부는 종언을 고했다. 하지만, 막부가 계속해서 행정을 대행하고 **실질적인 지배력을 행사**하자, '기도', '사이고', '오쿠보' 등 '유신 3걸'은 1868년 1월 3일, 교토 황궁에서 **'왕정복고 쿠데타'**를 일으켜 천황을 옹립하면서, **'메이지 유신(維新)'**이 시작되었다.

이후, '기도'는 새 정부의 기본 골격(삼권분립, 참의제도, 지방 분권)을 초안하고, **'5개 조의 서문(五箇条 御誓文)'**을 통해 새로운 국가 비전을 선포하였다. 1868년 3월, 그는 메이지 천황 앞에서 '5개 조의 서문'을 낭독하였는데, 이 문서는 **백성들의 합의를 바탕으로 정치를 운영하겠다는 '국민 참여'의 형식을 최초로 제시**한 것이었다. 실제, '기도'는 '서문 초안'을 직접 작성했으며, 그 속에 그의 염원인 '개방적이고 합리적인 국가운영' 철학을 담았다. 놀라운 것은, 제대로 된 서구식 교육을 받은 적이 없는 '기도'가 '백성의 합의'라는 정치를 내세운 것이었다.

그로부터, 4년이 지난 1872년에 '기도'가 '이와쿠라 사절단'의 일원으로 유럽을 순방하며 의회민주주의를 직접 참관하였으니, 당시로서는 뛰어난 선견지명이었다. 결과적으로, 그의 염원인 '의회주의'는 비록 실현되지는 못했지만 **황제 중심의 국가에서 '의회주의'**라는 신생 일본의 국가방향을 설정하고 **새로운 패러다임(틀)을 구축한 것은 일본 정치사의 굵직한 족적**이었다.

보신 전쟁과 '징사(徵士)'로서의 활약

1868년 1월 27일, 메이지 유신으로 일단 물러선 **막부**가 다시 정권을 되찾으려, 근대 일본의 최대 내전이었던 **보신 전쟁**(戊辰戰爭, 1868.1.~1869.5.)을 일으키자, '기도'는 **'징사(徵士)'라는 총재국(천황실) 고문**으로 임명되어, **전쟁 '지원업무' 감독과 '전후처리'의 책임**을 맡았다. 그는, '막부 토벌'을 신정부의 급선무라고 강조하며, "메이지 정권을 확고히 하는 데는, 전쟁보다 더 좋은 방법이 없다"라며 **'막부잔재'에 대한 강경 진압을 계속 주장**하였다. 그가 강경파로 분류되는 이유다.

그리고, '도후쿠' 전쟁에서 관군이 승리하자, **'전후처리'를 담당**한 '기도'는, 항복한 각 번(藩)에는 '부현제도' 도입으로, 번주의 **영지몰수와 가신들의 관직을 박탈**하여 번의 권력을 제한하고 중앙정부의 통제를 강화하였다. 하지만, 전투에서 승리한 유신 정부군의 과도한 진압 행위로 '도호쿠' 지역민의 원성이 자자하다는 사실을 인지한 '기도'는 백성들에게, **'안정과 통합'**을 위해 천황의 이름으로 '교화(敎化)와 덕화(德化)'를 내세우며 '민정국'을 세우고 민정 단속 법령을 제정하여 **지역의 민심 안정을 급선무로 수습**하였던 모습에서 온건파의 모습도 보였다.

포로처리에서 '기도'는, 전쟁으로 피폐해진 경제상황을 감안하여 **항복한 막부 측 병사들의 '명예와 안정된 복귀'를 강조**하였는데, 이는 전후 사회 재건을 위한 중요한 요소로 작용하였다. 특히, '아이즈' 번 등 항복한 무사들을 '홋카이도'로 이주시켜, 새로운 사회에 통합되도록 **개척과 지역개발을 통해 궁핍한 생활을 구제**하는 한편, 이들로하여금 러시아의 남하로부터 홋카이도를 방어해 보자는 생각을 가졌다. 이 같은 '기도'의 상황 인식과 정치적 노력은 당시로서는 놀라운 일이었다.

'보신 전쟁' 동안 '기도 다카요시'는, "전쟁으로 막부를 없애야 한다"라고 줄곧 주장하는 가운데서도, 서일본 지역의 각 번에게 유신 정부 지지를 설득하였고, '도쿠가와 막부'에 충성하는 반정부 세력의 사기를 꺾고자, 일찌감치 항복하고 떠나 버린 **'도쿠가와 가문의 출병'을 주장하여 이를 실현**시켰으며, 전쟁 중 유신파와 막부 사이에서 중립을 지키던 **서구 6개국의 '국외중립' 입장을 철회**시켜, 신정부를 **유일한 정부로 인정받고 '에노모토' 세력을 반란군으로 규정**하였다.

특히, '기도'는 막부의 함대 해군사령관으로서 함대를 몰고 탈주하여 '에조' 공화국을 세워 저항하다가 항복한 **'에노모토 다케아키'**(榎本武揚) 등 탈함 수뇌부에 대해, 막부 잔재 청산과 새 정부 권위를 위해 엄벌을 요구하였다. 하지만, **신정부 내의 조슈파와 사쓰마파의 주도권 다툼에서** 사쓰마가 주장한 용서가 결정되며, '기도'의 엄벌 주장은 받아들여지지 않았다.

보신 전쟁에서 활약한
신정부 철갑선 '코테츠'

당시, '에노모토'를 살린 것은 그가 항복하기 전《만국해율전서》라는 책을 "장차 일본에 도움이 될 책이라 태우기 아까우니 유신군에게 기증하고 싶다"라고 보낸 사연도 참작된 것으로 보인다. 훗날, '에노모토'는 **국민통합의 분위기에 편승**되어 유신 정부 각료가 되었다.

황국 건설과 '의회주의'

'메이지 정부'는 보신 전쟁에서 승리하자마자, '기도'와 '오쿠보'의 주도로 본격적으로 **'서구 배우기'와 '부국강병'을 추진**하였다. 그렇지만, 이를 위한 재정확보가 충분치 않아 난관에 봉착하자, 이들은 부족한 세금 확보를 위해, 1869년 7월 천황을 앞세워 '판적봉환'(版籍奉還)이라는 재정개혁으로 각 번의 재산을 몰수하여 재정을 확보하였다.

그런데, 재정이 확보되는 동안에도 여전히, 유신 정부의 양대 산맥인 조슈와 사쓰마 사이에는 주도권 다툼이 치열하였다. 결국, 정국의 주도권은 사쓰마의 '오쿠보' 등이 가져갔다. 하지만, '기도'는 보신 전쟁의 승전에 도취한 조슈, 사쓰마 번 등의 무사들이 활개치고 다니는 모습을 개탄하며, 전국을 안정시키고, '황국' 유지의 길을 모색하였다. 1869년에 병제 개혁을 시도하다가 암살당한 '오무라'의 제안대로, '기도'는 기존 관군을 해산하고 각 번의 무력을 억지할 수 있도록 유신 정부 직속 군대를 창설하여 국민개병제'를 도입하는 **'병제' 개혁을 주도**하였다.

그러나, 이번에도, 사쓰마, 조슈, 토사 3개 번으로부터 차출된 친위병으로 중앙군을 만들자는 '오쿠보'의 주장에 밀려 '기도'가 '평생 지론'이라고 외쳤던 '국민개병제' 건군(안)은 동결되었다. 하지만, 앞서 언급한 대로 '기도'와 '오무라'의 '병제' 개혁은 그로부터 2년 후에 '징병령'으로 확정, 실현되었다.

또한, '기도'와 '오쿠보'는 이견을 보인 '병제' 논란에 무관하게 천황의 중앙집권을 위하여 그때까지 권력을 유지하고 있던 '번주와 번의 약화, 그리고 사무라이의 세력 약화'에 서로 공감하며, **'폐번치현'**(廢藩置懸)을 위한 근대화 작업에 착수하였고, 1871년 8월에 이를 완수하였다. 이러한 여러 가지 사실에서 보듯, '기도'는 사실상 **근대 일본 행정체계의 설계자**였다.

1872년 2월, '기도'는 '오쿠보', '이토'와 함께 '이와쿠라'(岩倉) 사절단에 참가하여 거의 2년간 세계를 순방하는 동안 엄청나게 견문을 넓혔다. 1874년, 귀국한 이후에는 이전의 하급 사무라이 출신 **급진 강경론자에서**, 안정된 정치체제 수립을 위한 입헌군주제 구축을 당면목표로

'제국의회 개설'과 국민교육의 충실 등 '**내치 안정**'을 제일의 목표로 삼을 정도로 **보다 완화된 점진 온건주의적**인 태도로 바뀐 각료가 되었다.

'기도'의 '내치 안정' 우선은 '**사이고**'의 **정한론(征韓論)에 반대하여 조선출병을 막았던 논리**가 되었다. 그는 보신 전쟁의 힘든 경험과 개혁의 어려움, 그리고 새롭고 압도적인 서구문물을 깨우치며 성장하였다.

'기도'는 차분한 성격의 소유자로, 다혈질의 '사이고'와 현실주의자 '오쿠보' 사이에서 서구화, 근대화 개혁을 진행하는 도중 직면한 수많은 국가적 과제를 능숙하게 조율하였다. '정한론' 논쟁 이후 '사이고'를 대신한 '오쿠보'가 1874년 "싸우고 싶어 하는 사무라이로 '정한론' 대신 대만을 침략하자는 것"에 대해, "지금 일본에게 요구되는 것은 해외팽창이 아니라, 경제건설과 교육, 그리고 정치 안정이다"라고 반대하며 사직하였다.

그러나, 대만공략에 성공한 '오쿠보'는 1875년 '오사카' 회의에서 '기도'에게 다시 정계 복귀를 요청하여 **서구식 헌법 수립 업무**를 도맡아 하게 하였다. 사실, '오쿠보'와, '기도'는 1872년 독일 방문 간 '빌헬름' 황제에서 '비스마르크' 수상으로 이어지는 황제체제에 강력한 인상을 받으며 함께 국가 장래를 근심하였던 사이여서, 서로 간에 교감이 있었던 셈이다.

'기도'는 **개혁 방향이 달랐던** '오쿠보 도시미치' 세력과는 자주 경쟁하고 충돌하였지만, '정한론' 논쟁에서는 '오쿠보'에게 동조함으로써 '서로 싸우지만 협력할 때는 협력 한다'라는 모습을 보여 주었다. 이처럼,

삼인 삼색의 권력자들 사이에서 이 둘의 협조체제는 점차 강경파 '사이고'를 배제하게 되었다. 특히, 1877년 '사이고'가 정권에 반란을 일으키자, '기도'는 **"수구세력이 개혁을 저지하려 하면, 언제든 신속하게 협조체제를 구축하여야 한다"**라며, '오쿠보'에게 협조하였다.

야마구치현 소재 '기도 다카요시' 신사[30]

조슈 번의 리더로서 근대국가의 출발점에서 맞닥뜨린 대위기에 정치적 리더십을 보인 '기도'는 43살의 나이로 예전부터 앓던 지병(결핵)으로 1877년 5월 26일, 사쓰마에서 '사이고'가 일으킨 **'세이난' 반란이 일어난 직후 사망**하였다.

10여 년 전인 1867년, 조슈-막부 전쟁에서 승리한 '다카스기 신사쿠'도 결핵으로 사망하였는데, 그와 밀접하게 접촉하였던 '기도'도 같은 병으로 사망하였다. 전염병 결핵은 과로하는 자에게는 불치의 병이었다.

---

30) Kyouda, "20080505 Kido Shrine", Licensed under CC BY 3.0, Source: Wikimedia Commons

'기도 다카요시'는 비록, 지병으로 쓰러져 입헌군주제의 완성을 보지 못했지만 30대 중반 나이로 10여 년의 짧은 정치 시간에, 유신 정부 수립 '5개조 서문'의 초안을 작성하고, '판적봉환'과 '폐번치현'을 주도하여 **천황으로의 정권교체가 '일본의 안전과 독립'이라는, '유신' 정권교체의 본래 목적을** 위한 삶을 살았다.

특히, '기도'는, 병상에서 "입헌정치가 실현되지 않으면 일본은 망할 것"이라는 말을 남긴 기록이 있고, 말년까지 "국민의 의견을 모아 국정을 펴야 한다"라는 입헌군주제를 제안했지만, 현실은 '오쿠보'의 중앙집권 노선이 우세했다.

만약에, 유신 초기에 급진적 개혁론자인 '기도 다카요시'라는 정치인이 없었다면, 메이지 개혁은 훨씬 더 늦게 진행되었을 것이라는 게 역사가들의 평가다. 그는 새로운 시대, 근대 국민국가 일본의 탄생에 큰 역할을 한 **정책가형 혁명가였다.**

16. '정한론'과 마지막 사무라이

'사이고 다카모리'의 '징병령'과 사무라이의 불만 고조

1872년 2월부터 1873년 12월까지 약 2년 정도, 유신 정부의 주요 각료들이 '이와쿠라' 사절단으로 자리를 비우자, '사이고 다카모리'는 사절단과 동행하지 않고 도쿄에 남아 있던 소위 '잔류 정부'의 책임자였는데, 이 기간에 보인 그의 행적은 주목할 만하다.

'사이고'는, 남아 있는 동안 대표적인 서구 전문가인 '이노우에 가오루' 등과 함께 **근대화 개혁**에 착수하여, 외국인 고문단과 기술자들의 건의를 받아들여 **관제개혁, 징병령** 등 민감한 문제는 물론, **근대적 학제 도입**, 국립은행 설립, 양복 착용, 태양력 도입, 서구식 회계제도, 진료소, 전신선, 가스등, 노동 적립금, 기독교 금지 해제 등등 많은 획기적인 정책을 도입하였다.

하지만, '사이고'는 '기도 다카요시', '오쿠보 도시미치' 및 '이와쿠라' 우대신 등과 함께 출국하기 전에 맺은 **12개 약조를 무시**하였다. 특히, 12개 약조 중에서 민감한 각 번당 한 명씩이던 '참의' 숫자를 임의로 일부 번에 더 할당하는 등 독단을 행사하자, **'이와쿠라'는 물론, '오쿠보'와 '기도'까지 분노**하였다. 그러나, 표면적인 갈등은 **'징병령'(1872년)이** 문제가 되었다.

'징병령'은 사무라이 대신 일반 국민을 징집하는 '국민개병제'로 전환을 뜻한다. 사무라이들은 유신 정권을 위해 '보신 전쟁'에서 함께 싸웠고, '양이'를 위해, 서구와 조약을 체결한 막부를 타도하였는데, 새로운 유신 정부가 사무라이를 우대하거나, 서구를 쫓아내기는커녕 막부보다 더 강력하게 개화 정책을 추진하며 자신들을 홀대하고, '사이고 다카모리'조차 조슈 번 출신들이 주도한 '징병령'을 묵인하자 '가고시마' 출신 사무라이들의 불만이 극도로 고조되었다.

메이지 정부가 '서구 배우기'와 '부국강병'을 내세우고, '징병령' 등 각종 개혁정책을 추진할 때, **가장 큰 장애물은 기존의 봉건제도와 사무라이들의 기득권 문제**였다. 특히, 이런 문제가 나올 때마다, '사무라이에 의해 탄생된 정권이 사무라이를 배신한다'라며, 사무라이에 동정적인 '사이고 다카모리'는 사무라이와 관련되는 개혁에는 소극적이었다.

'사이고'는 징병제가 도입되던 시점에 사무라이들이 칼을 갖지못하도록 하자, "칼을 버리면 일본은 그 정신을 잃는다"라며 반대하였다. 하지만, 이미 서구를 경험한 '오쿠보'는 이를 강행했다. 이런 식으로 서로 간의 견해차로 의견 대립이 반복되자, 그렇지 않아도 **12개 약조 무시**로 '사이고'에 섭섭해하던 '오쿠보', 그리고 '기도' 등 권력의 중심에 있던 세 사람 사이에 점차 개혁의 속도와 방향에 대해서 이견이 생기기 시작했다.

이 중에서도, '징병령'이 가장 큰 이슈가 되었다. 막부 타도 이후 유신 정부가 '징병령'으로 군사제도를 바꾼 것은, '폐번치현'으로 '무사'의 존재가 불필요해진 이유이기도 하고, 실질적으로 무기체계의 개선으로 '칼'이 더 이상 전장의 주요 무기가 되지 못하였기 때문이었다.

'조슈-막부' 전투에서 '다카스기 신사쿠'가 이끈 농민군 '기헤이타이'(기병대)가 눈부신 활약을 펼쳐, 훗날 '일본군 군대의 아버지'라는 '오무라 마스지로'와, '기헤이타이' 대장으로 훗날 두 차례 총리를 역임한 '야마가타 아리토모' 같은 군인 출신들이 **평민 군대의 우수성을 확신**하였고, 조슈 번 군대를 재구성하여 참전한 '보신 전쟁'에서도 성과를 거둔 탓이다. 다만, 보신 전쟁 간 일부 전투에서 보듯, 신식 총기로 무장한 평민군은 무사 집단과의 단병접전에서는 그들의 칼을 피할 수는 없었다.

무사들이 하천을 건널 때, 농민들이 가마 위에 태우고 행차하는 모습.
무사와 농민 간의 계급 차이를 보여 준다.

무기체계 변화의 새로운 흐름에도 불구하고, 칼에 대한 자신감과 함께, 전사(戰士)로서 오랜 관행에 젖은 무사들은 **'평민 나부랭이'와 더불어 전우**가 되어야 한다는 사실이 못마땅했다.

당시, 무사의 사회적 대우는 일반인보다 높았다. 예컨대, '요시다 쇼인'(하급 무사)이 '아시가루'(농민군) 출신인 '가네코'와 함께 밀항을 시도하다 체포되었을 때, '무사'용의 감방과 달리, '아시가루'용의 감방은 건장하던 '가네코'가 몇 달 만에 죽어서 나갈 정도로 처우 면에서 크게 열악하였다.

'사이고 다카모리'의 정한론 무산

이처럼, '징병령'이 문제가 되고 있을 때, 사무라이들의 불만은 엉뚱한 데서 불이 붙었다. 1872년, 메이지 정부는 '천황'이라는 용어와 자체적인 연호를 사용한다며 이를 조선에 통보하였을 때, 조선이 "일본 왕이 무슨 황제냐?"라며 이를 수용하지 않자 일본과 외교적 갈등이 불거졌다. 중국만 섬길 뿐, 끝까지 천황을 무시하는 조선의 태도에 분개한 사무라이들은 **"일본을 무시하는 조선을 정벌해야 한다"**라며 '정한론'을 외쳤다. 번 체제가 폐지되어 실업자 신세로 생계에 위협을 느꼈던 사무라이로서는, 전쟁이야말로 자신들의 존재가치를 일깨워 주는 일이었다.

당시, 일본의 주요 국가사 논의는 최고위 태정대신과 좌대신, 우대신 그리고 참의(각료) 등 '태정관 3직'에서 결정하여 천황에게 건의하는 방식이었는데, 태정대신 '산조'는 우유부단한 인물이었다. 그는, '사이고'의 '정한론'이 정책적인 이슈가 되자 우선, '명분이 약하다'라며 결정을 미루고 해외에 순방 중인 우대신 '이와쿠라'에게 연락하였다. 당시, 조정 고관들은 회의론이었지만, '참의' 중 육군 대장과 근위도독(경호실장)을 겸임한 최고 실력자인 '사이고'가 **"조선에 항의하는 사절을 파견하자"**라고 주장하자 다른 각료들이 동조하면서 팽팽한 분위기였다.

메이지 천황은 설령 파병을 하더라도 소규모로 파병을 염두에 둔 듯하다. 우선, 조선의 '초량 왜관'에 거주하는 일본인을 보호한다는 명분으로 육, 해군 약간만 파병했다가, 유사시에 쿠슈 병사를 대규모로 파병한다는 생각이었다. 즉, 메이지 천황의 제안은, 군대를 보낸다고 해도 형식적으로 '초량 왜관'에 보내자는 것이고, 사절을 보낸다고 해도 예전과 같은 사절을 보내자는 것뿐으로, **어느 쪽이든지 전쟁 발발의 가능성은 적었다.** 그런 판단으로, 메이지 천황은 소규모 파병 안과 사절단 파견(안)을 각료들에게 제시하고 그중에서 하나를 고르게 하였다.

겉으로 보면, 사절 파견이 군대 파병보다는 훨씬 온건적이지만, **'사이고'의 욕심은 파병**이었다. '사이고'는 조선과의 전쟁, 그것도 대규모 전쟁을 원했다. 사무라이를 동원하는 큰 전쟁을 일으키려면 그에 합당한 명분이 필요한데, 그러려면, 소규모 파병보다 사절 파견이 유리하다는 게 '사이고'의 판단이었다. 하지만, 천황의 칙명은 어느 쪽이 좋은지 논의하라지만 둘 다 **전쟁 기피에 무게**를 두고 있어 보였다. 아마도, 즉위한 지 얼마 되지 않았고 그사이 '보신 전쟁'도 치렀으니 조선과의 전쟁을 바라지 않은 것으로 보였다.

칙명에 따라 개최된 회의에서, '사이고 다카모리'는 "자신을 조선에 사절로 보내면 조선은 필경 자신을 죽일 것이니, **자신을 희생물로 삼아 조선과 전쟁을 하라**"라고 자신의 신념을 표출했다. 이는, 가뜩이나 불만에 찬 사무라이들의 불만 배출을 위한 '전쟁의 명분'으로 자신의 '목숨을 미끼로' 내놓은 것이, 이른바, **'사이고 다카모리'의 '정한론'**이었다. 그러나, 1872년 당시 일본의 국력으로는 조선을 쉽사리 굴복시킬 정도는 아니었다.

한편, 일본 국내 수뇌부가 이러한 정치적 문제로 격론이 이어지자, 태정대신 '산조'가 보낸 소식이 거의 2년여 동안 해외를 떠돌던 '이와쿠라' 사절단에게 알려져, 우대신 '이와쿠라'는 '오쿠보'와 '기도' 등 고위 관료와 함께, 급거 귀국하여 '사이고'를 말리고, 천황에게 '사이고'의 조선 특사 파견 취소와 **'정한론'을 중지시키도록 건의**하였다. 하지만, '사이고'의 주장은 완강했다.

〈정한론 논쟁도〉, 가운데 칼 찬 사람이 '사이고 다카모리'

이때 중재의 수완을 발휘한 사람이 바로 **'이토 히로부미'**였다. '이토'는 "태정대신 '산조'를 칭병으로 잠시 물러나게 하고, 그 자리에 우대신 '이와쿠라'가 태정대신 직을 대행하면, '이와쿠라'의 안을 천황에게 올릴 수 있다"라고 건의한 것인데, 그의 안은 적중했다. 아마도, 천황도 그런 생각을 하고 있었던 듯 '이와쿠라'의 안을 내각 건의사항으로 바로 받아들였다.

'오쿠보'는 사절단으로 거의 2년여를 함께 돌아다닐 때 영어도 잘하고 수완이 뛰어난 '이토'를 눈여겨보았지만, '이토'가 정치 문제까지 이런 식으로 해결하는 것을 보며 그를 더욱 총애하게 되었다. 그리고, 이런 '오쿠보'의 관심은 후일 그가 암살당하였을 때, '이토'가 실권을 계승하는 유리한 계기가 되었다.

여기서 주목할 것은, 팽창주의자 '요시다 쇼인'의 문하생으로 급진개혁론자였던 '기도'의 입장인데, '기도'의 본심은 '조선을 치지 말자'가 아니라, "우리 정책을 그 땅에 베풀기 위해 **조선을 치긴 쳐야 하나, 아직 때가 아니니, '사이고'가 주도할 것이 아니라 후일을 도모하자**"라는 것이었다. 역시, '요시다 쇼인'의 문하생으로 '기도'를 추종하던 '이토 히로부미'도 급진적 인사였지만, '정한론'에 대해 "아직은 아니다"라는 입장이었다.

그런데, 1869년에는 처음으로 '기도'가 그의 스승 '요시다 쇼인'의 말처럼 '정한론'을 주장하였을 때 '사이고 다카모리'가 반대했다. 이를 보면, '정한론'은 조슈와 사쓰마 두 세력 간의 주도권 다툼으로 서로의 주장을 반대한 듯하다.

'죽마고우'의 대결, '세이난' 전쟁(1877)

정계에 등장하기 전, '사이고'는 '도쿠가와 요시노부'를 쇼군으로 옹립하는 데 실패하자, 막부의 수배령을 피하여 외딴섬에 숨어 살았다. 몇 년 후, 새로운 사쓰마 번 주의 후견인인 '시마즈 히사미쓰'의 부름으로 다시 정계로 나왔으나, 이번에는 자신을 구해준 번 주 후견인의 정치적 질문에 너무나 직설적으로 답변하는 바람에 또 미움을 사서 재차 유배를 당하게 되었다.

그러나, '히사미쓰'가 조슈와의 대립으로 다시 인물이 필요하게 되자, 죽마고우인 '오쿠보 도시미치'가 '사이고 다카모리'를 추천하여, 그는 다시 사쓰마의 군권을 쥐게 되었다. 그리고, 사쓰마 번이 개입한 각종 전투에서 연전연승하며 이름을 날렸고, 메이지 유신과 막부 잔재 토벌의 일등공신으로서 '일등 육장(대장)'이라는 신분과 함께, '유신 정권'의 핵심 인사가 되었다.

하지만, 이제는 앞서 언급한 '정한론' 논쟁이 야기된 데에 대한 모든 책임을 지고, 관직을 내려놓고, 사쓰마 출신 600여 명의 **부하 관료들과 함께 '가고시마'로 철수**했다. 다수의 상급관료가 동시에 사직하자 정부에는 엄청난 혼란이 생겼으나, '정한론'자들은 모두 축출되었다. 당시, 사쓰마 번은 정부에서 파견한 현령의 통제를 받지 않을 정도로, 거의 반독립국가였다. 그 때문에. 마음만 먹으면 현청 예산으로 독자적인 군대를 만들고, 조직을 정비하여 '사이고' 왕국을 만들 수도 있었다.

하지만, 낙향한 '사이고'는, 사립학교를 세우고 후학 양성과, 황무지 개간 등으로 소일하며 **"메이지 정부의 방향이 맞는데도, 사무라이들이 동의하지 않는다면, 이들을 설득해 나가겠다"**는 입장이었다. 그렇지만, '사이고'는 '정한론'으로 이미 수많은 사무라이의 존경을 받는 우상이 되어 있었고, 전국의 사무라이들은 '사이고'가 봉기하면 그를 따라 사무라이 정권을 만들어 친 서구세력의 축출은 물론, 서구화의 개혁마저 **'모조리 뒤집어 버리자'**라는 생각으로 가득 차 있었다.

이처럼, 사무라이들의 거병 요구가 점차 거세어졌지만, '사이고'에게는 거병의 명분이 없었다. 그런데, 1877년 초, 정부의 밀정이 '사이고'의 동향을 염탐하고 있다는 사실이 알려지자, 이에 격분한 일련의 사쓰마 사무라이들이 폭동을 일으키고, 급기야 '가고시마' 탄약고를 탈취했다. **정부의 재산인 '탄약 탈취'**로, '사이고'로서는 정부와의 전쟁은 피할 수 없게 되었다. 여기서, 그는 "내가 시작한 것은 아니다. 그러나 책임은 내가 진다"라는 말로 무사 정신을 상징하였다.

'사이고'를 따르는 사쓰마 사무라이들은 '사이고'가 일어나면, '전국의 사무라이가 모두 들고일어나리라'라고 확신했지만, 정작 전쟁으로 치달려가자, 이들의 예상과 달리 사쓰마 이외의 지역에서 **더 이상의 추종자 봉기는 없었다.** 거병 이후, '사이고 다카모리'가 2만여 명의 병력으로 전략적 요충지인 '구마모토' 성으로 진군하자, 메이지 정권의 핵심인물로 '사이고'와 죽마고우였던 '오쿠보 도시미치'는 불과 얼마 전에 조직된 정부군을 파견하여 일대 접전을 벌였다.

당시, '사이고'의 군대는 전쟁에 특화된 사무라이들이었지만, 정부군 군대는 농민 등 평민 출신으로 3년 정도 근무하는 징병제 군대였다. 하지만, 시대적 상황은 이미 전투의 양상을 바꾸어놓았다. 사무라이들은 평민을 얕보았지만, 전쟁의 낌새를 눈치챈 정부군이 미리 대량의 무기를 빼돌려버렸다. 얼마 안 되는 한물간 '미니에' 전장식 소총을 가지고 허세를 부리는 **'사무라이' 군의 칼로는, 정부군의 신식 '스나이더' 후장식 소총을 당할 수 없었다.**

'사이고 다카모리' 동상.
그의 좌우명은 敬天愛人이다.

결국, '사이고'는 '구마모토' 성 공략에 실패하며 퇴각하였고, 불과 반년 후, 약 400여 명으로 줄어든 병력과 동굴에 은둔하며 저항하다, 마지막 전투 마저 패하자 사무라이다운 **할복자살로 최후**를 맞이하였다. 이른바, '라스트 사무라이'의 최후였다. 이후, 일본에서는 더 이상의 내전은 없었다. '세이난' 전쟁으로, 유신을 도왔으나 '서구화 정책'에 불만을 품고, 개혁을 거부하던 '사이고'라는 당대의 거목과 그를 따르던 수많은 무사가 모조리 제거되었다.

당시, 일본은 반란 가담자에게 '연좌제' 없이 해당자만 처벌하였다. '사이고'는, 그의 친동생 '사이고 주도'에게 "대를 이어라"라고 만류하여, '주도'는 반란에 가담하지 않고 군 생활을 계속하여, 일본 최초의 해군 원수로서 해군 대신을 역임하였다.

이상에서 살펴보았듯이, '사이고'는 메이지 정부의 '반 사무라이 정책'(개명정책)에 반대하며 천황을 옹위하는 메이지 정부에 대한 반란을 일으켰다가, **관군에게 진압당하며 자결한 반란군 수괴였다.** 그런데, '사이고'가 죽은 이후에 뜻밖의 반전이 있었다. 메이지 천황은 '사이고'의 충성심을 전혀 의심하지 않았고, 많은 일본인도 사후에 그의 동상을 건립하는 등 매우 관용적이었다. 메이지는 1889년, 일본제국 헌법이 발효될 때, 사면령으로 그를 사면, 복권하고 사후 위계도 내렸다.

이는 아마도, **뼛속까지 '서구화'를 추구하였던 '오쿠보'와 달리, '사이고'**가 서구와 서구화를 배척하지 않으면서도, 사무라이들과 함께 **일본의 전통을 지키려 하였다**는 데 대한 공감대 때문으로 보인다. 많은 일본인은 메이지 유신으로 '서구화'로 가는 것이 국가의 생존전략이었음을 잘 알면서도, '서구화' 과정에서 어쩔 수 없이 느꼈던 **전통적 가치관이나 일본의 정체성과 민족적 상실감을 '사이고'를 통하여 조금이라도 상쇄**해 보려는 마음이 남아 있어서 '사이고'를 더욱 추모하였던 게 아니었을까?

더구나, 이러한 정신적인 공감대 때문인지, '사이고'의 정한론은 비록 저지되었다 하더라도, 그의 행위는 더욱 미화되며 후대에 계승되었다. 그렇게 보면, 메이지 '유신의 완성'을 추구하던 일본이 메이지 시대 내내 끊임없이 시도하였던 **'조선 병합'도 '사이고 다카모리'에 의한 '정한론'이 큰 영향**을 미쳤을 것이다.

 # 일본 근대화의 '철혈'(鐵血) 재상

'근대 일본의 아버지'인 유신 정부 철혈재상, '오쿠보 도시미치'

 '오쿠보 도시미치'는 역시 '유신 3걸'인 '사이고 다카모리'와 같은 사쓰마 번 '가고시마'의 '고라이초'라는 조그마한 마을(지금의 가고시마 중앙역 근처)에서 하급 무사의 아들로 태어났다. 찢어지게 가난한 집안이라, 배가 고플 때면 그나마 형편이 나은 개울 건너 '사이고'의 집을 찾아가서, '사이고'와 훗날 일본 해군 원수가 된 '사이고'의 친동생 '사이고 주도(사이고 츠구미치)'의 밥을 나누어 먹기도 하였다. '사이고'와는 식솔이나 다름없었던 셈이다. 그뿐만 아니라. 이들 사이고 형제는 헤엄치다가 물에 빠져 죽을 뻔한 '오쿠보'를 구한 적도 있었다.

 이런 어릴 때의 모습과 달리, 성장할수록 뛰어난 판단력과 거침없는 언변으로 '책 읽는 무사' 중에서 유명해진 '오쿠보'는 '성충조'라는 하급 사무라이들을 결속하여 '초망굴기'를 꿈꾸었다. 그렇지만, 많은 변란에서 번의 권력과 힘을 실감하고는 과감하게 변신하여 다시, 번주의 눈에 들고자 번주가 좋아하는 바둑까지 배우는 등 각고의 노력 끝에, 번주 눈에 들어 발탁되었을 정도로 권력에 대한 집착이 강하였고, 막부 말기의 혼란한 상황에도 연일 승승장구하였다.

 '오쿠보'보다 정계로 먼저 진출한, '사이고'는 번주 '시마즈 나이아키

하급 사무라이 시절
'오쿠보 도시미치'

라'의 발탁으로 입신하였지만, 그의 사후 직설적인 성격으로 새 번주 후견인과의 불화로 인해 유배를 거듭하다, 훗날 '오쿠보'의 추천으로 정계로 복귀한 후 조슈 번과의 전쟁에서 갑자기 부상하였다. 이후, 둘 다 사쓰마의 권력자가 되어, 1868년 '왕정복고' 쿠데타로 유신 대업을 함께 해내었다. '메이지' 천황을 위한 '왕정복고' 쿠데타에서 '사이고'가 무력 동원의 일등공신이라면, **'오쿠보'는 정치공작의 대가였다.**

그는 유신 정부의 관직 임명권과 경찰력을 통제하는, 강력한 권한을 가진 '초대 내무경'으로서, '보신 전쟁' 도중에도, 유신 개혁에 필요한 재정확보를 위한 '판적봉환'(1869년 7월)을 하였고, 중앙집권을 위한 '폐번치현'(1871년 8월)으로 구 막부를 타도하였다.

'오쿠보'는, '폐번치현'으로 전국에 산재한 각 번을 중앙정부 직할의 현으로 통합하는 정책의 실질적인 입안자와 실행자로서, '오쿠보' 중심의 개혁파는 중앙집권을 이루고, 정부 내 구세력까지 완전히 일소하였다. 하지만, 그는 반대편에게 항상 퇴로를 열어 두어, **오도 가도 못할 궁지로 모는 일은 거의 없었다.** 이것이 그의 성품이기도 한데, 그가 계속하여 무능한 조정 대신들과 각 번에서 파견된 인원을 축출하는 동안, 큰 충돌 없이 개혁을 추진한 동력이었다.

'폐번치현'을 완료한 이후, '오쿠보'는 '이와쿠라' 사절단(1872~1873년)의 일원으로 서구문물을 체험하고 견문을 넓히게 되었다. 그는 '환경에 적응하는 자만이 살아남는다'라는 **'적자생존'(適者生存)의 정신이** 굉장히 강한 사람이었다.

상투를 자른 '이와쿠라 도모미'와 '오쿠보 도시미치'

일본 말에는 무언가에 대한 사람의 감정과 태도의 차이를 나타내는 **'혼네'와 '다테마에'라는 말**이 있다고 한다. '진짜 속내'와 '겉으로 표현'하는 것을 의미하지만, 당시 '이와쿠라' 사절단에게는 그런 여유마저 없었던 모양이다. 이들은, **"이왕에 서구를 배우려면 뼛속까지 배우자"** 는 생각으로, 남녀평등과 에티켓 등 서구 문화를 일본식으로 도입할 때에 앞뒤를 가리지 않았다.

특히, '오쿠보'는, '오쿠보'의 수염이라는, 매우 특이한 모양의 수염을 길렀는데, 이게 서구에서 사 온 가발(?)이라는 설이 제기되자, 사학자들은 그의 성격으로 볼 때, '충분히 그럴 수 있다'고 논평할 정도였다. '오쿠보'는 한 걸음 더 나아가 '존마게'라는 일본 사무라이의 상투와 전통

의식이 촌스럽다며 **상투를 잘라 버리고, 양복으로 갈아입기**를 동료들에게 권하였다. 이는, 미국 조야에서 자신들을 환영하기 위해 모인 사람들이 지위고하를 막론하고 모두가 비슷한 옷(양복)을 입고 단정한 머리로 나온 모습을 보고 매우 놀라고 인상 깊게 느꼈던 탓이었다.

양복은 계급에 따라 복장과 장식이 다른 일본과 달리, 아무런 장식이 없는 양복은 일종의 '평등의 의미'라는 설명을 듣고, 그날 이후 '오쿠보'는 **매 순간 계급과 평등의 차이를 느껴야 했던 일본식 복장보다 양복을 즐겨 착용**하였고, 전통의상과 상투를 고집하던 '이와쿠라'도 양복을 입고 이발과 면도를 하였으며, '기도'도 신분에 따라 복장이 다른 일본과 달리, 지위고하에 무관하게 '양복'을 입는 것을 본받아 양복을 입게 되었다.

그런데, 양복과 달리, 1871년에 무사에게 '삭발령'이 내려지긴 했지만, 무사가 무사의 상징인 상투를 자른다는 것은 매우 주저되는 일이어서 삭발은 '결연한 의지'의 표현으로 인식되었다. 물론, '오쿠보'와 동행하였던 '이토 히로부미'는 이미 10여 년 전 영국 유학으로 밀항할 때 신분을 숨기기 위해 상투를 자른 적이 있지만, 그때는 당시와는 전혀 다른 상황이었다.

외국 문물을 익히고 외국인과 만나기 위해 '상투를 자른다'는, 결연한 의지와 융통성을 지닌 '오쿠보'나 '이토' 같은 일본 **무사(士)**들의 모습은 조선과는 사뭇 달랐다. 그로부터 무려 20여 년이 지난 이후에 조선의 고종이 왕국 개혁의 마지막 고심 끝에 단말마적으로 내린 '단발령'(1895년)에 대해, 딸깍발이 **선비(士)**와 유생들은 개혁보다는 상투라는 전통성 그 자체를 놓고 "신체발부 수지부모"를 운운하며 '죽기 살기'로 항거하였으니, 같은 士라고 다 같은 士가 아니었다.

그 당시, '오쿠보'는 원래 프랑스 유학을 위해 아들 둘을 사절단에 포함시켜 데리고 갔었는데, 뜻밖에도 강하게 발전한 미국의 부강에 놀라, 함께 데리고 간 아들 둘을 미국에 남겨 공부하게 하였다. 이들이 미국을 열심히 배운 탓일까? 훗날 이들은 미국에서 돌아와 일본 정계의 거물이 되었고, 사위 '요시다 시게루'도 총리를 역임했고, 손자(아소 다로)도 총리가 되었다.

1872년 '이와쿠라' 사절단은, '프로이센'(독일)에 방문해 '경제(鐵)와 전쟁(血)'으로 유명한 **철혈재상(鐵血宰相) '비스마르크'**를 만났다. '비스마르크'는, 1862년에 프로이센(독일)의 재상으로 취임한 이래, 프로이센의 산업화를 추진하고 대규모 군비 확장으로, 독일 내부의 여러 공국과의 권력다툼에서 승리한 뒤, 프랑스 등 외적을 몰아내며 팽창주의 정책으로 나아간 인물이다.

'오쿠보'는 **'비스마르크'로부터 큰 감명**을 받았다. 당시, 일본이 **내전을 거쳐 통일한 상태였고, 분권적인 번을 폐지한 '폐번치현'으로 중앙집권화를 이룬 상태**여서 독일의 통일과 전쟁 및 산업화 사례가 여러모로 유사한 점이 많아서, 근대 일본이 지향해야 할 모델을 구체화하는 계기가 되었다. 귀국 후 '오쿠보'는, '부국강병'에 초점을 둔 독일 정책을 모델로 삼아, **정부 주도로 국가운영과 경제개발 정책을 시행**하며 근대화 개혁 정책을 펴나갔다. 이 때문에, 모방하기를 좋아하는 일본인들은 '오쿠보'를 '비스마르크'의 대명사인 '철혈재상'으로 불렀다.

'오쿠보'는, **국민의 병역의무를** 의미하는 **'징병령' 발효**에 격렬히 반발하는 무사들과, '사이고'가 제기한 '정한론' 논쟁과 맞물리며, 1873년 죽마고우 '사이고'와는 정치적으로 결별하였다. 1874년, '오쿠보'와 '이와쿠라', '기도' 등이 함께 '사이고'의 '정한론'에 반대하고, '정한론'이 이들 연합세력 앞에 굴복하여 철회되자, **'사이고'가 퇴진하고, '오쿠보'가 정권을 장악**하였다.

이후, '오쿠보'는 군사/외교 문제에서 사무라이를 동원하여 '1874년 대만공략'을 진두지휘하였고, 청나라 '리홍장'으로부터 배상금을 받아내며 위신을 한껏 올렸다. 그리고, '대만공략'에 반대하며 자리를 떠났던 '기도 다카요시'를 돌아오게 하여, 그들이 서구를 둘러보았을 때, 무엇보다 갖고 싶었던 제철 등 '공업력'을 갖기 위한 **'경제발전과 공업화'를 함께 추진**하였다.

하지만, 정부의 노력에 역행이나 하듯, '사이고'를 위시한 많은 강경파는 불평 사무라이들을 집결시켜 무장봉기를 계획하였다. 결국, 1877년 '사이고'는 부하들과 함께, 죽마고우 '오쿠보'의 독재를 비판하고, 이른바 '세이난 전쟁'으로 반란을 일으켰다. 그러나, **'서구를 배워 그보다 강한 일본을 건설하겠다'**라며, **'서구와 겨룰 수 있는 나라'**를 건설하기 위해 노심초사하던 '오쿠보'에게, '사이고'의 봉기는 '세상 물정 모르는 어린이처럼 기가 막히도록 한심한 일'이었다. '사무라이'의 기득권을 외친 '사이고'의 반란은 불과 몇 개월간 세상을 떠들썩하게 하였지만, 신식 육군인 '진대병'을 동원한 '오쿠보'에 의해 진압되었다.

반란 진압 이후, '오쿠보'는 지조개혁(地租改革)과 식산흥업(殖産興業)을 상징하는 경제발전을 내세웠고, **'근대 일본의 아버지'**로 불릴 정도로, **메이지 시대의 많은 인프라를 건설하여 근대 일본의 초석을 다지고**, 그와 결을 같이하던 '기도 다카요시'에게 **독일의 법적 인프라에 일본을 대입하는 방식**으로 서구식 법제를 연구하게 하는 등 엄청난 업적을 이루어 가고 있었다.

이런, 많은 업적에도 불구하고 '오쿠보'는 사무라이에게는 **'무사도를 배신한 사무라이, 사쓰마 번을 버린 배신자'**였다. '세이난 전쟁'을 일으킨 '사이고'를 제압하고 승승장구하던 '오쿠보'는, '사이고' 사후 8개월만인 1878년에 '사이고'의 죽음으로 원한이 맺힌 일단의 무리에게 암살당하였다. "앞으로 10년 더 일하여 일본을 흥하게 하겠다"라는 그의 계획은 무산되었다.

'가고시마' 현에 있는 '오쿠보 도시미치'의 동상[31]

---

31) kasakotk, "http://ko.photo-ac.com/photo/23359787", Source: photoAC

그의 죽음으로 **기세등등하였던 40대의, '유신 3걸'**이 모두 1년 사이에 죽었다. '기도'는 병사(결핵)하였고, '사이고'는 '세이난' 전쟁에서 패전하자 할복하였다. 그들이 죽은 정치적 공백은 컸지만, 사쓰마 출신 '오쿠보'의 계획과 구상은, 1880년대에 그가 총애하고, '기도'를 따랐던 조슈 출신 '이토'에게 계승되었다. '이토'도 '비스마르크'를 흠모하여, 일본제국 헌법에 독일법 체계를 많이 차용하였다.

중앙집권을 추구한 '오쿠보'는, '천황을 옹립'하였지만 천황을 신격화하거나 절대시하기보다, **'천황의 칙명이라도 의롭지 못한 칙명은 칙명이 아니다'**라고 생각하며, '천황을 어떻게 조종하고 이용할 것인가?'라는 정치공학적인 관점으로 접근하였다. 덕분에, **에도 말기의 '마키아벨리스트'로** 불린 그가 이룬 많은 업적은 '사이고'의 충성심에 묻혀 천황의 신임도 덜했던 듯하다.

그래서인지, 지금껏 일본인에게 '오쿠보'의 인기는 '사이고 다카모리'보다 못하다. 그는 일본 발전에 많은 업적을 이루었지만, 살아생전에는 **'사무라이의 배신자'**로, 죽어서는 **'냉혈한 철혈재상'**으로서 비난받았다. 그가 죽은 뒤, 남겨진 재산은 온통 빚뿐이었다고 한다. 너무 청렴하기보다, 때를 잘 타서 멋지게 인생을 마무리하는 사람이 명예나 인기를 더 누리는 것일까?

메이지 유신의 완성자 '이토 히로부미'(좌)와
'군국주의의 아버지'라는 '야마가타 아리토모'(우)

민국(民國)보다 군국(軍國)을 택한 일본

⎨18⎬ 총리가 된 '테러리스트'

'이토 히로부미' - '메이지 유신(維新)'의 완성자

　일본 사람들은 '메이지 유신'을 떠올리면, 반드시 '유신 3걸'을 기억한다. 그런데, 이들은 유신 성공으로부터 10여 년이 지난 후에 1년 어간에 **거의 동시에 죽었다.** 앞서 본 것처럼, 1877년 조슈의 '기도 다카요시'는 병사하였고, 같은 해에 '정한론'으로 알려진 사쓰마의 '사이고 다카모리'는 할복하였고, 이듬해 사쓰마 출신으로 '사이고 다카모리'의 절친이었던 '오쿠보 도시미치'는 암살당했다. 모두, 사십 대 후반~오십 대 전반의 나이로, 한 시대를 풍미한 인물이었다.

　한창 일할 나이였던 유능한 '유신 3걸'이 이렇게 한꺼번에 사라지는 바람에, 그들의 빈자리는 뜻밖에도 나이가 7~10세나 어리고 경력도 한참 아래였던 '이토 히로부미', '야마가타 아리토모' 등 조슈의 '쇼카손주쿠' 출신 하급 무사 출신들이 그 자리를 채웠다. 이들 중, 급진개혁파였지만, 영국 유학과 '이와쿠라' 사절단 등으로 견문을 넓힌 **'이토'에게는 이 공백이 내각 2인자인 '내무경'으로 승진**하는 천재일우의 기회였다. 게다가, '이토'는 조슈 번을 장악했던 '기도'와, 사쓰마 번을 대표한 '오쿠보'의 총애를 받았으니 '삿-쵸 번벌'의 금상첨화였던 셈이다.

　일본인 후세들이 바라보는 시선에도 이를 느낄 수 있다. '야마구치'

시 근교 '향산 공원'에 있는 '침류정'에 가보면, 1층에 메이지 유신의 초석이 된 '삿-쵸 동맹'을 결의하였던, 당시 회의 참석자들에 대한 사진과 여러 가지 액자들이 벽에 걸려있는데, 그중에 '유신의 역사'라는 액자가 눈에 띈다.

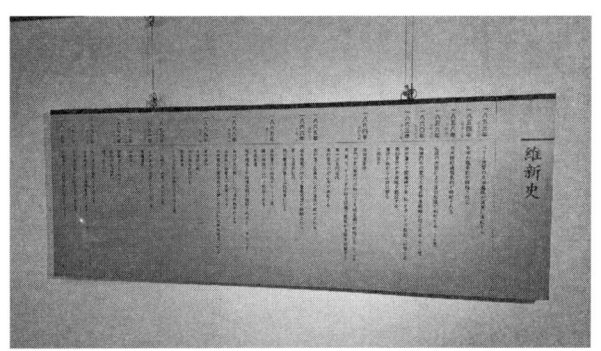

침류정 벽에 걸린 유신사(維新史)

거기에는 **유신의 시작점은 1853년 '페리의 미국 흑선 내항'이고, 종점은 1885년 '이토 히로부미'의 내각 총리대신 취임까지**로 보고, 그 기간에 전개된 각종 역사적 사건들이 적혀있다. '이토'가 초대 총리가 된 게 '유신의 완성'으로 보는 관점이다. (1889년 제국헌법 발효까지, 혹은 1910년 한일합방까지 보기도 한다.)

'이토 히로부미'는 조슈의 하기성 외곽 마을에서 농민 출신의 가난한 하급 무사 가문에서 태어났다. 어려서 어른 무사들의 잡역을 맡아 하다가 출신, 나이 불문이라는 '쇼카손주쿠'에 입숙하여 '요시다 쇼인'의 문하생으로 수학하며, '기도 다카요시', '이노우에 가오루', '야마가타 아리토모' 등 메이지 유신을 이끌었던 주요 인사들과 일찌감치 교류하였다.

가난한 가문 출신인 '이토'는 '쇼카손주쿠' 시절에 문벌 가문 자제들로부터 무시나 박대를 당할 때도, 자신의 재능을 알아준 '요시다 쇼인'에게 감복하여(하지만, '쇼인'은 정작 '이토'에게 별다른 관심을 보이지 않았다고 한다), 유학의 충효와 존왕양이 사상에 따라 막부 타도와 천황 통치를 신념화하고, 팽창주의를 지향하는 부국강병 사상에 물들었다.

　1859년, '쇼카손주쿠'에서 섬기던 '요시다 쇼인'이 처형당하자, '이토'는 '쇼인'의 문하생인 '다카스기 신사쿠'가 조직한 테러조직에 가담하여, 영국공사관 방화사건, 막부 밀정 암살사건, 막부의 '천황 폐위 자료'를 조사하던 국학자와 그 문하생을 살해한 사건 등등에 연루된 '존왕양이' 활동을 하였고, 그 공로를 인정받아 **'기도 다카요시'의 시종으로서 준무사 신분**이 되었다.

협상과 권모술수의 달인

　'이토'는, 1863년 조슈 번의 지원으로 '이노우에 가오루' 등과 함께 영국 유학을 떠났다. 밀항 전 신분 변장을 위해 무사의 상징인 상투를 잘라버린 그는 배에 올라, 4개월간 항해 동안에도 영어를 익히고, '런던 칼리지(UCL)'에 청강하는 동안에도, **영어와 영국식 예의를 익히려고 영국인 교수댁에서 하숙**하였다. 비록, 짧은 영국 생활이었지만, 박물관, 성곽, 해군시설, 공장 등을 견학하면서, 영국과 일본의 압도적인 국력의 차이를 목도하고 개국론으로 사상을 전환하였다.

　1864년, 유학생활 불과 몇 개월 만에, 조슈 번과 영국, 미국, 프랑스,

네덜란드 등의 외국 함대와 전쟁 소식을 듣고 급거 귀국하여 전쟁 방지를 중재하였으나, 실패하였다. 그리고, 조슈 번은 '4국 연합'과의 '시모노세키' 전쟁에서 대패하였다. 전쟁에 이긴 **4국 연합**은 조슈에게 '군사작전 비용과 피해보상' 등 막대한 배상금을 청구하여 조슈는 다시 위기에 직면하였다.

하지만, **조슈의 위기는 '이토'에게는 출셋길**이었다. 그는 막부에게 전쟁 배상금을 떠넘기는 묘수를 제안했다. 1863년 5월의 조슈 번의 외국 함대 공격은, "막부가 정한 '양이결행일'에 조슈가 따른 것뿐이니, 막부에게 배상금을 청구하라"는 것이었다. 영국 통역관과 친하게 지낸 영향인지는 모르겠으나, 영국은 막부에게서 배상금을 뜯어냈다. 이를 계기로 **'이토'의 영어 실력과 협상력**은 유명세를 탔고 향후 그의 출세 기반이 되었지만, 막부의 분노는 폭발했다.

1864년 7월, 조슈 군의 '천황 어소' 포격 사건으로 막부가 조슈 정벌전에 나서자, 중과부적이었던 조슈 번은 항복하였고, 막부는 보수파로 조슈 번정을 다스리게 함으로써 '이토' 등 조슈의 개혁파들은 숙청당하거나 뿔뿔이 흩어져 숨어 살아야 했다.

하지만, 1866년 1월, 불과 1년여 만에 '다카스기 신사쿠'의 반정으로 다시 번정을 장악한, 조슈의 개혁파들은 막부의 정벌에 대비하여 서구의 신식무기 확보에 사활을 걸고, '이토'를 '나가사키'에 보내었다. '삿-쵸 동맹'을 맺은 사쓰마의 도움으로 '이토'가 영국인 무기상 '글로버'로부터 7만 3천여 정의 소총과 다수의 함선을 입수하여왔다.

신무기로 무장한 조슈는 1866년 수십 배에 달하는 막부의 제2차 정벌군을 물리쳤고, 이는 1868년 메이지 유신의 시발이 되었다. 이 과정에서, 뛰어난 수완과 영어 실력으로 동분서주하여 능력을 인정받은 '이토'는 개항장이 있는 **'효고'현 지사**가 되었다. 불과, **28세의 나이로 무사 신분 중 넘버원**이 된 것이다.

1872년 '이토'는 유신 정부의 주요 각료 등 대규모 사절단이 미국과 서구 열강을 시찰하는 **'이와쿠라' 사절단의 부단장으로 발탁**되었다. 또, 영어 실력이 빛을 본 것이다. 그는 미국에 도착한 뒤 환영 나온 인사들 앞에서 "일본은 아시아의 떠오르는 태양"이라는 이른바, **'히노마루(일장기)' 연설**을 하였는데, 꽤 잘한 듯하다. 그날 밤 《뉴욕 타임스》는, '이토'가, "30세 정도이지만, 진보적이고 개방적인 인물로 국내개혁을 담당할 정치가"라고 보도하며 주목하였다.

그는 영국 방문 간, 다시 한번 영국과 일본 간의 군사, 경제력 차이를 통렬히 인식하며 각종 의전과 예법 등은 배워왔지만, 영국 정치제도에는 별다른 관심이 없었다. 하지만, 독일 방문에서는 황제의 권위를 느끼며, "약소국은 국제법을 지키려 하나, 강대국은 스스로에게 이익이 되면 지키나 불리하면 무력으로 짓밟는다"라는 **'비스마르크'의 환영사에서 서구 열강의 실상과 제국주의의 단면을 엿보고 큰 충격**을 받았고, 이후, 그의 카리스마를 흠모하게 되었다.

실제, '이토'는 귀국한 뒤, 자기 집에 '롤 모델'로 삼은 '비스마르크' 사진을 걸어놓고, 간절하고 공손한 마음으로 "은혜 덕분에, 병도 안 걸리고, 암살도 안 당하고 새해를 맞이하게 되었습니다"라고 기도하며 숭배의 마음을 잊지 않았다고 한다. 그 정도로 '비스마르크'를 흠모하였으니, 그가 **'부강한 일본'을 내세우며 독일 베끼기에 열중**한 것은 당연한 일이었을 것이다.

1874년 '이와쿠라' 사절단은 '사이고 다카모리'의 '정한론' 사건 때문에 급히 귀국하게 되었다. 그리고, '사이고'와 '오쿠보' 등이 '정한론'을 놓고 팽팽한 줄다리기를 하는 과정에서, '이토'는 새로운 아이디어로 천황을 설득하여 '사이고'의 '정한론' 주장을 철회시켰다. 그리고, 이를 계기로 협상 수완을 인정한 '오쿠보'의 총애를 받게 되었다. 1878년 '오쿠보'의 암살로 '유신 3걸'이 모두 사망하자, **'유신 3걸' 중 '기도 다카요시'와는 조슈 번의 인연으로, '오쿠보'와는 업무 능력으로 인정받은 '이토'는** 38세라는 어린(?) 나이에 **각료 중 2인 자인 '내무경'이 되었다.**

한편, '기도 다카요시'가 절대 군주제와 강력한 군사력을 갖고 있던 독일의 '빌헬름 1세' 황제와 재상 '비스마르크'의 모델을 주목하여, 서구식 독일 헌법을 제정하던 중 1875년 병으로 사망하자, 1882년 유신 정부는 '기도'처럼 '비스마르크'를 숭배하였던 '이토'를 '헌법제정에 필요한 자료'를 조사하도록 18개월간 **'프로이센'(독일)에 파견**하였다. 고위직을 독일식 헌법을 배우도록 독일에 파견해야 할 만큼 헌법제정이 시급하였다.

서구식 국제법을 연구하고 귀국한 '이토'는 입헌군주제 최초의 총리가 되기 전인 1885년, 리훙장과 조선에서 청-일 양국군 철수와 유사시 **동시 출병을 통보**하도록 한 **'톈진조약'**을 체결하였다. 이는, 일본이 조선에 군사적으로 개입할 권리를 중국이 인정한 것으로 청일전쟁의 빌미가 된다. '톈진조약'으로 청나라는 얻은 게 없지만, 일본은 조선에 언제든 출병할 수 있는 기대 이상의 성과를 얻었다. 국제법을 연구한 '이토'의 작품이었다.

이 사건은 1882년으로 거슬러 올라간다. 그해, 조선에서 '임오군란'이 발생하자 청국이 출병(정여창)하였고, 군란 중 피해를 본 일본인 보상문제로 '제물포 조약'이 맺어져 **일본군 주둔이 허용**되었다. 그런데, 1884년, 김옥균의 주도로 '갑신정변'이 발생하자, 이번에는 일본이 청국보다 먼저 출병하였으나, '3일 천하' 갑신정변이 실패하자 '한성조약'이 체결되었다. 하지만, 일본군이 여전히 조선에 주둔하자, 청국이 동시 철병을 주장하여, **일본은 철병을 대가로 유사시 출병하는 권리를 얻은 것**이다.

일본의 '국가 설계자'가 된 '이토 히로부미'

1885년에 '이토'는 **45세의 나이로 입헌군주제의 초대 총리**(제1차 '이토' 내각, 1885~1888년)가 되었다. 가난한 하급 무사 출신으로, '요시다 쇼인'의 사상에 경도되어 테러와 암살을 일삼던 인물이 유학을 다녀오고, 능력을 인정받아 '내무경'이 되고 다시, 최연소 총리가 된 것이다.

제1차 내각의 총리 '이토'는 독일법 학자들의 조언으로, 일본이 서구 열강과 겨루려면 '천황 아래에서 일치단결해야 한다'는 전제하에,

1888년 4월 헌법 초안을 완성하였다. 그리고, '천황'을 정점으로 하는 제국 헌법의 제정으로 '이토'는 지금껏 **일본의 '국가설계자'로 추앙**받고 있다. 하지만, '이토'는 반대파의 반발에 총리직을 사임하고 신설된 추밀원 원장으로 옮겼다.

'이토'가 제정한 일본제국 헌법은 1889년에 발포되었다. 헌법 제1조는 '만세 일계의 천황이 나라를 다스린다', 제4조는 '천황은 국가의 원수로서 통치권을 관할한다'는 등, 천황만이 '유일한 주권자로서, 국가 통치자이며, 원수로서 군의 최고 지휘관'으로 규정하였다. 메이지 유신 이후 천황은 단순한 통치자가 아닌 **신적 존재로 재해석**되었기 때문에, '요시다 쇼인'의 제자인 '야마가타'처럼 **'이토'의 제안도 아무리 입헌군주제로 간다고 하더라도 '천황'은 '헌법 위에 존재'**하도록 하자는 것이었다.

일본제국 헌법 발포도

이 헌법으로 제2차 세계대전 패전 이후에 국민주권을 규정한 '일본 헌법'이 제정될 때까지 **'일본의 주권은 천황의 주권'**이었고, 국민의 권리는 어디까지나 '천황이 허락하는 범위 내'였다. 이런 구조 때문에 **국민과 군대는 '천황을 위해 존재한다'는 프레임을 씌운 '군국주의'가 가능**하게 되었다. 다만, 제37조에서 '모든 법률은 제국의회의 동의를 구한다'고 하여 황권과 의회와의 균형을 유지하려 하였다. 이 헌법에는, '오무라 마스지로'가 조슈 번에서 채택한 전 국민 병역의무제도도 포함되어 있다.

하지만, 제국 헌법은 몇 가지 특이한 사항이 있다. 먼저, 천황이 총리를 임명하는 독일식 군주제를 추구하던 '기도'의 바람과 달리, '이토'는 **의회가 선출한 총리를 천황이 추인하는 방식인 영국식 입헌군주제로 방향을 바꾼 것**이다. '이토'는 그가 추종하였던 '기도'의 방식보다, 천황의 칙허를 지상지고(至上至高)로 여기지 않았던 일본의 '마키아벨리스트'였던 '오쿠보'의 영향을 더 받은 모습이다.

'이토'의 작품은, 비록, 메이지 이후의 **천황들이 '성스러운 존재'로서 무소불위의 권력을 가진 듯하지만, 사실상 꼭두각시 모양인 이중성**이 있었다. 이 때문에 훗날, 제2차 세계대전의 전범인 '히로히토'는 이를 빌미로 "자신은 건의한 것을 추인한 것밖에 없다"라며 전범의 책임에서 벗어나기도 했다.

또한, '이토'는 공경 대신에 의한 정책 결정을 없애 버렸다. 메이지 유신 초기, 일본의 주요 국가사 논의가 최고위 태정대신과, 좌대신, 우대신 그리고 참의(각료) 등 '태정대신 3직'에서 결정하여 천황에게 건의하는 방식이었으나, 새 헌법은 **조정의 공경대신을 정책 결정라인에서**

배제하고 상원의원 격인 '귀족원'이라는 의회로 보내 그들의 정치적인 입지를 제한시켰다.

그 결과, 하급 사무라이 출신 등 **누구든 의회 선출에 따라 총리직에 오를 수 있게 되었다.** 가난한 하급 무사에서 출발하여 온갖 어려움을 경험한 '이토'가 영국, 독일 등 유럽 선진 문물과 국제질서를 공부하며, 얻은 지식으로 뭔가 능력을 발휘하고 싶었던 희망의 산물이었다.

'이토'의 정치적 동반자에서 정적이 된 '야마가타'

1890년 이 헌법에 따라, 양원제인 '제국의회'가 최초로 개최되었지만, '이토'는 출중한 능력에도 사쓰마 세력들의 반발로 현직 총리였지만 제국의회 첫 총리가 되지 못했고, 어부지리로 그의 조슈 친구이던 '야마가타 아리토모'가 제국의회 개최 이후 첫 총리(3대 총리)가 되었다. 하지만, 이 사건을 계기로 둘 사이는 **민권과 군권으로 다투는 정적의 관계**로 치닫게 된다.

1892년 8월 8일~1896년 9월 18일까지 약 4년간의 제2차 '이토' 내각은, 조선 내 '동학 농민 전쟁' 토벌문제로 출병하려다 청국과 긴장 관계에 직면하였다. 이에, 일본 군부는 강력하게 출병을 건의하였으나, '이토'는 청과의 충돌에 반대하는 한편, '리훙장'과 외교적으로 해결하려 하였다. 그런데, '리훙장'이 "조선은 청의 속방이니, 일본은 간섭하지 말라"며 완강하게 나오자, 일본 조야는 '이토'를 '겁쟁이'라며 '대청 외교'가 너무 나약하다고 비판하였다.

그렇지만, 1894년 총리였던 '이토'는, 30여 년이 지난 젊은 시절의 악몽인 1864년 '조슈-4국 연합' 전쟁을 떠올리며 강대국인 청과의 **전쟁으로 인한 재정파탄과 국제적 고립을 우려**하였다. 이처럼, 초조해진 '이토'를 청일전쟁에 동의하게 압박한 사람은 고향 조슈 친구이며 추밀원 원장인 '야마가타 아리토모'였다. 그 역시 '조슈-4국 연합' 전쟁 참전자로서 엄청난 고초를 겪었으나, 수십 년 전 전쟁의 트라우마로 전쟁을 회피하려 한다며 '이토'를 '겁쟁이'라고 몰아부쳤다.

하지만, 30여 년 전인 1865년, 제1차 '조슈-막부' 전쟁으로 조슈의 '보수파'가 득세하여 '존왕파'들을 숙청하자, 이에 반발한 '다카스기 신사쿠'가 '고잔지'에서 거병하였을 때, '역사대'라는 80여 명의 인원을 데리고 제일 먼저 달려온 것은 '이토'였고, '기헤이타이'라는 군사를 이끌었던 '야마가타'는 눈치를 보다가 가장 늦게 합류하였었다. 그런데도, '야마가타'가 '이토'를 겁쟁이로 몰고 가자, '이토'는, '고잔지' 거병 때에 '야마가타'가 가장 늦게 합류한 사실을 들추어내며, 정적인 그의 기를 죽였다.

이에, '겁쟁이'라고 '이토'를 압박하다가 무안당했던 '야마가타'는, 지금의 형국은 청국과 러시아 등 주변 강국이 시시각각 일본을 향해 조여 오는 상황이라며, **"조선반도라는 완충지대를 잃으면, 쓰시마 해협을 두고 대륙의 강국들과 접하게 되는 상황이 생긴다"**라며, 이런 상황을 원치 않았던 군부의 강력한 지지와 더불어 전쟁 낙관론을 등에 업고 '이토'를 공격하였다.

'야마가타' 등 군부의 등쌀에 의해, '이토'는 마지못해 '조선 내 일본 거류민 보호' 명분으로 2,000여 명 규모의 1개 여단급 파병에 동의하였다. 그런데, 군부는 동의를 얻자마자 일단 출병이 결정되면 "병력 운용권은 육군에 있다"라며 청과의 전쟁을 겨냥하여 출병 규모를 대폭 늘렸다. 군부가 총리를 속인 셈이었다. 이에, 대경실색한 '이토'는 '무츠' 외상을 시켜, **'조선은 독립국이며 영토적 야욕이 없다'는 사실을 세계에 공포하며 '평화주의자' 코스프레에 나섰다.** 만약, 청국이 이를 무시하고 전쟁을 걸어온다면 세계가 청국을 비난할 것이라는 계산이었다.

하지만, 일본 군부는 총리의 계산에는 아랑곳하지 않고, 청국에 선전포고도 하기 전에 먼저 청국군의 증원 병력을 공격하는 선수를 쳤다. 이른바, '풍도해전'이다. 일본으로서는 다행이랄까? 육군의 전쟁 정보가 정확하였다고나 할까? 오만에 빠진 청국의 방심에 일본이 허를 찌른 셈이었다. 청은 육전과 해전에서 연전연패하였고, 마침내 항복하게 되었다. 그 이후부터는, 총리 '이토'의 몫이었다. 외교를 잘하는 **'이토'는 항복한 청과 '시모노세키 조약' 체결로 상상 이상의 엄청난 전리품을 챙겼다.** 하지만, 이후부터 군부의 입김에서 자유로울 수는 없었다.

19 제국주의의 첫발, 청일전쟁(1894~1895)

전쟁의 배경

　1868년, 막부 타도파들은 '메이지 유신'을 달성하고, 이어진 막부 잔재들과의 '보신 전쟁'에서 승리하자, 1871년 '폐번치현'으로 중앙집권을 강화하는 한편, 사쓰마가 헌납한 함대를 주축으로, 막부 해군의 전통을 계승하며, **일본 해군을 창설**하였다. 한편, 청국도 비슷한 시기, 청-불 전쟁에 패한 뒤, 북양수사 **'리훙장'이 근대화된 '북양함대'를 창설**하자, 청국은 1885년부터 북양함대를 집중적으로 육성하여, 영국, 독일산 함정 78척을 보유한 아시아 최강의 해군이 되었다.

'운요호'. 250톤급 작은 목조 포함(砲艦)조차
상대할 능력이 없었던 조선은 '불평등'의 굴욕을 당했다

그런데, '사이고'의 '정한론' 논쟁이 잦아든 1875년, 일본 해군은 1870년 조슈 번이 넘겨준 영국제 소형 철골 목조 포함(砲艦, 245톤, 승조원 65명) **운요호**(함장 '이노우에 사쓰케' 소좌, 사쓰마 출신)로 조선의 해로를 점검한다며 도발을 자행하였다.

당시, 청의 입장은, **조선은 속국이지만 '내정과 외교는 자주'(所屬邦土)로 한다**며 적극 개입하지 않았다. 이에, 국제정세에 어두웠던 조선은 울며 겨자 먹기로 일본과 **'조일수호조교'(강화도 조약, 1876년)**를 체결하였다.

그 주요 내용은, 마치 23년 전인 1853년에 미국이 기함 '서스케하나' 등 4척의 군함으로 '에도' 만에 입항하여 일본을 놀라게 한 '흑선 내항' 사건으로 일본과 불평등 조약을 체결한 것과 거의 같게, 조선의 자주 국가임을 인정하되, 개항과 치외법권을 인정한 **'불평등 조약'**이었다.

1882년, 조선에서 발생한 '임오군란'으로 '제물포 조약'이 맺어져 **일본군 주둔이 허용**되었고, 1884년, '갑신정변'이 발생하자, 일본군 출병으로 '한성조약'이 체결되었다. 그러나, '3일 천하' 갑신정변이 실패한 이후에도, 청국군과 일본군이 조선에 계속 주둔하자, 1885년 리훙장과 '이토 히로부미'는 청-일 양국군 철수와 유사시 **동시 출병을 통보**하도록 한 **톈진조약**을 체결하였다. 이는 앞서 언급한 대로, 일본이 조선에 개입할 권리를 중국이 인정한 것으로 결국 청일전쟁의 빌미가 되었다.

1894년, 조선에서 **동학 농민 봉기**에, 놀란 조선이 청국에 이를 진압해 달라고 요청하여 청군이 출병하자, 요청받지 않은 일본군도 '동시 출병'을 이유로 조선에 진입하여 양국군이 동시에 조선에 출병하였다.

다만, 청국군이 아산만으로 동학군과의 교전을 위해 이동하는 동안, **일본군은 경복궁에 진입하여 고종을 유폐하고 윽박질러,** 청국과 관계 단절, 전쟁 간 일본군 지원을 위한 친일내각 구성을 요구했다. 조선 역사상 처음으로, '**일본점령 하의 조선**'이 된 것이다. 조선으로서는 제대로 전쟁다운 전쟁도 못 해 보고 왕이 잡혀 '눈뜨고 코베인' 셈이었다. 참고로, '**일본점령 하의 조선**'이 된 사건은 총리 '이토 히로부미'의 승인과, '오오토리 케이스케' 공사의 지휘 아래, '아베 신조'의 고조부인 '오시마 요시마시'(조슈 출신) 여단장이 이룬 합작품이었다.

조선은 이후부터 사실상 **군사적으로 완전히 무장해제**를 당하여 1896년, 민비가 러시아의 지원을 받으려 하자, '미우라 고로'(조슈 출신) 공사가 극우 낭인 무사 40여 명을 시켜 민비를 시해하였다. 일국의 왕비를 궁궐에서 시해한 것을 보더라도, 조선 왕궁은 일본인이 아무렇게나 드나드는 놀이터가 되었다. 다시 10여 년 뒤, 1904년 일본이 러일전쟁을 시작하기 전, 한양의 황성을 군사적으로 점령하여, 황제를 겁박하고 장차 작전의 근거지를 마련하였다.

동학 농민 봉기가 잦아들자, 그 명분으로 조선에 진입한 청일 양국군은 **1894~1895년 9개월간, 조선 땅에서** 대략, 일군 24만, 청군 63만으로 추정되는 병력을 동원하여 아시아의 자웅과 동북아의 패권을 놓고, 한바탕 큰 전쟁을 벌였다. 이들이 조선에서 충돌하는 바람에 엉뚱하게 조선이 전쟁터가 되었고, 전쟁 직전 일본에게 볼모로 잡힌 고종이, 경군(京軍)은 일본군을 지원하게 하고, 평양 등지의 지방군을 은밀히 청국군을 지원하게 하는 이중적인 지시를 내리자, 둘로 나뉜 **조선군은 청국과 일본의 일원이 되어 영문도 모르고 동족상잔의 아픔을 겪었다.**

전쟁 경과

전쟁의 첫 포성은 바다에서 시작되었다. 전함 '나니와' 함장 '도고 헤이하치로'(사쓰마 출신, 10여 년 뒤, 러일전쟁 때 러시아의 '발트함대'를 격파한 인물)가 이끄는 일본 함대는, '이토 스케유키'(사쓰마 출신) 연합함대 사령관의 지시로, 서해 앞 풍도에서 청국군에게 기습공격을 감행하여, 청군 증원병력을 태운 영국 상선 '광을호', '고승호'를 침몰시키며 청군이 자랑하던 '크루프사' 야포 운용병과 유럽인 고문들까지 함께 수장시켰다. 이른바, **'풍도해전'**이다.

당시 함장이었던 **'도고 헤이하치로'** 대좌(대령급)는 영국 해군학교에서 8년간 유학하였는데, 앞서, '풍도해전'에서 청나라 증원병력을 태운 영국 선박을 포착한 '도고'는, 국제법상으로 중립인 영국 함선을 공격한다는 것은 청일전쟁에서 영국을 청국 쪽으로 돌릴 수도 있는 무모함에도 불구하고 함포로 공격하였다. 그리고, 이 과정에서 침몰한 배에서 구조를 요청하는 적군을 무자비하게 살해하였다.

일본군에서 몇 안 되는 '진짜 군인'으로 알려진 '도고'가, 침몰 후 바다에서 표류하는 인원 중 영국인 선원만 구조하고, 청군을 수장시키거나 무차별 사살하여, 무려 1,100여 명 이상이 살해하였다. 영국의 '넬슨' 제독이 '트라팔가' 해전에서 바다에 빠져 무력해진 적들을 구한 전통 이후, **가장 낯 뜨거운 '전시 비인도주의' 행태**였다. 국제 해양법에 합당한 조치 여부는 모르겠으나, 일반적인 '선조치, 후보고'라는 개념과는 많이 달랐다.

사실, 선전포고도 하지 않은 상태에서 일개, 함장 주제에 어떻게 독단적으로 그런 결단을 할 수 있었을까? 영국 언론은, 한동안 일본군이 영국 함선을 공격하고, 선전포고도 없이 청국군을 살해한 잔인성을 질타하였지만, 몇 개월 후, 일본을 비난하는 대신 "국제법에 입각한 행동이었다"라고 한발 물러섰다.

전쟁은 아이디어와 판단력의 싸움이다. 무식해서는 안 된다. 당연히, 우리 해군도 전쟁 상황에서 필요한 **국제법과 전법을 잘 알고 선제적으로 조치**하도록 교육받는다.

그런데, 일본은 '풍도 해전'이 끝난 이후, '동양평화와 조선독립'을 위한다며, 경기도 성환에 주둔 중인 청국군에게 **선전포고와 동시 기습공격**을 가하여, 청군을 '평양'까지 몰아냈다.

이어진 평양성 전투에서 청국군은 신형 곡사포 '크루프사', '마우저' 소총 등을 가졌지만 이들 신형장비를 운용하는 병력은 이미 '풍도해전'에서 모두 수장되었으니, 장비는 있으나 마나로 화력 열세가 심각하였다. 반면, 독일 육군이 훈련시킨 육군은 '개틀링' 기관총, '무라타' 연발

총, 후장식 '스나이더' 소총으로 무장하여 **청국군보다 화력, 훈련, 군기 면에서 우세**하였다.

평양 공성전에서, 일본군은 17,000여 명으로 공격하여 180여 명이 사망하였지만, 14,000여 명이 방어하다 2,000여 명이 사망하고, 청군 사령관 '섭지초'가 항복했다. '평양성 전투'는 방어하는 청군에게 불리하지 않았으나, 지휘관의 판단 미숙, 전 근대적인 '군사 마인드'로 인하여 **죽기로 싸웠으면 이길 수도 있는 전투에서 항복하며 목숨을 구걸**하였다. 하지만, 이번에는 모두 목을 베어 죽임을 당하였다. '풍도해전'과 비슷한 일본의 야만성이었다.

일본군은 전국시대 이래의 관념인지 모르겠으나, **'전쟁포로'를 비겁자 정도의 '헌신짝'으로 취급**하였다. '풍도 해전'에서 "살려달라!"는 청군을 모조리 수장시킨 것이나, '평양성' 전투의 참수형도 같은 취급이었다. 일본군은 "작전하기도 바쁜 판"이라며 '포로후송체계'나 수용소 등은 생각조차 하지도 않았다. 심지어, 제2차 세계대전 필리핀 '바탄' 반도에서 '맥아더'를 따르다가 '맥아더'가 도주하자 항복한 미군 7만여 명도 일본군의 가혹행위에 종전을 앞두고 거의 모두 죽었다.

그런데, 앞서 언급한 대로, 청-일이 싸우는 데 **영문도 모르고 참전한 조선군은 동족상잔의 모습을 보였다**. 이는, 고종의 술수로, 청국과 관계단절을 원한 일본군에게 경군(장위영)을 지원하고, 병력지원을 원한 청군에게 평양성을 지키는 지방군을 지원한 결과였다.

이어진, 육전에서도 청군은 연전연패하였다. 총리를 역임 후, 다시 군사령관으로 지원한 **'야마가타 아리토모'**(조슈 출신, 훗날 공작)의 제1군은 청국 본토 내의 **요동 전투**에서 청군을 완전히 제압하였고, **'오야마 이와오'**(사쓰마 출신, '사이고 다카모리'의 사촌, 훗날 공작)의 제2군도 청군을 압도하며 뤼순반도 요새를 함락시켰다. 영국의 어떤 군사 전문가가 수십만의 군과 수백의 전함으로 반년 이상 공격해야 함락시킬 것이라는 평가가 무색하게 **뤼순은 단 하루 만에 함락**당했다.

제2군은 계속 남하하여 **북양함대의 본거지인 '웨이하이'를 점령**했다. 통상 함대의 본거지 주위에는 항구를 경계하고 보호하는 많은 육군 기지가 있는데, 이를 제압한 것이다. 당연히 함대는 갇히게 되었고 무참한 참패를 당하게 된다.

여기서, 전쟁의 '하이라이트'는 **'황해해전'**이었다. 청군은 '연안 방어'와 '전력보존' 전략을 취하여 수세적 입장이었지만, **일본군은 '북양함대'를 격파하여, 황해 제해권을 장악하려는 공세적 전략**이었다. 압록강 하구에서 시작된 '황해해전'의 초전에서 일본은 순양함 등 10척(4척 파손)이었고, 청군은 7,000톤급 전함을 포함한 12척(5척 침몰, 3척 파손)이 맞붙었으나, 결과는 청군의 엄청난 손실이었다.

황해해전에서 참패한 청의 북양함대. 마치 그래픽 사진처럼 나란히 불타는 청나라 해군함정

'**황해해전**'에서 보인 청군과 일본군의 해전 전술은 사뭇 달랐다. 청군은 '무적함대'라는 7,000톤급 전함이 가진 '거함 거포'로 독일 군사고문관의 조언대로, 먼 거리에서는 사거리가 길고 위력이 큰 주포로 함포사격을 가하며, 근거리에서는 거함으로 **충각전술**(배를 부딪혀 상대방의 진로방해, 속도 저하, 침몰 유도)을 시도하려 하였으나, 대구경 주포의 위력은 커지만 사격 속도가 느리며, 주포를 보완할 중구경 속사포 숫자가 부족하고, 포탑 장갑 부족 및 사격 간 포탑 내 화약 연기 발생 시 사격 제한으로, 실제 전투 간에 주포는 그 기능을 다하지 못했다.

반면에, 일본군은 4,300톤급 프랑스산 방호 순양함 5척 등 2,000~4,000톤급 속사포 위주의 전투함 위주로 편성되어 있었는데, 이들 소형함선을 적극 활용하여 **단종진에 의한 속사포 사격 및 선회 전술**(고속정 속사, 저속정 중무장)을 구사하였다. 대형함의 거포가 배의 진행 방향으로만 사격이 가능하다 보니, 빠른 속도로 대형함의 약점인 측면을 공격한다는 작전이었다. 결과는 '황해해전'에서 보듯 일본군의 대승이었다. 역시, 해군 전술은 영국이었다.

청일전쟁 때 중국 산동성 '웨이하이'에서 침몰한
아시아 최대 7,000톤급 북양함대 철갑 순양함

그런데, 가진 전력을 다해도 모자랄 전쟁터에서, '북양수사' '리훙장'은 자신의 권력 기반인 해군 전함을 어떻게든 아끼려고 **'함부로 싸우다가 함선을 잃으면, 설령 일본 해군을 전멸시켜도 처벌을 면치 못한다'라는 군령**으로, 함대사령관을 위축시키고, 장병 사기를 저하시킨 것이다. 결국, '리훙장'의 '전투 투입금지' 지시로 전투에 소극적인 북양함대는 '전력보존을 위해' 산둥반도의 '웨이하이'에 있는 본거지인 '류공도'로 피신하였다.

하지만, 육지에서 일본육군이 청군의 항만 방어 주요 요지를 선점하였고, 청 해군은 추격하는 일본군에 맞서지 못하게 한 출격 금지에 묶여 이러지도 저러지도 못하다고 고립된 항구에서 제한적 저항만 하다가, 12인치 거포를 갖춘 **'아시아 최고의 무적함정'**이라던 독일산 7,000톤급 철갑 순양함 2척 중, '정원'(딩위엔)은 좌초 후 침몰하고, '진원'은 일본군에게 포위되어 노획당하였다. 다른 함정들도 포위되어 항복하거나 나포, 침몰 등 비참한 최후를 맞이하였다.

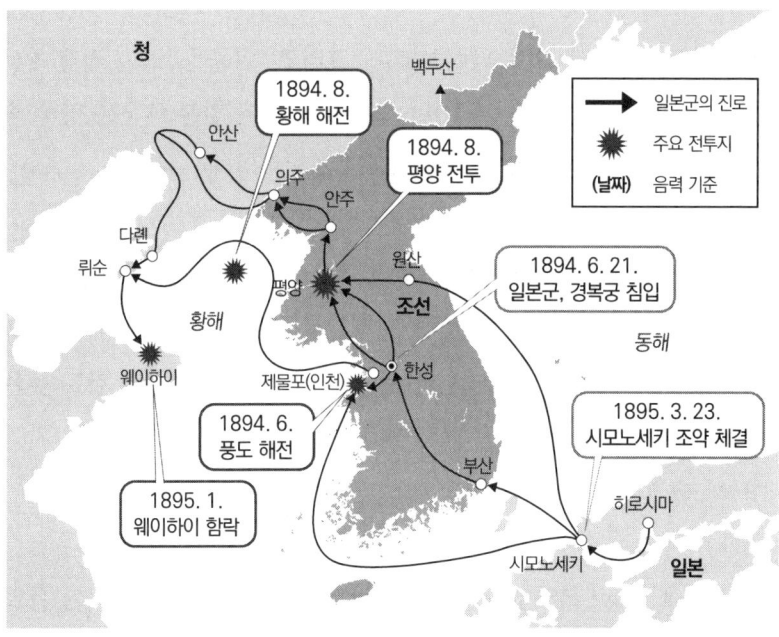

청일전쟁 상황도

노획된 '진원' 등 쓸 만한 모든 함선은 모두 일본 연합함대에 편입하였는데, 일본은 그중 무적함정이라던 '진원'을 일본 국민에게 개방하여 일본 국민의 자긍심을 높이고, **'청나라를 멸시하고 모욕하는 도구'**로 한동안 사용하였다. 이 함정은 연합함대에 잠시 포함되었다가, 1908년부터 훈련용으로, 1911년 사격용 표적으로, 그리고, 1912년 고철로 매각하였다. 상징적으로, 같은 해에 '신해혁명'으로 멸망한 청조의 모습과 '진원'은 유사한 과정을 걸었다.

승자와 패자의 갈림길

청일전쟁에서 보인 양국 군의 리더십 차이는 확연했다. 일본 해군은 1864년부터 네덜란드 교관이 훈련시킨 학생들을 교관으로 임명하여 해군 장교를 체계적으로 양성하였다. 그리고, 이들은 '보신 전쟁'에서 많은 전투경험을 쌓았다. 1870년, **최초로 창설된 일본 해군은 영국 해군을 본받아 군사 지휘체계, 훈련체계를 통일하였다.**

청일전쟁 연합함대 사령관 **'이토 스케유키'** 대장(사쓰마 출신)은, 근대식 군사편제하에서 1871년 해군 장교로 임관하여, 영국 해군의 포술과 항해술 숙달과, 오랜 경험을 쌓아, 해군의 **기강 확립과 강도 높은 교육훈련**을 강조하여, 작전상 기습적 선제공격으로 주도권을 차지할 정도로 병력 질이 우수하였다.

청일전쟁 이전, 북양함대 사령관 '정여창'이 세계 최고 최대라는 독일산 7,000톤급 '정원함'을 끌고 '나가사키'를 친선방문하였을 때, 갑작스런 공포탄 사격으로 일본인을 놀래키는 한편, 함상 리셉션에 군인 등 주요 인사들을 초대하여 선상 견학으로 무적함대의 위력을 과시하였다.

이때, '도고'에 대한 일화로, '도고'는 청국함대의 위엄에 감탄하기보다 수병 거주 공간에 몰래 침투하여, 근무시간 중에 아편과 마작 하는 장교나, 아무 데서나 음식을 먹고, 심지어 내복 등 세탁물을 함포 위에 걸어 말리는 등 **함정 승조원들의 흐트러진 규율과 기강을 보고는 승리를 자신**하였다. 그가 수병 내무반 일대를 둘러보고 빠져나올 때 외부

침입자가 있다는 보고를 받고 달려온 '정여창' 사령관이 의심하자 오히려, 가지고 있던 《만국율법》이라는 국제해양법 서적을 공손히 내밀며 "이 책을 드리고 싶어 찾아가던 중 길을 잃었다"면서 위기를 모면하였다고 한다. 아마, 청국 함정이 일본 영해에서 공포탄을 쏜 것이 '국제법에 위배된다'라고 항의하려 가져온 책일 것이다.

일본과 달리, 청국 해군의 가장 큰 **문제는 군 기강 해이와 교육 훈련 부족**이었다. 청국은 1871년 '양무운동'으로, 1874년부터 독일로부터 최신군함 도입과 독일 교관을 초빙하여, 훈련하였으나, **교관과 훈련병 간의 언어소통 문제로 정교한 훈련이 어려웠다**. 더구나, **비근대적인 조직과 비효율적인 지휘체계**로 부정부패, 전술훈련이 부재하여 간부나 병의 교육 훈련 수준은 형편없었는데도, 단지 함대가 '근대식'이라는 자만으로 1891년부터 교육훈련 예산마저 삭감되었다.

또한, '북양함대' 등 4개 함대는 각 함대별로 무기체계가 다르고, 상급지휘관은 세습제였다. 특히, 북양함대 사령관 '정여창'은 육군 지휘관 출신이어서, 해군에 대한 이해와 근대적 교육이 부족하였다. 배를 잘 모르는데 지휘관 직책과 계급장만으로 해전에서 승리할 수 있을까? 그나마, 최대 순양함 '제원'의 함장 등 다수의 해군 간부는 정통 해군 교육을 받았지만, 마약 중독자였다. 당시, 청군에게 마약은 보급품의 일종이었다.

그리고, **전투지속을 위한 병참지원이 거의 전무**하였다. 청국 해군은 함대 유지보수는 물론, 관리 역량 부재로 개전 초에 탄약이 부족하였고, 수뇌부의 소극적 지휘로 보유한 탄약조차 제대로 활용하지 못했으며, 사격한 포탄도 방산 비리로 인하여 연습용 포탄이었거나, 불발탄, 가짜탄(콩, 석탄, 흙)이어서 일본군에게 별반 피해를 입히지 못하였다. 또한, 육군의 군량미는 조선이 지원하는 인부(뱃사공 등)와 우마를 동원하여, 현지조달에 의존하였지만, 청군의 병참 능력은 엄청 열악하였고, 군량이 부족해진 **청군은 양민을 약탈하여 백주 강도**와 다를 바 없었다.

반면, 일본군의 전투물자 지원은 비교적 원활하였으나 병참에 관한 한 일본군도 별반 다를 바 없었다. 역시 청국군처럼 군량미 등 일부 물자와 보급수송은 현지조달에 의존하였다. 이를 위해, **'일본점령하의 조선' 왕인 고종을 겁박하여 일본군에게 협조하라는 왕명을 하달**하였지만, 일본군 병참부대는 '사역을 기피하고 탈주하는' 조선인 때문에 인부확보와 보급수송에 곤란을 겪었다. 그러자, 식량이 부족해진 일본군도 청군처럼 강압적으로 조선 민중을 수탈하였다.

당시, 일본군 병사는 군화가 없어 발싸개를 하고 조선 짚신을 착용한 자들 중 혹독한 추위로 동상자가 대량 발생하였다. 그걸 보면, 식량은 커녕, 버선이나 발싸개, 짚신조차 징발당하여 맨발로 지낸, 조선 민중들의 겨울나기는 얼마나 어려웠을까? 조선 땅에서 벌어진 청일전쟁으로 **조선 민중은 양쪽 군대에게 수탈**당하였는데, 10여 년 후 왕조의 무능으로 또다시 러일전쟁에 휘말리며 엄청난 고초를 겪어야 했다. 조선은 그 이후에도 수십 년 동안 지긋지긋한 가난을 대물림해야 했다.

'시모노세키' 회담과 '이토 히로부미'의 담판

1894년 8월 시작된 청일전쟁에서 청국군이 육전과 해전에서 처참한 참패를 연이어 당하자, 1895년 3월 19일, '리훙장' 등 청나라 '강화사절단'이 일본으로 찾아왔다. 청국 대표단은 '간몬해협'의 '시모노세키' 항에 정박하고, 다음 날부터 '시모노세키'의 복요리 전문요리점 **'슌판로(春帆樓)'**에 마련된 회의장에서 **휴전을 위한 청일 강화회의가 개최**되었다. 일측 대표단은 수상 '이토 히로부미', 외상 '무츠 미네미쓰'였고, 청측은 '리훙장'과 '이경방'이었다.

'슌판로' 식당과 식당에 있는 복어상. 복어는 300여 년간 '저주받은 고기' 취급을 받았으나, 독과 피를 제거한 복어 맛은 일품이다. 시모노세키는 복어요리가 유명하다

그런데, 이렇게 중차대한 국가 간 회의 회의장이 왜 하필이면 복요리 집이었을까? 그때나 지금이나 **시모노세키는 복요리가 유명**한데 거기

에는 한 일화가 있다. 1592년 조선출병을 위해 대기하던 일본군 병사들이 배가 고파 낚시하니 '배가 볼록한 고기'가 무더기로 잡혀 이를 끓여 먹었는데 모두 집단으로 중독사하였다. '도요토미 히데요시'는 즉각 '저주받은 물고기'라며 복어 취식을 엄금하여 거의 300여 년간 복어는 잊혀졌다.

그런데, 누군가가 복어의 '독과 피'를 제거하는 법을 알게 되었고, 1888년, '이토 히로부미' 총리가 그곳을 방문하였을 때, 내놓을 생선이 마땅치 않아 내어놓은 복어를 '이토'가 맛있게 먹은 뒤로 취식이 허용되었다.

'이토'는 개인적으로도 '리훙장'과 그림과 글씨를 주고받으며 많은 호감과 존경하는 마음으로 극진히 예우하였기에, '이토'가 애호하던 '슌판로'는 '리훙장'을 특별히 배려한 장소였다. 하지만, 서구적인 사고로 협상술이 뛰어났던 '이토'에게 호감은 호감이고 계산은 계산이었다.

전쟁에서 승기를 잡은 '이토'는 '리훙장'이 (아마도 지방의 군대를 불러모을 시간을 벌려는 방법으로) 우선 휴전조약을 체결할 것을 요청하자, '이토'는 전쟁 확대와 휴전에 의한 교섭 장기화 우려로 **청이 수용하기 어려운 가혹한 조건을 제시하며 휴전 제안을 사실상 거부**하였다.

절대적으로 유리한 입장인 '이토'가 휴전을 구걸하는 청에게 내민 조건이 얼마나 가혹하였는지 청나라 전권대사 '리훙장'은 그저 "가혹, 가혹, 가혹"이라는 말만 되풀이했다고 한다. **누구나 강자의 입장에서는**

약자를 윽박지르기 망정이지만, 오늘날 일본인과의 사업에서, 저들이 상대를 어떻게 대하는지 그 마인드를 이해하고 대응하는데 참고할 만한 대목이기도 하다.

'시모노세키' 청일 강화조약이 맺어진 시모노세키 슌판로 회담장

반면에, '리훙장'은 국가의 군대를 자신의 권력 기반으로 여기고 국가가 위기에 처해도 군의 손실이 두려워 전투를 못하게 막은 인물이었다. 하지만 패전 결과, 청나라의 기둥이 빠질 정도의 엄청난 배상청구서를 '이토'로부터 받았다. 자신의 잘못으로 대국 청나라의 위세는커녕 국가의 존망이 위협당하는 그 기분이 어떠했을까? 혀를 깨물고 죽고 싶지 않았을까?

그런데, 1895년 3월 24일, 회한과 모욕 가운데서도 죽지 못한 '리훙장'에게, 뜻밖에도 '고야마 도요타로'라는 일본 청년이 총격을 가하는 사건이 발생하였다. 당시, '리훙장'이 피격당하자, 상대국 협상단 요인 경호를 제대로 하지 못한 일본은 크게 당황하였다. 국제적인 망신을 당했다는 느낌 때문이었을까? 메이지 천황과 각료들이 급히 문병하고, 일본 최고의 의사라는 육군 군의총감 '사토 스스무'를 급파하여 치료와 간호를 하였다.

여기서, 메이지 천황이 달려와서 문병할 정도로 **일본이 서구 열강을 강하게 의식했다**는 점은 주목할 만하다. 이로 인해, 일본은, 서구 열강이 청나라에 대한 동정 등을 이유로 대일 비판이나 간섭할까 두려워하면서, 오히려, 일본이 서둘러서 3월 30일 '휴전협정'을 체결하였다.

어쨌든, '리훙장'은 바로 쾌유되었고, 휴전협정이 체결되자 이어서 바로, **1895년 4월 17일 '시모노세키' '강화조약'이 체결**되었다. 그런데, 한번 기습에 놀란 '리훙장'은 '강화조약' 협의 기간 내내 큰길을 피해 좁은 길로만 다녔다. 이걸 보면, 대인이라지만 사실은 자신의 생명만 소중한 줄 아는 소인배 정치인이었다. 그가 다닌 이 좁은 길에는 지금도 '리훙장의 길'이라는 안내 간판이 남아 있다.

청국 최고의 재상이라던 '리훙장'이 암살을 피해 다녔던 좁고 기다란 '리훙장' 길

참고로, 일본과 청국 사이에 조인된 강화조약의 내용은 아래와 같다.

〈 시모노세키 조약 〉
제1조 조선의 완전무결한 독립국 인정(주권, 조공x, 직접수교)
제2조 요동반도, 타이완, 펑호도 할양
제3조 청국은 일본에 배상금 2.3억 량을 지불한다(청의 3년 치, 일본의 4년 반 예산)
제4조 중국 항조우 등 주요 항구 개항, 일본인 거주 및 무역자유

이 조약에서 **특히 눈에 띄는 부분은 '제1조. 조선의 중국으로부터의 독립'**이다. '이토 히로부미'는 10여 년 전인 1885년에 '리홍장'과 체결한 '톈진조약'에서도 이 부분을 제1조로 넣었다. 그가 체결한 모든 조약에서 이 부분이 제일 먼저 등장하는 것이 우연일까? 이는 조선반도가 청나라와 러시아 등 **열강의 외풍(外風)으로부터 자신들의 바람막이 역할**을 하도록 하려는 의미심장한 이유가 있었을 것이다.

그런 의미에서, 이 조약에서 합의된, 요동반도의 할양이 러시아, 독일, 프랑스 등 **3국 간섭**으로 무산되어 도로 청나라에 반환된 것은 두고두고 이를 갈 만하였다. 체면을 구긴 일본은 그나마, 대만의 영유권은 확보하였다.(1895년 대만 총독부 신설).

다만, 전쟁 승리로 받아낸 **청의 막대한 배상금**(은 2억 3천만 냥)은, 일본 예산 4년 반 치에 해당하는 액수로 전 국민이 그동안 놀고먹을 수 있는 돈이었다. 하지만, 러시아 주도의 삼국(러, 독, 불) 간섭으로 요

동반도 할양 등이 무산되자, 러시아에 대한 반감으로 거국적인 애국심을 불러일으킨, '이토 히로부미'는 향후, **러일전쟁에 대비하기 위해 이 배상금으로** '야하타' 제철소 건설 등 인프라를 건설하고 전쟁을 대비한 제국주의 군비 강화에 투입하였다.

강화회의장에 있는 총리 '이토'(좌)와 외상 '무츠 미네미쓰'(우) 흉상

청일전쟁을 주도한 '이토 히로부미' 총리의 또 다른 정치적 계산법은, 전쟁 승리로 노획한 전리품들을 일본인들에게 공개하며 마음껏 청의 자존심을 짓밟게 하고, 청일전쟁을 **'문명 대 야만'의 전쟁**이라고 부르며, **청에 대한 경멸과, 서구에 대한 경외심**(탈아입구)을 숨기지 않은 것이다. 이는 아시아 최강이라는 중국에 대한 승전으로 일본의 자부심을 고양시키고, 국민의 충성심을 국가와 천황에게 향하게 유도하는 전략이었다.

마치, 프랑스가 1789년 프랑스 대혁명과 나폴레옹 전쟁(1803~1815년)을 거치며, 프랑스인이 '프랑스라는 국가를 자각'하여 국가에 충성하고, 중세의 농노 대신 '시민의식'을 갖게 한 역사발전에 역행한 **구체제('앙시앵 레짐')처럼, 천황의 황국 일본과 황국신민을** 만들려고 한 것이다.

반면에, 패전 이후의 청(중)국 모습은 초라하다 못해 비참했다. 1871년 '양무운동'으로 막대한 돈을 들인 무기 개량은 어느 순간 자만심을 채웠으나, 겉모습만의 군사훈련(북양함대)으로 대충대충하다가 결국 실패로 귀결되었다. 더불어, 청일전쟁 패전 결과 막대한 배상금을 지불하니 청국 경제는 파탄이 났고, 패전 후에 '변법자강' 운동(캉유웨이: 부국강병 제도 개혁)을 펼쳤지만, 이마저도 실패하자 **청의 멸망은 가속화**되었다.

'시모노세키' 조약 이후 동아시아 질서는 일본이 주도권을 갖고 재편하게 된다. 일본을 얕보다가 일격을 당한 청나라의 처지는 무엇보다도, 중국이 과거 수천 년 동안 누려 온 '천하의 중심'에서 밀려난 사실에 큰 충격을 받고 자신감을 잃었다는 것이다.

청일전쟁 이후, **서구 열강들은 청국이** '더 이상 잠자는 사자가 아니다!'라며 앞다투어 **청나라를 침탈하여,** 극도의 혼돈에 빠진 중국은 완전히 쇠락하여 훗날 '중공'이 등장할 때까지 깊은 잠에 빠지게 된다. G2라는 지금의 중국조차 여전히 '외세침입'에 대한 트라우마를 가지고, 이를 극복하기 위한 '중화굴기', '체제수호' 의지를 다짐하는 이유이기도 하다.

20 '청일전쟁' 이후 불거진 '민권'과 '군권'의 대립

'요시다 쇼인'의 문하생, '이토'와 '야마가타'의 서로 다른 정치 철학

'유신 3걸' 사망 이후 급부상한 정계의 중심인물은 '이토 히로부미'(伊藤博文, 1841~1909년)와 '야마가타 아리토모'(山縣有朋, 1838~1922년)였다. 둘 다 조슈 번 '하기' 출신으로 '쇼카손주쿠'에서 사숙하며, '요시다 쇼인'의 사상적 영향을 크게 받았다. 이들은, 조슈-막부 전쟁이나 메이지 유신의 핵심으로 함께 활약하는 동안, 서로 협력하여, 정치·군사 면에서 메이지 정권 초석 마련에 공헌하였다. 이처럼, 둘의 성장은 출발점은 같았으나, **영국 유학과 해외 견문을 넓힌 '이토'는 온건파**로, **여러 전투에 참전하며 군인으로 성장한 '야마가타'는 강경파**로서, 시간이 갈수록 서로 정치적 노선이 갈라지며 '정적 관계'로 발전하였다.

이 둘의 성장 과정은 달랐지만, 메이지 천황에 대한 충성이 얼마나 지극하였던지, 일본 근대 국가건설과 제국주의적 팽창 과정에서 핵심적인 역할과 공적으로 국가가 보상하는 화족 작위를 부여받았는데, 공교롭게도 주요 작위 승진 시점이 똑같다. 둘 다 1884년, 메이지 초기 국가 기틀 마련에 대한 기여로, 백작 작위를 받았고, 1895년에는, 청일전쟁 승리라는 대외적 성과와 함께 후작 작위를, 그리고 1907년에는 러일전쟁 이후 동아시아에서의 일본의 지위 확립과 한국 식민화 과정에서의 주도적 역할을 인정받은 결과로 역시 함께 공작 작위를 받았다.

'이토'는 **'입헌군주제'의 초대 총리**(1885~1888)가 되었고, '야마가타'는 **'제국의회'가 설립된 후 첫 총리**가 되었다. 이들은 1885년부터 1901년까지 각각 4차례, 2차례 총리를 지냈다.

다만, '이토'는 헌법을 기초하고 입헌군주제와 정당정치를 중시하였다. 하지만, 민권파가 하원(중의원)의 다수를 차지할 것을 예상하고, 이에 대한 '방파제(防波堤)'로서 화족들로 구성된 상원(귀족원)을 설치하여 황실 중심의 안정적인 정치체제를 유지하는 등 정당과 황실 권력 사이의 균형을 조화시키려 했다. 그는 천황이라는 절대군주를 보필하는 수단으로서 민주적 정당의 역할을 중시한 것에 불과하지만, 그나마 **민권주의**를 실현하기 위해 노력한 인물로 평가된다.

반면에, '야마가타'는 민주주의 제도와 민권 정당의 역할과, 개인의 권리보다 질서, 위계, 국가 권력을 우선시하며, 군대를 핵심으로 하는 강력한 중앙집권적 국가를 옹호했다. 특히, 군 통수권은 절대적 권력자인 천황 직속이어야 한다고 주장하는 등 강한 행정권 확보와 군부의 독립성을 추구하였다. **군권지상**을 추구하는 그의 보수적인 정치 철학은 향후 일본의 군국주의식 통치 방식에 깊은 영향을 미쳤다.

'야마가타'는, 특히, 1889년 제국 헌법 공포 이후에도 헌법 외적인 권력의 중심에 서려고 했다. 그는 의회 제도가 수립되었음에도 불구하고, 추밀원 등의 원로로서 공식적인 헌법적 견제 밖에서 활동하며 천황에게 직접 조언하고 총리임명 등 주요 인사를 좌우하였는데, 이는 메이지 국가가 보인 근대적인 외양에도 불구하고, 야마가타와 같은 정점에 있는 실력자들이 과두정치적 통제 요소를 상당 부분 유지한 것을 보여주는 메이지 정치 시스템 내의 핵심적인 모순이기도 했다.

이처럼, '이토'와 '야마가타' 둘의 정치 철학과 이론은 '물과 기름'처럼 양립될 수 없었다. 총리를 번갈아 가며 벌인 이 둘의 권력투쟁은 청일전쟁 이후부터 러일전쟁 직전까지 이어졌다.

'이토'와 '야마가타'의 정치적 대립과 투쟁

1895년, 청일전쟁에서 일본은 승리하였지만, 당시 총리였던 '이토'의 인생은 그때부터 하강 곡선을 그리기 시작했다. 조선의 동학 농민운동과 청일전쟁은 '이토'의 장기집권을 도왔지만, 내면적으로는 오히려 강경파 **군부 인사들의 권력을 강하게 만드는 결과를 초래**하였다. 반면, '야마가타'는 30여 년 전인 메이지 유신 직후, '오쿠보'와 '사이고'를 설득하여 사무라이들의 강경한 반대에도 '프로이센식 군사·행정제도'인 징병제(1873년)를 실시하여, **'일본육군의 아버지'**라고 불리며 군부의 대부가 되었고, **'근대 일본 관료제도'의 설계자**로서 관료를 자신의 보수적이고 권위주의적인 이미지로 주조했다. 이처럼, 그의 지지기반은 군부와 내무성 관료(경찰) 등 강성 극우 그룹이었다.

총리 '이토'가 청일전쟁 참전에 매우 소심하여 주저하다가 군부에 주도권을 넘겼기 때문에, 청일전쟁 승리 이후 한껏 기세등등한 군부를 통제하기 위해 군부의 대부였던 그의 친구 '야마가타'에게 의지하여 왔는데, 그즈음 **'야마가타'는 '이토'의 지령을 받는 정치에 이미 염증을 느끼**

고 있었다. '이토'는 그런 줄도 모르고 당시, 불황에 시달리는 일본 경제를 살리기 위해 각 정당의 의견대로 공공사업을 추진하려고, 군비 감축과 공무원 숫자 축소로 재원을 조달할 목적으로 입안한 법안을 '추밀원 원장'이던 '야마가타'가 '귀족원'을 설득해 주도록 도움을 요청했다.

또한, '이토'가 헌법제정과 의회제 도입 이후, 정당정치로 **자유 민권 운동가를 내각에 들이려** 했지만, '야마가타'와 그의 지지세력은 '이토'의 정당정치에 **심한 반감**을 가졌다. '야마가타'는 처음부터 민의를 내세운 각 정당을 무시하고, 메이지 유신지사나 총리직을 마친 인사로 구성된 '귀족원'이 국정을 장악해야 한다며, **정당 출신들이 내각으로 진출하면 자신이 육성한 군부와 관료 파벌의 장악력이 훼손될 점을 걱정**했다.

이 때문에, '야마가타'는 조직적으로 육군과 관료 등 자신의 파벌들을 동원하여 '이토'에게 반항하였고, 견디지 못한 '이토'가 물러났다. 결국, 사쓰마 출신의 '구로다'가 어부지리로 후임 총리가 되었다. 그때부터, '이토'와 '야마가타'는 표면적으로 정적으로 대립하게 되었다. 이후, '야마가타'는 '구로다'에 이어 제국의회 첫 총리를 하다가, 사쓰마의 '마쓰가타'에게 넘겼다.

'마쓰가타' 이후, '이토'가 다시 집권하며, **제3차 '이토' 내각**을 꾸렸지만, 그 임기는 1898년 1월 12일 ~ 1898년 6월 30일까지 채 6개월도 유지하지 못했다. 당시, '이토' 내각은 중의원을 해산하고 직접 중의원을 장악해 **정당 이기주의와 뇌물의 악습을 바로잡고 일본을 발전**시키겠다는 야망으로, 신당 결성을 주장하였는데, 정작 그 내용은 결국,

돈 문제에 취약한 '야마가타'를 겨냥한 것이었다. 하지만, 국무회의에서 신당 결성을 주장하던 '이토'가 중의원들과 '야마가타' 일파의 역공으로 정치적 수세에 몰리며 오히려 '이토'가 총리직을 사임하여야 했다.

1898년 7월, '이토'를 몰아낸 '히젠' 출신 '오쿠마' 내각의 진보적인 '헌정당'이 불과 4개월 만에 물러나자, 1898년 11월 '야마가타'는 군과 내무성 관료를 중심으로 **제2차 야마가타 내각**을 꾸렸다. 그는 이 시기 재직 중, '치안경찰법'을 제정하였는데, 후에 **'치안유지법'이란 형태로 진화하여 제2차 세계대전 말까지 일본 내 사회주의 세력을 탄압하는 기본법**이 되었다. 유신 이후 극우파로 달리던 일본은 러시아 사회주의의 영향을 받은 극좌파와 함께할 수 없었던 것이다.

'야마가타'는 또한, 문관임용령을 개정하고, **군부대신 현역무관제(軍部大臣現役武官制)**를 제정하여, 내각을 구성하는 2명의 군부대신, 즉 육군 대신과 해군 대신에는 민간인이 아니라 현역 육/해군 대/중장만 임명될 수 있도록 한정하였다. 이는 군부의 특수성에 따라 민간참여가 배제되어야 하며, 군부대신의 권한에 **군정(군사행정)과 함께 군령**(군사작전) **사항이 포함**되어야 한다는 '야마가타'의 의중이 반영된 것이었다. 오늘날 대한민국은 국방부(民)가 '군정권'을 갖고, 합동참모본부(軍)가 '군령권'을 갖는데, '야마가타'는 이 둘 모두를 군부에 넘긴 것이다.

그런데, 이 칙령은 천황 절대주의를 신봉하던 '야마가타'가 **자유 민권 운동가를 위한 정당제를 비롯한 서구식 입헌정치를 일본에 적용하는 것을 결사반대**하였던 상태에서 나온 것이어서, 이 칙령에 의해 일본의 각 정당들이 국가운영에서 철저히 배제되자 오히려, '야마가타'를 지지하였던 중의원이 심하게 반발하였다. 결국, 큰 곤란에 직면한 '야마가타' 정권은 거의 1년여 만에 적과의 동침이랄까? 이번에는 '이토'와 손잡고, 다시 '이토'에게 총리직을 넘겼다.

제4차 '이토' 내각은, 1900년 10월 19일~1901년 6월 2일까지 약 8개월이었다. '이토'는 이전까지 재임 중에는 무소속 총리였으나, 이때는 '입헌정우회'를 창립하고 초대 총재로서 총리직에 취임하였다. 그는 '입헌정우회'의 목표가 영국식 당파정부 건설에 있으며, 자신의 신당이 열강의 국제규범을 익히고 **정당 이기주의에 빠지지 않는 모범 정당이 될 것으로 자신**하였다. 그는 '입헌정우회' 외에는 평생 파벌을 만들지 않은 것을 자랑으로 여겼지만, 정당 중심의 내각 운영을 경계하던 '야마가타'는 '이토'가 만든 '입헌정우회'라는 정당에 매우 비판적이었다.

'야마가타'는 '조슈벌'로 불리는 관료와 육군 파벌의 영수로써, '이토'의 입헌정우회에 반발하며, 차라리 **자신의 후계자인 '가쓰라 다로'를 총리로 지명**하는 게 낫겠다며, 자신이 육성해 온 관료조직, 귀족원 파벌을 동원하여 오히려, '이토'와 여당을 공격하며 이토'를 궁지로 내몰았다. '야마가타'는, 원로 내에서 지배적인 위치에서 인적 네트워크와, 경험 그리고 천황에 대한 직접적인 접근으로 이미, "미래 총리의 선출을 좌우"할 수 있는 위치에 있었다. 뒤통수를 맞은 제4차 '이토' 내각은 '야마가타'의 모략으로 와해되어 '이토'는 총리직에서 사임하였고, 결국 정치 일선에서 물러났다.

'이토 히로부미' 저택의 현관(좌)[32]과
그의 생가 마당에 있는 동상(우)[33]

'이토'와 '야마가타'의 정치적 투쟁이 남긴 악영향

'이토'의 정치 생애 중, 입헌군주제의 첫 번째 총리와 두 번째 총리 때는 대국 청나라를 굴복시킨 청일전쟁 승리로 명성을 떨쳤으나, 그 이후 두 차례 총리 때는 '야마가타' 등 정적과 계속 부딪히며 그 명성도 깎여 나가, 어느덧, 정치적으로는 거의 끝물이 되어 있었다. 치열하게 전개된 '야마가타'와 '이토'의 정치적 대립은 단순히 두 인물의 갈등이 아니라, 일본 근대정치에서 **'민권 대 군권' 대립의 출발점**으로써, 이후 **일본 정치체제의 구조적 갈등**으로 정당정치가 실패하고, 군권이 승리한 결과는 **일본 군국주의**로 이어져, 일본 근대 정치사를 뒤흔들었다.

'이토'와 '야마가타' 둘 간의 투쟁 쟁점은, '민권 신장'과 '군 통수권' 강화라는 부분의 심각한 이견이었다. 그런데, '이토'가 주장했던 민권이나

---

32) そらみみ, "Villa of Ito Hirobumi 1", Licensed under CC BY 4.0, Source: Wikimedia Commons
33) yoshipon, "http://ko.photo-ac.com/photo/3564166", Source: photoAC

민생 경제는 러시아의 '삼국간섭'으로 인한 국민적 분노로 대중의 호응을 얻지 못했는 데 반하여, '야마가타'가 군 통수권은 천황에게 있다고 해석하는 **군 통수권 독립**(統帥權 独立) **이론을 확립**하고, 군부의 독립성을 강화하며 문민통제(민간이 군을 지휘)를 무력화시켜 '언제든 전쟁을 할 수 있는 근거'를 확보하자, 러시아에 분노하며 전쟁을 열망하는 국민의 지지는 군으로 향하였고, 이는, 군국주의의 기반이 되었다.

그리고, 국민의 군에 대한 큰 기대는 **군부의 정치 개입 정당화**로 이어져 이후 일본제국을 크게 뒤흔들었다. 그 단적인 예가, 1930년대 '쇼와 유신'(昭和維新)을 외친 '2.26 사건' 등은 '야마가타' 계열 군부 주장(천황 통치권, 군 통수권 독립)의 실현판으로, 권력의 이중구조로 인한, 정당 대 관료와 군부의 갈등 초래로 비효율이 고착화되었다. 1930~40년대 일본 군부는 이 논리로 정치 간섭·내각 무력화에 나서서, 문민정부 내각은 군부의 승인 없이는 구성조차 불가하였다.

둘 간의 또 다른 쟁점은, **정당정치의 약화와 파벌 정치의 구조화**였다. '이토'가 주도한 정당 내각의 실험은 '야마가타' 계 관료·군부의 저항에 계속 실패하였으며, 오히려, '야마가타'가 조슈 번 출신 관료, 군 인맥을 중심으로 "야마가타 라인" 형성하여, 큰 영향력을 행사함으로서 이후, 정계와 군, 관료 집단이 파벌로 움직이는 구조가 고착되었다. ('사이온지'계 대 '야마가타'계 같은 갈등 구도가 계속되었다.) 그뿐 아니라, '이토' 사후, '입헌정우회'가 오히려 파벌 정치의 도구로 전락하는 등, **정당정치 좌절로 인해 일본에 정당 민주주의가 제대로 뿌리내리지 못하였다.**

# 21 일본, 10년간의 '절치부심'(切齒腐心)

'정한론'을 대체한, '야마가타'의 '주권선·이익선' 이론

'메이지 유신' 이후 일본이 근대화와 제국주의를 지향하는 50여 년 내내 정도의 차이는 있으나 웬만한 정치인은 **하나같이 '정한론' 등 대외 팽창주의에 빠져있었다.** 특히, '유신 3걸' 중 1인으로 '요시다 쇼인'의 '쇼카손주쿠' 출신이었던 과격파 '기도 다카요시'는, 1869년 "조선을 정벌하면 일본의 국위가 세계에 떨치고, 민심은 국외로 향한다"라며 '정한론'을 주장하였다.

하지만, '이와쿠라' 사절단으로 서구를 순방한 이후 온건파로 입장을 바꾼 '기도'(조슈)는, '유신 3걸'의 하나인 '사이고 다카모리'(사쓰마)가 1874년 **무력에 의한 강성 '정한론'(군사적 야망)을 주장**하자, '사이고'의 친구로서 역시 '유신 3걸' 중 1인인 '오쿠보 도시미치'(사쓰마), '이토 히로부미'(조슈) 등과 함께, "'정한론'에는 이의가 없지만, **내치완성 이후에 점진적으로 하자**"라는 점진적 정한론을 주장하여 '사이고'의 제의를 무산시켰다. '정한론'은 정치적인 세력 다툼 간의 빌미였던 셈이다.

1874년 '사이고'의 정한론이 무산되고, 책임자 '사이고'가 낙향하자, 권력을 잡은 '오쿠보'는 이들 무사 등 잉여 병력으로 '대만 정벌'을 단행하여 무사들의 불만을 달래는 팽창주의를 이어 가자, 한동안 정한론은 잠잠하여졌다. 그러다가, 1875년 '운요호' 사건 이후 조선 진출의 희망을 가졌던 일본이, 1884년 조선에서 '갑신정변'의 실패로, 여러 가지 정한론이 등장하였다.

그중, **'후쿠자와 유키치'**는 무능한 조선왕조가 실각한 개화파에 가한 가혹한 보복을 비난하며, "조선은 미개하니 일본이 이끌어야 하며, 무력을 사용해서라도 진보를 돕자"라고 **'자유계몽주의적 정한론'**을 내세웠다. 그러다가, 거기에 그치지 않고 **'일본은 서구 열강에 완전히 편입되어, 영국 등과 아시아 패권 지분을 공유하여야 한다'**는 **'탈아론'**으로 나간 이후에는, 아시아 발전을 위해 차라리 **조선과 청을 침략하자고 주장**하였다. 그런데, 이 사상이 훗날 군국주의 발호에 영향을 미쳤다.

사실, **'일신독립, 일국독립'**이라는 개인의 인권과 국가의 자주독립의 이론적 배경을 내세운 '후쿠자와'의 **계몽론에 대한 조선인들의 시각은 상이**하였다. 어떤 이는, 갑신정변을 '김옥균' 등 조선 내부 친일 인사에 의한 일본의 조선 침략 앞잡이 책동으로 보기도 하지만, 일부 친일 조선인은 '후쿠자와 유키치'의 자유주의적 정한론에 취해 조선왕조 멸망을 당연시하고, 일본의 침략을 **'선한 해방자의 호의'로 낙관적으로 이해**하기도 했다.

1890년, 근대 일본의 정계에서 '이토 히로부미'와 쌍벽을 이루던 '야마가타'는 제국의회 개원이후 첫 총리로 취임한 **개원연설에서 일본의 '팽창주의'를 주도한 '주권선·이익선' 발언**을 했다. 이는 그때까지의 '정한론'과는 차원이 다른 이야기로서, 이 연설 이후부터 그 **이전 모든 '정**

한론'을 대체하는 논리가 되었다.

 '야마가타'의 논리에, '가쓰라 다로'(러일전쟁 총리), 심지어, '데라우치 마사타케'(초대 조선총독)에 이르기까지 조슈 출신 일본 정계 실세 모두가, 비슷한 서구 중심의 세계관을 가졌다. 그들은 외세로부터 **'일본의 국방상 안전'**을 이유로 **'한반도를 정벌하여야 한다'**에는 공통된 생각을 가졌다. 이는, 자신들보다 위 세대 인물의 '정한론'과는 전혀 다른 방식의 '정한론'이었다.

 '야마가타'는, 이미 어릴 적 '쇼카손주쿠'에서 '요시다 쇼인'의 문하생으로서 그의 일본 '팽창주의' 영향을 강하게 받았는데, 1880년대 유럽을 여행하는 동안, 독일과 오스트리아 정치학자가 제시한 '주권선과 이익선' 개념을 듣고 이에 매료되었다.

 오스트리아는 나폴레옹 전쟁에서 승리(1815년)하여, 유럽을 좌지우지하며 '대(大)독일주의'를 지향하였지만, 같은 독일어권으로 '소(小)독일주의'를 외친 프로이센(독일)과 '프로이센-오스트리아 전쟁'(보-오전쟁, 1860년)에서, 예상과 달리 독일에 패하며 중부유럽의 주도권을 상실하였다.

 같은 독일 언어권으로서 국경을 함께한 이들이 **'주권선·이익선'** 개념으로 군사와 외교에서 충돌하였지만, 오스트리아의 패배는 유럽의 강국 대열에서 이탈함을 의미하였다. (오스트리아는 비록, '오스트로-헝가리' 제국을 구성하여 발칸반도 등 최소한의 영역은 지켰으나, 제1차대전에 독일 측에 섰다가 멸망하고, 제2차 세계대전 종료 시까지 **독일의 허수아비로서 '이익선' 국가 신세**를 면치 못하였다.)

이런 유럽 역사를 참조하여, '야마가타'가 정의한 **'주권선'**은 일본의 **주권이 행사**되는 선으로 일본 본토와 오가사와라 제도, 오키나와 등이고, **'이익선'**은 '주권선'을 유지하기 위해 **영향력을 행사**하는 선으로 조선과 대만, 사할린 등 주변국이었다. 만약, 조선과 대만을 병합하면, 조선과 대만은 주권선으로 편입되고, 다시 이익선은 만주와 필리핀으로 확장된다는 개념이었다.

이 중, 일본의 전략적, 경제적 이익을 위한 방어선으로 조선을 주목한 '야마가타'는, 일본의 '이익선'에 해당하는 **'조선의 안정 없이는 일본 본토의 안보도 없다'**는 취지로 **한반도에 대한 군사개입을 정당화**하였으며, 1894년 '이토'가 총리 시절 청일전쟁이 발발하자, '야마가타'는 '조선을 이익선으로 간주'하여 전임 총리 신분에도 야전 군사령관으로 청국 축출에 나섰다.

일본이 그토록 바랐던 조선 장악은 의외로 쉽게 이루어졌다. 청일전쟁 발발 직전, '이토' 총리로부터 군사행동을 허락받은 일본군은 제일 먼저 조선 왕을 노렸다. 이들은 경복궁을 급습하여 '고종을 유폐'하고 조선의 전 행정기관에 '고종의 명'으로 자신의 전쟁 준비에 필요한 조치를 발하였다. 조선 역사상 처음으로 왕이 볼모로 잡혀, **'일본 점령하의 조선'**이 되었다.

일본이 조선 왕궁을 이처럼, 쉽게 무혈점령하여 '왕을 볼모로' 잡은 것은, 갑신정변으로 외세를 끌어들여 1885년 맺어진 '톈진조약'의 **청-일 양국 공동출병권**이 그 단초를 제공하였다. 이를 보듯, 내 나라의 **수도에 총칼을 든 외국군 부대가 버젓이 활보한다(?)** 는 것은 주권을 남에게 맡긴 것이나 똑같은 일이다.

한편, 조선에서는 1896년 '삼국간섭' 이후 조선의 명성왕후(민비)가 강한 러시아에 기대려고, 일본을 멀리하자 러시아의 영향을 우려한 일본 낭인들이 민비를 시해한 '을미사변'과 이로 인해, 고종이 러시아 공사관으로 피신한 '아관파천'으로 친러파가 득세하자 친일파가 몰락하였다.

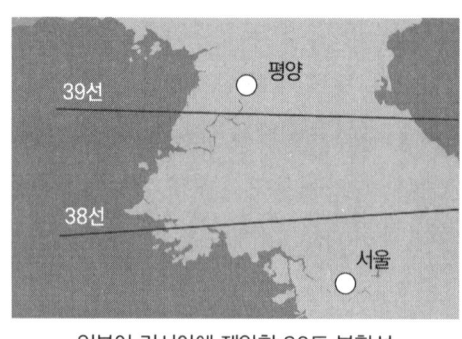

일본이 러시아에 제안한 39도 분할선

다시, 아쉬운 입장에 몰린 일본의 '야마가타 아리토모' 총리(2차 내각)는 러시아에게 **"39도선에서 조선을 분할하자"** 라고 제안하였다. 39도 선은 임진왜란 때 일본이 명에 제안하였던 대동강 변 분할선과 겹친다. '야마가타'는 강력한 러시아를 상대로 조선 전체를 먹을 수 없을 바에야 반 토막이라도 갖는 것이 **'일본의 주권선 확보에 유리'** 하다는 생각이었다.

그러나, 외교, 군사적으로 유리한 입장이던 러시아는 역으로, "조선에 소요 발생 시 러-일 공동출병과 충돌 방지를 위한 중립지대 설정이나 하자"라며 이를 거부하였다. 역사에 가정은 없지만, 만일에 러시아가 일본의 제안을 받아들였다면 러일전쟁은 없었을 것이다.

1901년 '이토' 내각이 물러나고, '야마가타'의 파벌이었던 '가쓰라 다로' 내각이 출범하자, '가쓰라'는 1902년 '영일동맹'을 체결하는 등 러시아와 대결 자세를 강화하였다. 1904년, 러시아와의 전쟁 분위기가 고조되자 '이토'는 평화적인 러일협상을 주장하였지만, '야마가타'는 '만주도 이익선'이라며 "전쟁도 불사한다"라는 입장이었다. 그리고, 러일전쟁이 발발하자 '야마가타'는 **'만주와 조선을 모두 이익선 확보 대상' 으로 간주하고, 또 자진하여 참전**하여 대본영 총사령관(참모총장)으로서 군사전략과 작전을 수립하며 전쟁을 전체적으로 지휘했다.

조슈의 젊은 청년 시절부터 '야마가타'는, '기헤이타이'라는 민병대를 이끌며 막부에 저항하였고, 메이지 유신 이후의 '보신전쟁'에서도 동분서주 활약하였지만, 나이들어 총리를 두 차례나 역임하고도 싸움판이라면 무조건 달려갔으니, 과히 '전쟁광'이 따로 없었다. 그가 **'군국주의의 아버지'**라고 불리운 것도 이런 이유 때문일 것이다.

일본과 같은 섬나라 입장에서는, '야마가타'의 **'주권선·이익선'** 이론은 전략적으로 매우 체계적이고 현실주의적 시각으로 보인다. 하지만, 자기 나라를 지킨다며 인접국 침략을 정당화하며, 침략주의를 합리화하는 부정적인 이론이다. 일반적으로, 국방(國防)은 문자 그대로 '나라를 지키는 것'으로, 약자에 대한 침략이 아니라, 나와 우리를 강자로부터 지키고 보호하는 것이다. 그런데, **'주권선·이익선'** 논리는 **안보의 명분 아래**

영향권 확대(팽창) 정당화와 침략전쟁의 전략적 논리로 작동하였다.

  그리고, 이런 팽창주의는 근대 **일본 제국주의 핵심 이데올로기의 하나로 작용**하였다. 이는, **조선 강제 병합 정당화의 이론적 기반**이 되었고, '만주도 이익선'이라는 명분으로 '중일전쟁'을 일으켜 침략하는 등, '태평양전쟁' 종료 직전까지 '이익선 확대' 전략을 지속하였다. 이를 보듯, 제국 일본이 국방(國防)이라는 말 대신 '해군부', '육군부'를 두었던 것은, 침략에 치중하였던 서구 제국주의 국가들이 국방부 대신에 '전쟁부' 등 호전적으로 호칭하였던 것과 무관하지 않다.

일본 군부의 치밀한 '대(對) 러시아 전쟁' 준비

  청일전쟁에서 전투력과 사기가 바닥이었던 청국은 제국의 회생이 불가능할 정도로 처참하게 패전하였다. 청국의 완패로 아시아에서 패권을 장악한 일본이었지만, 서구의 강국 러시아가 프랑스와 독일까지 동원하여, '삼국간섭'으로, "청일 양국이 체결한 청일강화 조약에서 일본이 청국으로부터 얻은 전리품을 도로 뱉어내라"라는 압박에, 응할 수밖에 없는 수모를 당하였다.

  참고로, '삼국간섭'으로 국력을 과시한 3국 중 독일은 그 이후 청조를 압박하여 1897년 '칭다오' 주변 '자오저우'만을 차지하였고, 프랑스도 베트남 등 '지나(支那)반도'에 대한 영유권을 확보하자, 1898년 러시아도 청조를 압박하여 '뤼순'과 '다롄'을 차지하여 요새를 건설하고 동청철도 부설권을 획득하였다.

이에 분노한 일본에서는 전 국민적인 대 **러시아 배척 운동**이 일어났지만, '이토' 정부는 최초 군비증강보다 경제부흥에 막대한 예산을 투입하려 하였다. 하지만, '이토'의 절친이던 '이노우에 가오루'가 "힘이 따르지 않는 외교는 '그림의 떡'이라며 전쟁 배상금으로 군비를 확장하자"라고 주장하였고, '이토'의 심복인 '무츠 무네미쓰' 외상까지 군사력 강화를 지지하고 나섰다.

결국, '이토'는 내각과 국민적 여론을 거스르지 못하고 **러시아를 가상적국으로 간주하며** 러시아와 일전을 각오하는 여론을 조성하고, **군사 대국을 지향하며 군비 확장에 돌입**하는 한편, 국제적으로 영국 등 서구의 일원으로 편입되려는 노력을 가속화하였다. 이에 따라, 청일전쟁 이후 러일전쟁까지, 일본은 10여 년간 연평균 국가 예산의 24%를 군사비에 투입하는 군사국가가 되었다. 참고로, 청일전쟁이 끝나가던 1895년의 군사비는 국가 예산의 32%였으나, 특히 '삼국간섭'이 일어난 1896년의 군사비는 국가 예산의 무려 48% 수준으로 늘어났다.

일반적으로 군사비가 국가 예산의 30%를 넘어가면 **'전시 내각'의 성격**을 띠게 된다. 국정의 최우선 순위가 '전쟁 대비'로, 군비확장을 위해 모든 산업체제가 무기체계 생산 등 중공업과 국방 군수 분야에 집중되고, 모든 제도나 법체계도 이에 따르는 것이다. 이제 일본은, 러시아와 일전을 각오하는 순간 청으로부터 받은 막대한 배상금을 전쟁 준비에 투입하고, 전 국민에게도 과중한 세금을 부과하여 그야말로 '안 먹고, 안 마시기'라는 고난의 행군을 시작하였다.

먼저, **육군의 확장은 병력** 수만 보더라도, 청일전쟁 당시 평시 5만, 전시동원 20만 수준이었으나, '삼국간섭' 직후인 1896년부터는 러시아와의 전쟁을 대비해 평시 15만, 전시 60만으로 동원 병력 수를 늘렸다. 다만, 흥미로운 것은 이러한 병력 산출의 근거인데, 아마도, **시베리아 철도가 완공되어 러시아의 병력이 '블라디보스토크'에 집결될 때를 가정**하여, 최대 병력을 20만으로 산정했고, 방어 부대에 대한 공격부대의 비율로 3:1 병력 숫자를 정한 것으로 보인다.

해군은 육군과 달리 **대형 전함 확보에 사활**을 걸었는데, 청일전쟁 당시에는 5천 톤급 전함이 한 척도 없었지만, 러시아 발트함대와의 전투를 상정한 전력확충으로, **청일전쟁의 전쟁 배상금을 포함**하여, 10년 동안 2억 엔을 투자하여 1만 5천 톤급 전함을 확보하기 시작했다. 당시, 구입된 '미카사', '시키시마', '아사히' 등의 세계적인 대형 전함으로 일본은 일약 세계 5위의 해군 강국이 되었고, 이들 전함은 쓰시마 해전 때 맹활약 하였다.

일본 정부는 이른바, '돈 먹는 하마'가 된 군대의 전쟁 비용조달을 위해 일찌감치 국채 발행에 부심하였다. 러일전쟁 이후에 나온 분석적 결과론이지만, 러일전쟁에 소요된 총 전쟁 비용은 약 19억 엔으로 당시 일본의 국가 예산의 수배에 달하는 거액이었다.

러일전쟁 이전부터 일본은 최대한 많은 전비를 확보하려고 국채모집에 나섰지만, 일본 국내에서 충당 가능한 자금은 낮은 국민 저축률 덕분에 겨우 30% 수준이었고, 해외 국채는 영일동맹으로 영국 정부가 일부 매입해 준 것과 일부 민간회사(유대인계 '제이콥 쉬프') 등의 협조로 약 8억 엔 정도 국채(전체 전비의 약 45%)를 발행할 수 있었다. 실제로 들어간 전쟁비용에 비하면 겨우 75% 정도만 조달하였던 셈이니, 전쟁 기간 내내 일본군의 장비와 보급은 턱없이 부족하였으나, **매 순간, 일본군은 비정상적인 절약으로 버티었다.** 국채 발행이 저조한 것은, 국제 금융권이 **'동양의 작은 섬나라'가 유럽 강국 러시아를 이길 전망을 낮게 평가하여 국채 인기가 낮았기 때문**이다.

전쟁을 시작하기도 전에, 일본은 돈이 부족하니 국민 모두가 벌써 몇 년째 막중한 세금부담에도 불구하고 더욱 더 허리를 졸라매야 했다. 청일전쟁 승리로 배상금을 받은 기억과, 러시아에 대한 공포와 적개심으로 상당수 일본인은 정부의 과중한 증세를 견뎠지만, 정작 국가는 전쟁 이후 전사자나 부상자에게만 최소한의 예우를 표했을 뿐이다. 그 때문에, **러시아로부터 기대했던 배상금을 받아내지 못하자 전국적으로 '배상 없는 강화'에 분노한 폭동(日比谷 폭동 등)이 발생**하기도 하였다.

일본 정부가 전비조달을 위해 국채를 발행하고, 예산 절약에 부심하는 사이, 일본 군부는 병력과 장비의 증강 못지않게 교육훈련과 전술연구로 우수한 간부 양성에 심혈을 기울였다. 1896년부터 전쟁 배상금 중 일부를 투입하여 많은 초급 간부들을 미국, 영국, 프랑스, 독일, 러시아 등에 유학생으로 파견하여 **서구의 군사제도와 전술, 그리고 장비 운용을 연구**하게 하였다. 그리고, 초창기의 **'선발된 자'**라는 유별난 사명감 때문이었을까? 이들의 활약은 컸다.

일본 유학생들은, 현지인에게 일본인의 좋은 모습을 보이고, 해당국 군대를 알기 위해 그들이 즐기는 춤 등의 문화를 배우고, 그들과 어울리려고 하였으며, 지금도 그런 전통이 남아 있다.

영국 왕립해군대학 유학생들은, 해양법, 국제법 등은 물론, 해군 함선 도입을 위한 협조업무까지 담당하였고, 미국 군사학교 유학생들은 미국군이 근대 함대의 군함 간 교전이라며 청일전쟁을 연구하는 모습을 보고, 1899년 미국-스페인 전쟁이 발발하자, 미국이 쿠바의 '산티아고' 항에 몰아넣은 스페인 함대에게 육군과 연합하여 어떻게 승리하는가를 참관하였다. 이들은 또한, '미-서 전쟁'으로 침몰한 스페인 해군 함정의 잔해까지 조사하는 치밀함을 보였는데, 이런 보고서 자료는 러일전쟁 초기 뤼순 공방전에서 **뤼순만 봉쇄작전의 참고자료가** 되었다.

특히, 러시아에 간 유학생들은 미리 러시아와의 전쟁을 예상하고 철저하게 첩보전을 펼쳤다. 러시아 사관학교에서는 러시아가 민중을 수탈하는 '황제와 한줌의 귀족이 지배하는 사회'라는 걸 피부로 실감하였고, 국가의 간성이라고 할 수 있는 해군사관 생도는 대부분 귀족자제로서 사치와 향락, 문란한 규율로 흐트러진 모습도 보게 되었다. 한편, 이들은 러시아의 대규모 함대 건설을 목도하며 **전력이 일본의 4배 이상이라고 평가하였지만, 군기는 형편없다**고 보았다. 심지어, 이들 중 일부는 귀국할 때, 시베리아 횡단철도의 건설 현황을 살피고자 모스크바에서 이르쿠츠크를 거쳐 블리디보스토크까지 육로로 여행하였다.

유학생들은, 현지 언어가 유창하지 못하였지만, 상대국을 배우는 동안, 군사첩보를 획득하고, 군사문화를 배우려 하였다. 이들의 모방 의지는 눈물겨울 정도였지만, **서구인들은 오히려, 일본인을 원숭이에 비유하였다.** 작은 체구로, 자신의 문화를 흉내내고 모방하는 것을 조롱하는 표현이었다. 하지만, 일본 유학생은 되레 "어차피, 서구 문명이야말로 서로 모방하며 만든 산물이 아니냐? 단지, 일본과 차이가 있다면 15세기부터 먼저 모방한 것뿐"이라는 반응이었다.

그리고, 이들 유학생은 귀국하자, 일본 해군 대학 등 각급 학교로 복귀하여 전술학 교관이 되었다. 낯선 땅, 낯선 군대에서 뼈아픈 노력을 해서일까? 이들은 "부하를 개죽음으로 내몰지 않기 위해서는, 살인범이나 다름없는 무식한 지휘관이 되어서는 안 된다"는 점을 강조하며, 전쟁은 순간순간마다 몸을 잘라내는 듯한 판단을 요구하기 때문에, "어떻게 하면 올바른 판단을 내릴까"라는 데 교육의 중점을 두었다. 또한, 교육생 자신의 계급보다 상급자의 직책에서 직책별 임무를 반복적으로 숙달시켜, 상급자의 의도를 이해하고, 유사시 자신감과 침착함을 잃지 않도록 하는 데 중점을 두었다. 당시, **일본군 '간부의 정예화' 교육체계는 훗날 러일전쟁을 승리로 이끌었다.**

이처럼, **당시의 군사교육에는 전쟁을 앞둔 비장함이 엿보였다.** 그렇기에, 이들 군사학교는 **공통적으로 '배운 것을 응용하기보다, 자신만의 전술을 수립한다'는 분위기를 강조**하였다. 이를 위해, 각국이 과거에 어떻게 싸웠는지 각국의 전쟁사를 연구하고, 전쟁 결과에 대한 단순한 비평보다 통찰력을 갖도록 강조하였다. 이런 점은 지금껏 우리 군에게도 시사하는 바가 크다.

우리 한반도가 작은(?) 전역(戰域)이어서일까? 한국군은 대규모 훈련에서 '사람은 매년 교체되지만 훈련 시나리오는 거의 반복'된다. 비교적, 오랜 역사를 지닌 한/미 연합훈련에서, 훈련을 준비하는, 양국 군에게는 대략 1,000여 개 이상의 이미 개발된 과제 목록이 있어, 전임, 후임이 대를 이어 가며 이를 활용하는 경향이 있다. 그 결과, 새로 보직된 인원들은 비교적 손쉽게(?) '적에 대한 정보'까지 포함하여 지난 수년간의 훈련 자료를 참조하여, 당해년도에 수행할 과제 목록을 도출한 뒤, 절차훈련에 치중할 수 있다. 이렇게 되면, 다람쥐 쳇바퀴 도는 식의 사고로 경직되어, 기존의 틀을 깨는 아이디어가 나올 수 없다. 군인에게 경직된 사고는 독이다.

서로의 이해가 맞아떨어진 '영일동맹'

1900년, 중국에서 외국 거주민, 선교사 등 외세의 수탈과 횡포가 점차 도를 넘자, 참다못한 중국 민중의 저항인 **'의화단' 폭동이 북경과 중국 곳곳에서 일어났다.** 이에, 일본은 유럽 7대 강국과 함께 연합으로 공동 출병하여 북경을 점령하고 황실을 겁탈하였다. 아시아에서 유일하게 일본이 참전한 것은 영국의 요청 때문이었다. 하지만, 쓰러져 가는 청국을 청일전쟁에 이어 또 한 번 일격을 가하며, **유럽의 강국과 함께 청국을 짓밟는데 보조를 맞춘** 이 사건은 중국 민중에게 엄청난 **외세 트라우마**를 주었다. 지금껏, 중국이 일본 등 외세를 배격하는 이유다.

그러자, 러시아도 기다렸다는 듯이 '자국민을 보호한다'는 명목으로 만주지역 의화단을 진압하기 위해 약 15만의 병력으로 만주에 진입하여, 일본이 반환했던 요동반도 등 만주 전체를 차지하였다. '권비'(의화단을 지칭) 규모에 비해 이처럼 **엄청난 병력이 투입되며 러시아의 극동 진출 야심이 노골화**되자, 일본은 서구 열강과 함께 러시아에 공동 경계심을 갖게 되었고, 미국은 어느 한 나라가 만주에서의 경제적 이권 독점을 저지한다며 일본을 지지하였다.

이처럼, 시간이 갈수록 일본과 러시아 간에 점점 전쟁 분위기가 무르익어 가자, 양국의 신경전도 점차 확대되었다. 1901년 6월, '이토'의 제4차 내각에 이어 총리가 된 '가쓰라 다로'는 '조슈' 출신으로 일본육군대장에 오른 '야마가타 아리토모' 군부 파벌 멤버이다. '가쓰라'는 총리 취임 즉시, '이토' 등 역대 총리 출신을 초청하여 원로회의를 열고, **"서구 열강과 동맹을 맺고 러시아를 치는 문제"**에 대한 의견을 구하였다.

그런데, '이토'가 '현실적으로 영국과 동등한 관계의 동맹이 가능할까?'라는 의문을 던지며, '차라리, 러시아와 손을 잡는 것이 어떨까?'를 주장하였지만, '야마가타' 등 다른 원로들은 '이토'의 공로병(러시아 공포증)을 비난하며, '일본은 더 이상 약소국이 아니다'라며 반발했다. 의견이 분분해지자, '가쓰라' 총리는 원로들 대신, 자신의 방식으로 **영일동맹을 추진**해 나갔다.

하지만, '이토'는 러일전쟁 회피에 거의 목숨을 걸다시피 했다. 1901년, '이토'는 러시아의 수도 '상트페테르부르크'를 방문하여 러시아 재정 장관 '비테'와 회담하며, '동양평화'를 위해, '러시아의 만주 경영권을 인정하되, 조선의 독립을 보장하며, 조선 영토를 군사전략 상 목적으로 이용을 금지하고, 조선 해안에 일체의 군사 시설을 설치하지 말 것을 보장하자'는 합의 후, 러시아 황제 '니콜라이 2세'의 추인을 받기로 하였다.

처음에, '니콜라이 2세'는 영일동맹을 제지하고, '시베리아 횡단철도' 완료 시까지 시간을 벌려고 일본의 요구를 추인할 듯하였으나, 불현듯 10여 년 전 황태자 시절, 일본 중부 '비와' 호수를 관광하고 교토로 복귀하던 중, 러시아를 증오하던 연도 경호경비 담당 순경의 갑작스런 암살 시도로, 머리에 자상을 입고 죽을뻔하다가 살아난 기억을 떠올리며, 일본에 대한 증오심으로 일본의 요구를 거절하였다. 게다가, 친일적인 '비테' 장관도, 러시아 궁정고문관 '베로브라제프'의 음모로 황제의 신임을 잃고 면직되었다. 이로써, **'이토'의 평화 시도는 실패하였다.**

러시아의 일본 증오와, 러시아에 대한 서구 열강의 적대감을 확인한 일본은 '만주 문호개방'을 명분으로 러시아와의 전쟁 명분을 축적하기 시작했다. 메이지 유신 이후 숙원이었던 한반도와 만주지역에 세력을 확장하던 일본이, "러시아의 만주 단독 지배를 저지하고 서구 열강과 이권을 분할하겠다"고 밝히며, 러시아의 만주 점령으로 베이징 등 화북지방도 위험해질 것을 우려하는 **영국과 미국이 도와주면 만주를 '러시아에게서 빼앗아 오겠다'는** 대리전쟁을 시사하였다.

그런데, 이 사실은 19세기 말 이래 오랫동안 세계 각지에서 '부동항'을 확보하려는 러시아의 남하 정책을 번번이 막아 왔던 영국에게는 희소식이었다. 당시, 영국도 러시아가 너무나 먼 동아시아로 눈을 돌리자,

대체재로 유럽의 중간 정도로 평가한 일본을 주목하고 있었던 것이다.

제국주의로 번영을 이룬 영국의 식민지 침략정책은 교활했다. 예를 들면, 아메리카 대륙에 상륙한 영국군은 아메리칸 인디언들의 종족 간의 갈등을 보고는, 막대한 무기를 각 부족에게 지급하고 "전쟁을 하라"며 부추겼다. 얼마 후, '인디언 청소'는 대단한 성공을 거두었고 아메리카 인디언들은 거의 소멸되다시피 했다. 참고로, 영국이 지원한 '이루퀴이'족은 인구가 180여만 명에서 20여만 명도 남지 않았다. 이른바, **'이이제이'(以夷制夷) 정책**이었다.

영국은 일본을 아시아의 '이루퀴이'로 만들고자 했다. 하지만, 인디언 살육은 일본에게 남의 일이 아니었다. 일본은 "제국주의의 기본은 약육강식이다. 도의 따위는 생각지 말아야 한다"는 서구를 알고, 오히려, 영국을 이용하려 했다. 양국은 이미 '사쓰에이' 전쟁에서 한번 맞붙은 적이 있고, 청일전쟁에서 승리하며 아시아권에서 영국의 신뢰를 받은 일본은, 러시아의 남하정책을 막으려는 영국과 서로 이해관계가 서로 맞아떨어졌다. 일본은 **"영국과 일본이 '상호 동등하다'는 것을 인정하라"**라고 요구했다. 그리고, 1902년 1월, **영일동맹이 체결**되었다.

근세 최강국 영국이 일본을 이용하여 러시아의 남하를 막고자, 누구와도 동맹을 거부하던 기존의 '명예로운 고립'(Splendid Isolation) 정책을 포기하고 극동의 신흥국 일본과 영일동맹을 맺었다는 사실에 영국 국민은 큰 충격을 받았다. 몇 단계 아래쯤으로 보는 "아시아 국가와의 동맹이라니…!!" 반면, 일본은 세계를 지배하는 대영제국과 자국이 군사동맹을 맺자 **'탈아입구'(脫亞入歐)**, 즉, 아시아를 떠나 서구 열강의 일원이 되었다며 전국은 축제 분위기로 들떴다.

영일동맹의 결과, 영국은 러일전쟁 중 일본의 국채를 매입하는 등 전비를 간접적으로 지원했고, **전함 '미카사'를 비롯한 최신예 영국제 군함을 일본이 발주하면 빠르게 넘겨주었다.** 당시에는 군함 제작국이 보유한 함선보다 더 좋은 군함을 타국이 구매하려면 당장 제작국의 해군이 이를 거부하는데, 영국 정부는 이런 방해를 전혀 하지 않았으며 바가지도 씌우지 않았다. 러일전쟁 당시 운용된 일본 전함 중 8할은 영국에서 건조되었다.

러일전쟁은 기본적으로 영국과 러시아가 유라시아 대륙의 패권을 다투는 전쟁에서 일본이 영국을 대신한 전쟁이었기에, **영국은 자신을 대신한 일본에게 승전의 대가를 지불**해야 했다.

이 때문에, 영일동맹 제1조에도 앞서의 '시모노세키' 조약 제1조처럼 **일본은 어김없이 조선의 독립 승인을 제시**하고 있다. 다만, 과거와 달리, 일본이 조선에 **특수한 이익을 갖고 있음을 추가로 명시**하였다. 일본은, 일본군의 작전과 주둔을 허용하도록 한 **'한·일의정서'** 이외에도 러일전쟁 이전 이미 영일동맹으로 조선 지배에 대한 국제적 승인의 근거도 이미 마련하였다.

한편, 영일동맹을 의식한 러시아 황제 '니콜라이 2세'는 일본과의 개전을 주저하고 있었는데, 마침 일본으로부터 '전면양보'를 뜻하는 마지막 통첩성 회신이 오자, '일본의 요구를 수용한다'라는 답신을 하달하였다. 하지만, 만주 총독 '알렉산드로프'는 이를 묵살하고 일본 측에 전달하지 않았다.

1904년 조선(한양)에 진주한 일본군. 이를 바라보는 조선 민중들은 어떤 생각을 하였을까?

어쩔 수 없이 전쟁이 임박하자, 일본은 전쟁 직전 만주 진출의 길목에 위치한 대한제국을 점령하여 안정적인 보급과 보급로를 미리 확보하려고, 10년 전 청일전쟁 직전 왕궁 점령으로 **'일본 점령하의 조선'**을 만들었듯이, 1904년 1월, 이번에도 **아주 쉽게 똑같은 절차로 조선 왕궁을 무혈점령**하였다.

이어서, 1904년 2월, 조선을 점령한 일본외상 '고노'는 고종에게, **조선 내 일본군의 작전과 주둔을 허용하도록 한 '한일 의정서'**를 강요하여 이를 발효시켰다.

일본군에게 징발된 조선인 근로자

그리고, 이를 근거로 조선을 만주로 진출하는 일본군의 후방 군수지원 기지로 활용하는 등 내정에 적극적으로 간섭하였다. 그리고, 일본이 러일전쟁에서 승리하자마자, 1905년 조선을 윽박질러 '을사늑약'(을사보호조약)을 맺으며, 국제적으로 **한반도 지배의 정당성을 용인**받게 되었다.

 러일전쟁과 탈아입구(脫亞入歐)

뤼순 공방전

영일동맹으로 영국의 직, 간접적인 도움에 힘입어 일본은 **러일전쟁 (1904~1905년)을 시작**하였다. 1904년, 2월 8일, 일본은 뤼순의 러시아 극동함대를 기습공격하고 선전포고를 했다. 이에, 러시아도 8일이 지난 뒤에 선전포고하여, 약 1년 반 정도에 걸친 전쟁이 시작되었다.

하지만, 러시아도 어느 정도 전쟁을 예견하고 있었다. 전쟁 발발 후, 뤼순항이 포위되기까지 6개월 동안 뤼순 방어의 중심인물로 항전론자인, 제7사단 사단장 '콘드라첸코' 소장은 본격적인 방어 진지구축에 들어가, 그 이전 몇 년에 걸친 것보다도 더 많은 시간을 요새 보강에 투자하여 단 수 개월 만의 최단 시간 내에 미완의 부실한 요새에서 **장기간 포위에도 견딜 수 있는 강력한 요새를 구축**하고 있었다. 만약, 그와 러시아 극동군 사령관 '스테셀' 중장과 지휘권 분열 없이 공사가 계속되었다면 요새 방어에 성공하였을 것으로 전문가들은 평가한다.

그런데, '해군전략론'으로 명성을 날렸던 러시아 해군 지휘관 **'마카로프'** 제독은 선전포고도 없이 뤼순 공략에 나선 일본 해군을 효과적으로 물리쳤으나, 불행하게도, 탑승한 기함이 작전 중 기뢰에 피격, 격침되어 전사하였다. 그의 사후, 황해 제해권은 일본으로 넘어갔고, 러시아 함대는 뤼순항에 피항한 상태로 '독 안에 든 쥐'처럼 일본 함정과 기뢰에 의해 봉쇄되었다.

뤼순항 입구 전경, 육지로 연한 협곡 사이를 통과해야
항만으로 진입 가능하여 천혜의 해군 기지였다

일본 해군은 러시아 함대를 뤼순항에 가두었지만, 항만 주변에 산재한 러시아 요새 진지로 인하여 혼자 힘만으로는 러시아 함대를 격멸할 수 없게 되자, 육군에게 뤼순 공략을 요청하였고(7월 12일), 육군은 뤼순항 공략을 위해 급하게 조슈 출신의 **'노기 마레스케'** 대장이 지휘하는 제3군을 편성한 뒤, 제3군에게 총공세로 **뤼순을 함락하라는 특명**을 내렸다.

일본군 제3군은 8월부터, 5개월간 강력한 보병과 포병 공격으로 무려 4차례에 걸친 총공세를 펼쳤다. 어떤 날은 하루 동안에 청일전쟁 전 기간에 소모한 탄약량에 해당하는 포탄을 퍼붓기도 했다. 하지만, 3차례 공세에서, 수만 명의 사상자를 내고도 러시아 저항을 뚫지 못했다.

러시아군의 뤼순 콘크리트 요새진지

일본군이 뤼순항 공략에서 막대한 인명 피해를 입고 고전한 것은, 뤼순 조기 함락을 기대하는 천황 등 상급자의 독촉에 시달린 나머지, '뤼순을 빨리 점령해야 한다'라는 강박관념과, 사전 적에 대한 정보수집도 전혀 없는 상태에서 입안된 최초 작전계획대로 무려 3차례나 똑같은 방법으로 계속해서 강력한 **요새진지에 '닥치고 돌격' 정신으로 정면으로만 공격**했기 때문이었다.

하지만, 요새화된 러시아군의 콘크리트 요새는 튼튼함의 수준이 여타 요새와 달랐다. 가히 난공불락이었다. 일본군의 무기체계는 근대적으로 바뀌었지만, **전쟁 방식은 여전히 '야마토 다마시'를 외치는 중세기적 사고**에 머물러 있었다. 그 결과 **'근대'를 배우는데 혹독한 대가를 치렀다**.

뤼순 공방전이 지지부진하던 1904년 11월 초에, 일본군 대본영은 러시아 발트함대가 인도양에 도착했다는 정보를 입수하였다. 이는 육군을 지휘하는 '**오야마 이와오**'(大山 巖) 원수와 연합함대 사령장관 '**도고 헤이하치로**' 해군 대장에게 큰 위기감을 주어, 최대한 빨리 뤼순항을 함락시켜 '제1 태평양함대' 주력을 제거하고, 일본 연합함대 함선을 수리하여 러시아 '발트함대'와 일전을 벌여야 한다는 데 동의하였다. 이제, 일본 제3군은 수많은 희생이 있더라도 **러시아 제1 태평양함대와 러시아 발트함대가 연합하기 전 최대한 빨리 뤼순을 손에 넣어야 했다.**

육군의 부진에 답답해하던 해군이 우연찮게 다른 고지들은 모두 요새 진지인데, 유독 민둥산으로 남아 있는 203고지를 발견하고 그저 203고지만 점령해 달라고 요청하였다. 해군의 요청을 간섭으로 여긴 제3군은 실패를 거듭하면서도 묵살하다가, 3차례의 공격 실패에 따른 엄청난 피해로 전력이 바닥나자, 마지막 제4차 공세에서야 뤼순 요새 '정면공격'을 포기하고, 뤼순항을 한눈에 내려다볼 수 있는, '203고지 확보'에 사활을 걸었다.

1904년 12월 5일, **천신만고 끝에 203고지를 확보**한 일본군은, **해안포로 사용되던 280미리 대구경포를 산 위로 끌어올려**, 230미리 이하의 포탄에 대비하여 건축된 **콘크리트 요새를 직접 조준 사격하여 하나하나 박살** 내었다. **일본군이** 요새진지 파괴에 '대구경포'를 활용한 아이디어는 훗날 한국전쟁 시 미군이 중공군 동굴 진지 파괴에 사용하였다. 이른바, 돌격사격인데, 대구경포는 사탄산포가 적어 산 정상까지 끌어올릴 도로만 있다면 수 Km 내 점 표적 공격에 무엇보다 효율적이었다.

이처럼, 203고지에서 러시아 요새진지를 겨냥하여 280미리 유탄포를 쏘아대는 한편, 뤼순항에 정박하여 발트함대의 도착을 기다리던 제1 태평양 함대에게도 포격을 가하자, 러시아 해군은 견디지 못하고 뤼순항 밖으로 탈출하였다. 하지만 뤼순을 벗어나자마자 일본 해군에게 궤멸적 타격을 받았다. 203고지 점령으로 향후 일본은 전쟁을 유리한 국면으로 이끌게 된다.

전황이, 러시아군에게 불리하던, 12월 15일, 일본군이 뤼순 외곽의 러시아군 지하갱도 참호에 유독가스를 주입하며 공격하자, 보고를 받은 수비대 지휘관 **'콘드라첸코'** 소장이 해당 보루로 직접 가서 정황을 확인하고, 귀환하던 도중에 일본군의 포격으로 전사하였다. **수비대 총지휘관의 사망**으로, 철통같던 러시아군의 방어 의지는 크게 꺾이었다. 러시아군의 불운이었다.

그런데, 더 불운한 것은 '콘드라첸코' 소장의 후임으로, 이미 여러 전투에서 무능함을 보여, 부하들의 신뢰를 잃은 **'알렉산드르 포크'** 소장이 임명된 것이다. 이후 러시아군이 일본군의 요새 공략에 제대로 대응하지 못하고 무기력하게 밀려나기 시작하자, 1905년 1월 1일, '포크'의 러시아군 지휘부는 주방어선 중 가장 강력하고, 가장 오랫동안 버텼던 동쪽 방면의 주방어선을 포기하고 일본군과 항복 협상을 하였다. 아직 전의를 잃지 않았던 잔존 수비대원들이 격렬하게 반발하였지만, 1월 2일 오후 7시, 러, 일 양측은 **뤼순항의 항복문서에 서명**하였다.

드디어, 일본 제3군은 4차례의 공격 끝에 '뤼순'을 함락하였다. 그리고, 재정비를 마친 후, 봉천지역으로 이동하여, '봉천 전투'의 핵심적 역할을 담당하였다. 하지만, 제3군은 이 전투에서 무려 5만 8천여 명의 사상자(전사 1만 4천)를 내었다. 일본 군부로부터 **'피해가 너무 컸다'는 비판과 '무능하다'는 책임론에 시달리던** '노기 마레스케' 제3군 사령관은 자신의 두 아들도 이 전투에서 전사하여 큰 심적 고통을 받았다. 그는, 메이지 천황에게 "자결"을 청원했으나, "안 된다"라는 반려에 무산되고, 7년 뒤인 1912년 메이지 천황이 죽은 후 부부가 함께 자결하였다.

봉천 전투

일본은 '뤼순 공방전'에서 승리하고 여타 여러 작은 전투에서도 승전했으나, 전쟁을 계속할수록 물자부족과 전력고갈에 시달렸다. 특히, 인적, 물적 자원의 소모가 극심한 근대식 대규모 회전을 치러본 경험이 없었던 탓에 몇 차례의 전투 후에, 일본군 수뇌부는 그간 벌인 전쟁과는 전혀 차원이 다른, 예상을 훨씬 뛰어넘는 피해 규모에 경악했다. 결과적으로, 러시아보다 **현저한 국력의 열세로 인해 일본의 국력으로는 그 이상 전쟁을 끌어가기 힘든 상황**이 되었다.

이에 일본은 조기 강화를 위한 외교 노력과 동시에 군사적 승리를 함께 노렸는데, 그 지점이 바로 '봉천'(하얼빈)이었다. 더구나, 러시아군 일부가 비록 '뤼순 공방전'에서 항복했다 하나, 여전히 주력군은 강대하였고, 러시아 정부는 **"극동으로 향하고 있는 '발트함대'(제2 태평양함대)와 봉천에 러시아 군이 있는 한 강화는 없다"**라며 전쟁 의지를 계속 표방하고 있었다.

이에 러시아를 강화로 끌어내기 위해서는 **'또 한 번의 큰 승리가 필요하다'**고 여긴 일본은 먼저, 미국에서 발행한 국채 기금(개전 전 형편없었던 국채가 뤼순 공방전 승리로 약간 상승)으로, 포탄 및 야포의 증강과 함께 일본 국내에서 육군 3개 사단을 창설하고, 뤼순항을 함락시킨 '노기'의 제3군을 봉천으로 합류시키며, 조선 주둔 일본군에서 일부를 '압록강 군'으로 편성하여 봉천으로 보내는 등 **봉천 공격에 총력을 집중**시켰다. 그리고, 해군도 외국에서 새로운 전함 구입 등 그간의 전투로 소모된 전력을 최단시간 내 다시 복구하는 데 전력을 기울였다.

1905년 시베리아 횡단철도

한편, 방어하는 러시아군의 상황은 여의치 않았다. 특히, **보급선의 문제로 서부에서 오는 지원속도가 상당히 느렸다.** 이는 유일한 보급로인 **'시베리아 철도'가 단선**이고 이 중에서 바이칼호 근처 노선(이르쿠츠크-울란우데)에서는 **여기저기 미개통 구간이 많아** 철도 사정이 매우 나빴다. 그뿐만 아니라, 철도는 경계병력이 별도로 요구되었고, 더구나, 단선이라 수송력은 제한되는 데다가, 화물을 싣고 온 화차도 못 돌려보내니, 유럽-러시아에서는 화차가 부족해지기까지 했다.

러시아 제국군이 시위대를 무력 진압하면서 일어난 유혈 사건으로, 차르 '니콜라이 2세'의 권위 몰락과 제1차 러시아 혁명의 시작이었다.

또한, 러시아군은, 거듭된 패전과, 1월 22일 발생한 '피의 일요일' 사건(**1차 러시아 혁명**)으로 인해 **병사들의 사기가 매우 저하되어 있었는데**, '차르' 정부는 오히려 러시아 혁명으로 들끓는 민중들의 분노를 가라앉히고자 '쿠로팟킨' 사령관에게 승전을 촉구하며 전면공세를 종용해댔다.

이 시기의 러시아군은 프랑스군의 영향으로 '공격이 방어보다 낫다'는 생각이 주류여서, 정부의 독촉도 있고 하니, "공세로 나서자"는 의견이 많았다. 하지만, 총사령관 **'쿠로팟킨'**은 처음부터 전면공세는 생각지도 않았다. 그는 이제까지의 전투에서 확인된 러시아 극동군의 약점, 그리고 이전의 러시아-튀르크 전쟁 경험으로 **방어선이 구축된 곳에 정면으로 공격하면 피해만 커질 뿐 얻는 것은 없다고** 생각했으며, 병력은 러시아군이 더 많지만 양군이 대치하고 있는 전선 길이가 비슷하여 공세를 취해서는 안 된다고 생각했다.

기상악화로 자연스레 가졌던 동계 휴전 기간에도 전력증강이 지지부진했던 러시아군에 비해, 일본군은 '뤼순항 공략'이 끝난 제3군을 합류시키는 등 상대적으로 많은 병력을 충원하여, '쿠로팟킨'은 양군의 전력이 거의 비슷할 것이라고 판단했다.

따라서, 곧 있을 일본군의 공세에, 러시아군은 방어 위주로 '일본군의 공세를 막아내면서 소모전의 형태로 끌고 가 일본군의 피해를 가중시킨다'는 전략을 구상하였다. 러시아군은 매 전투마다, '쿠로팟킨'이 의도한 대로, **'영토를 주되 시간을 끌며 일본군을 내륙 깊숙이 유인해서 섬멸하자'**라는 전략에 따라, 조금 불리해진다 싶으면 주저 없이 철수하며 장기전에 돌입하였다.

러시아가 이렇게 나오자, 다급해진 건 일본군 총사령부였다. 전쟁을 질질 끄는 동안 경제적 압박이 심해지고 있었고, 여론도 일본군의 무능한 지휘력을 문제 삼았다. 이 때문에, 일본군 수뇌부는 정부보다 훨씬 더 절박한 상태로, **'봉천지역에서 러시아군을 완전히 섬멸하지 않으면 전쟁에서 진다'**는 인식이었다.

이에, 총사령관 '오야마 이와오'(大山巖) 원수는, 만주의 일본군과 충원병력으로 날씨가 풀리면 **최단기간에 회전을 벌여 어떻게든 러시아군 주력을 포위섬멸하려 하였고,** 최종적인 결전을 벌일 시기로는 2월 말~3월 사이가 적합할 것으로 판단했다. 이는 그 이전 시기엔 영하 30도의 날씨가 몰아쳐 장거리 행군으로는 막대한 비전투손실을 초래할 것이고, 4월이 넘어가면 지면이 진창으로 변해 제대로 된 작전이 힘들어

장기전이 될 수 있다고 판단하였기 때문이었다.

드디어, 1905년 2월 20일, 일본군은 **봉천 전투를 개시**하였다. 전투 개시에 앞서 총사령관 '오야마'는 **"이 회전에서 승리한 쪽이 전후의 주인이 될, 러일전쟁의 '세키가하라'다"**라는 훈시로 일본군 수뇌부는 절박한 심정으로 봉천 전투에 대한 전투 의지를 고양하였다. '세키가하라' 전투는 1600년 '히데요시'파와 '도쿠가와'파의 운명을 건 일전이었다.

봉천 전투 참호전. 제1차 세계대전의 참호전 원형이 되었다.

이처럼, '봉천 전투'는 러시아 극동군을 격파하기 위해, 일본이 마지막 힘을 끌어모아 사활을 걸고 치러낸 일전이었으며, 병력은 25만으로 러시아 31만에 비해 열세하였지만, **우세한 러시아군을 상대로 좌, 우군이 몰아치며 대담한 우회기동으로 포위를 실현하여, 러시아군의 배후를 위협하며 결과적으로는 승리를 거두었다**. 하지만, "적은 병력이 많은 적군을 포위한다?" 일본군의 작전은 아무리 부득이하였다 할지라도 군사적 관점에서 위험하기 짝이 없는 작전이었다.

그런데, 러시아군의 작전 판단은 이해 못 할 정도로 수준이 더 한심

했다. 당시, 러시아군은 각 전선에서 병력과 화력 모두가 우세하여 일본군은 거의 한계 상황이었는데, 갑자기 일방적으로 철수하여 버린 것이다. 아마도, '쿠로파킨' 사령관이 갑작스레 철수한 것은 일본군이 하도 설쳐대자 "예비대도 없이 저럴 수는 없다"며 **후방에 막강한 예비대가 있다고 오판**한 것 같다.

1905년 3월 10일, 일본군이 마지막 순간에 포위망을 닫지 못해 러시아군 주력은 이미 '철령' 부근으로 거의 다 빠져나갔지만, 그래도 약해진 러시아군 후방 방어선을 뚫고 봉천역으로 진입해 1개 여단 정도의 잔류 러시아군을 포로로 잡았다. 이 전투에서 상대의 실책에도 완벽한 승리를 놓친 것은 일본군 총사령부의 **허술한 작전계획, 지휘력 부족, 병사와 야포, 탄약의 전체적인 부족 때문**이었다. 일본군은 러시아군을 압도적으로 괴멸시키지 못하면서 또다시 큰 전투를 치러야 했다.

야전군 총사령관인 **'오야마 이와오'**와 총참모장인 **'고다마 겐타로'**는 둘 다 메이지 유신 이래 활약한 군부 원로라지만, 이들의 군 지휘경험은 '보신 전쟁', '세이난 전쟁', '청일전쟁' 등으로, 잘해야 수천~수만 명 정도가 벌이는 전투였다. 게다가 세월이 흘러 이제는 군인이라기보다, 차라리 정치가에 가까웠던 그들의 군사적 감각은 여러모로 순발력이 뒤떨어졌다. 이들의 지휘력에 비해, 일본이 전력을 기울인 '봉천 회전'은, 약 100Km 전선에 걸쳐 일본군 25만, 러시아군 31만 등 거의 60만에 육박하는 병력이 뒤엉킨 **근세 최대 규모의 대회전**이었다.

이 때문에, 일본군 야전군 총사령부는 '결과적으로' 승리하였다고 총

평하였지만, 러시아군 9만(포로 2만 포함), 일본군 7만 5천이라는 (포로와 사상자의 합) 피해자 숫자에서 보듯, 이는 일방적인 승리라기보다 전투의 승자 수준에 미치지 못하는 그리 좋지 못한 결과였다. 이런 이유로, 종전을 위한 '포츠머스' 회담에서 러시아는 결코 전쟁 패배를 인정하지 않았다.

쓰시마 해전

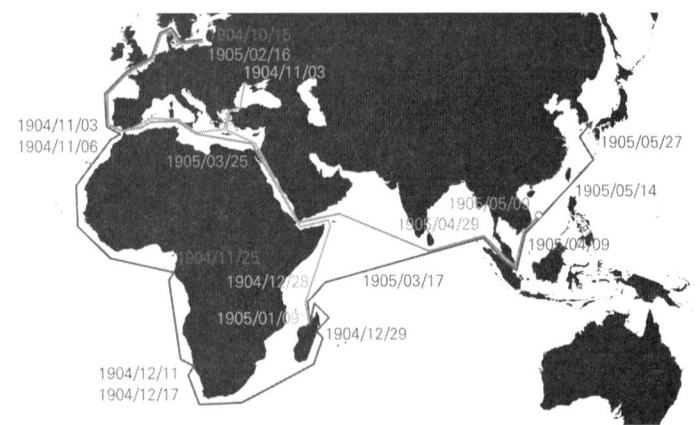

러시아 '발트함대'의 일본으로 향한 항로

1904년 2월에 일본의 선전포고로 러일전쟁이 발발하자, 동북아의 적과 싸우기 위해, '발트해'의 '상트페테르부르크'에서 '로제드벤스키'의 러시아 '발트함대'는 기나긴 극동 원정길에 나서며 출항하였다. '발트함대'는 1856년 '크림반도' 전쟁 이래 명맥만 유지하여 왔으나, 1890년에 등극한 러시아 황제 '니콜라이 2세'의 해군력 증강에 대한 관심과 러시아의 근대화로 어느덧 세계 최강 영국 해군을 위협할 정도로 팽창한 함대였다.

하지만, 러시아 '발트함대'의 동방 원정길에는 집요한 영국의 방해가 기다리고 있었다. 먼저, 영국 보호국 이집트가 '수에즈 운하' 통과를 거부하여, 러시아는 아프리카 대륙을 빙 둘러 '희망봉'을 거쳐 인도양으로 진입해야 했다. 또한, 인도, 싱가포르 등 수많은 영국 식민지나 보호국이 약간의 식량과 물 이외에 '장기간 항해에 필수적인' 야채 보급과 석탄 공급도 거부하여, 무려 **2만 9천 Km를 항해하는 7개월간의 긴 긴 항해** 동안, **수병들은 야채를 섭취하지 못하여 괴혈병**에 시달리는 등, 온갖 난관 속에 기진맥진하였다. 그리고, 영국은 동맹국인 일본에게 러시아 '발트함대'의 동향과 이동 첩보를 수시로 제공하였다.

그런데, 러시아 '발트함대'(제2 태평양함대)가 처한 더 큰 문제는, 뤼순에 도착하기만 하면, 뤼순의 제1함대와 함께 재정비하여 황해 제해권을 갖겠다는 희망을 가졌으나, 그 희망은 뤼순 함락으로 어두워졌고, 이제 러시아 '발트함대'(제2 태평양함대)의 운명은 장기간 항해로 필요해진 재정비를 위해 갈 데라고는 '블라디보스토크'밖에 없다는 것이었다.

이는 곧 '쓰시마' 해협(대한 해협), '쓰가루' 해협(혼슈와 홋카이도 사이), '소오야' 해협(홋카이도와 사할린 사이) 3곳 중 1곳을 통과해야만 한다는 것인데, 이러한 항해 루트 모두가 뤼순항 함락 후 재정비를 마친 일본 연합함대에게 포착될 가능성이 높았다. 그러나, 기진맥진한 러시아는 **최단 거리인 '쓰시마' 해협을 택하였고, 기다리고 있던** '도고'의 일본 해군에게 당하였다.

일본은 이미 전쟁 이전인, 1902년 1월, 영국과 '동맹국 중 한 국가가 전쟁하면 중립유지 혹은 원조한다'라는 군사동맹인 영일동맹을 맺었고, 영국으로부터 1만 5천 톤급 전함 '미카사'와 최신식 전함 6척, 장갑함 4척을 구입하여 상당한 전력을 보강하였다. 하지만, 일본 해군은 여전히 러시아 '발트함대'(제2 태평양함대)에 비해 열세였다.

쓰시마 해전 시 일본 연합함대의 기함,
1만 5천 톤 '전함 미카사'

　1905년 5월 27일, 초조하게 러시아 함대를 기다리던, '도고 헤이하치로'의 일본 연합함대는 러시아 함대의 진출로를 '쓰시마' 해협으로 판단하고 조선반도의 진해만 해역에서 대기하고 있다가, 어둠 속에 '쓰시마' 해협을 통과하던 러시아 '발트함대'(제2 태평양함대)를 포착했다.

　러시아 함대의 모든 전투함은 일체 불빛이 드러나지 않도록 '등화관제'를 하며 조심스럽게 이동하였는데, 무슨 일인지 **맨 뒤에 처진 병원선이 등화관제에 소홀**했다. 캄캄한 현해탄의 밤하늘에서 용케도 가느다란 불빛을 탐지한, 일본 해군은 전력을 기울여, 약 7개월 간 지구를 반 바퀴 돌다시피 한 긴 항해 끝에 기진맥진하여 달려오는 러시아 함대를 기습으로 맞이했다.

　1274년 일본 정벌을 하려던 여몽(고려-몽고) 연합군을 '쓰시마' 해협에서 몰살시킨 일본에 '신의 바람(카미카제)'이 다시 분 것일까? 양측은

치열한 포격전을 앞두고 거리를 좁히고 있었다. 그런데, '도고'는 갑자기 전체 함대를 기함을 따라 좌회전하도록 명령했다. 이른바, **'정(丁)자 전법'**이었다. 적함을 마주 보고 U턴이라니…. 이럴 경우, 함대가 좌회전하는 약 10여 분간 일본 함정은 전혀 함포를 쏠 수 없는 대신, 러시아군은 마치 고정표적에 사격하듯 포격할 수 있는 상황이니만큼, 일반적인 해군의 전술 원칙과 전혀 맞지 않은 돌발적인 지시로 보였다.

하지만, 10여 분 후 전개가 완료되자 양측 함대의 모습은 많이 변했다. 일본군은 하나의 화살 묶음처럼 바뀌었으나, 일본을 쫓던 러시아 함대는 서로 뒤엉키다가 두 개의 화살 묶음처럼 전개되었다. 일종의 '유병화' 현상이 발생한 것이다. 이를 의도하며 항로를 변경하려던 일본 함대의 기함 '미카사'는 러시아 함대로부터 23발의 포탄을 얻어맞고 적지 않은 피해를 입었지만, 전개를 완료한 일본 함대는 낮 2시 8분부터 24분까지 불과 16분 동안 유리한 위치에서 러시아 기함 '스보로프' 등 노출된 적의 선봉에 화력을 집중하여, '로제드벤스키' **러시아 함대사령관이 탑승한 기함 '스보로프'와 전함 4척을 침몰시켰다.**

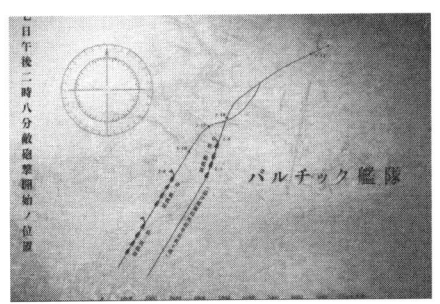

'도고'의 일본 연합함대가 1905년 5월 27일 오후 2시 8분부터 24분까지 러시아 발트함대와의 포격전이 진행되는 동안 러시아 함대의 시간별 이동도

1차 접전이 끝날 무렵, 러시아 해군은 몇 척씩 분산하여 도주하였다. 하지만, 이게 끝이 아니었다. 일본군의 주력함은 온종일 계속 추격하며 함포를 퍼부었고, 야간에는 구축함과 어뢰정 50여 척이 몰려다니며 흩어져버린 러시아 함정을 계속 사냥했다. 다음날 오전, 사령관직을 이어받은 '네모가네프'는 전함 4척과 함께 항복하였다. 계속되는 작전으로 일본은 소형 어뢰정 3척이 침몰하였지만, 최종적으로 발트함대의 전함 등 27척을 격침하고, 6척을 나포하여 전 세계를 놀라게 한 엄청난 압승을 거두었다. 포격전 전 '도고'가 **"황국의 흥망은 이 일전에 달려있다. 각 인원은 한층 더 분발 노력하라"** 라는 훈시는 명언이 되었고, '도고'는 일약 세계적 유명 인사가 되었다.

러일전쟁(쓰시마 해전) 불타는 러시아 발트함대

전투 직전, 연합함대는 해군본부에 "적함과 곧 교전을 하겠다"라는 보고를 하였다. 그런데, 보고문 말미에 **"하늘은 맑고, 파도는 높다"** 라고 적은 문장이 쓰여 있었는데 이게 압권이었다. 이 말의 뜻은 '시야가 밝으니 적을 끝까지 추적할 수 있으며, 높은 파도는 많은 훈련을 한 일본군에게 유리하다'는 뜻이었다.

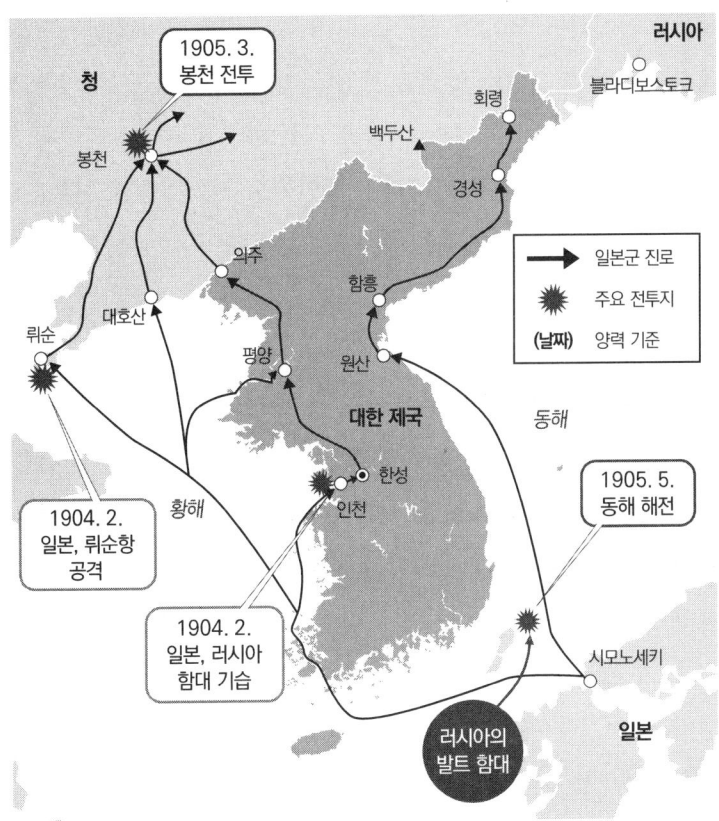

러일전쟁 상황도

 전투 이후, 일본이 진해만 등 해전 해역에서 인양한 러시아 수병들의 시신에서 치아 탈락, 잇몸 괴사 등 신선한 채소와 과일 등을 섭취하지 못했을 때 발병하는 **괴혈병 감염과 단백질, 비타민 부족 등 영양실조 흔적이 다수 발견**된 점을 보면, 무려 7개월간의 함상 생활로 대부분 수병은 심리적, 육체적 피로감으로 전투 의지는커녕 몸과 사기가 바닥이었던 것으로 보였다.

이런 여건이라면, 러시아 해군은 항해하는 동안 사격연습과 전투 훈련에 집중하기 어려웠을 것으로 보였다. 반면, 일본 해군은 비록 적의 항로를 예측하지 못하여 속이 까맣게 타들어 가도록 진해만에서 초조하게 기다렸지만, 조용히 **기다리는 동안에도 사격연습과 전투훈련에 집중**하였다. 특히, '내당포'라는 축사포를 사용하여 실탄 훈련과 유사한 경험을 많이 하였다.

그리고, 쓰시마 해전에서 눈부신 **일본 승리의 또 하나 이유는 포탄 개량**이었다. '거함 거포' 주의에 몰입한 서구 열강이 전함의 **장갑을 관통하는 포탄 개량에 중점**을 둔 것과 달리, 일본은 포탄의 **폭발력과 화재를 일으키는 '시모세'**라는 포탄을 개발하였다. 이 포탄은 군함에 덧칠된 '부식 방지용' 페인트를 쉽게 화염에 휩싸이게 하여 적함을 매우 효과적으로 무력화시켰다. 일본 해군이, 그때까지 영국 해군이 답습해 온 전술과 전기를 배우면서도, 한편으로는 '더 나은 것'을 추구하였던 결과였다.

어떤 이는, '도고'가 명량해전에서 '이순신' 장군이 일본군을 대파하였다며, 그를 존경한다고 말한 일화가 있다고 말하나, 이는 낭설로 알려졌다. '도고'는 다만, 그가 유학하였던 나라, 영국의 '넬슨' 제독이 나폴레옹 전쟁 간 '트라팔가르' 해전에서 함량 미달인 프랑스와 스페인 연합군을 격파한 것과 비교해서, "명량해전이 더 훌륭한 전투였다"라는 말은 한 적이 있다고 한다.

전쟁이 미친 영향

러일전쟁은 약 1년 반 동안 한반도 주변 해역과 만주에서 전투를 벌였는데 그 규모가 **청일전쟁의 10배**가 넘었다. 제국주의 패권싸움으로는 러시아 '크림반도 전쟁'에 버금가는 규모였다. 전쟁 동안, 일본이 **뤼순을 점령**하고 **봉천에서 이기며, '발트함대'를 전멸시켜** 승리를 거두자, 러시아 정부는, '쿠로팟킨'이 '땅을 주는 대신, 상대를 소모시키는 전략'으로, 스스로 '봉천 전투'에서 물러난 것조차도 전투 패배로 인식하여, '쓰시마' 해전 이후에 독선적인 '니콜라이 2세'조차 전쟁에서 패하였음을 시인하자, 미국 중재 하의 종전 쪽으로 방향을 잡았다.

한편, 전쟁 종료 직전까지, 일본군의 상황은 러시아보다 훨씬 더 나빴지만, 러시아는 일본군의 불리한 상황을 정확히 알지 못하였다. 일본군은 분초를 다투며 신속한 철도개설과 여러 갈래의 보급선 확보 등 보급에 최선을 다했지만, **기본적인 국력 부족으로 인해 보급은 한계**에 달하였고, 방한복조차 제대로 지급되지 않아서 만주의 추위에 떨었으며, 식량 공급이 부족하여 주먹밥으로 연명하느라 각종 질병에 시달리는 등 전쟁 지속능력이 곤란에 직면해 있었다.

그런데도, 뜻밖에 '러시아가 먼저 손을 내밀자', '일본이 이를 잡아 주고' 러시아가 순순히 물러나자, 일본에서는 축제 분위기였다. 러시아가 휴전협정에 나선 것은, 연전연패로 인한 사기 하락과 전략 부재로 전투의지를 상실하고, **병력 보충과 보급 등 물자 부족으로 전쟁 수행 능력이 고갈**되었기 때문이었다.

이렇게, 아시아의 소국인 일본이 서구의 열강인 러시아에 승리하면서, 다른 열강으로부터 그들과 동등하다는 평가를 받게 되었고, 한반도에 대한 실질적인 종주권도 인정받았다.

이 승리는, 일본이 청일전쟁 이래 '삼국간섭'으로 인한 **'러시아 트라우마'를 극복**하기 위하여 지난 10여 년간의 와신상담 결과여서, 그 환희와 기쁨은 비할 바가 없었고, 일본인의 애국심을 더욱 고양하여 천황의 영도 아래 하나의 국가로 더욱 결속하는 계기가 되었다. 러시아에 대한 깊은 적개심은 전쟁 중 언론들이 '애국심을 고취하는' 삽화를 매 전투마다 수백 장, 수천 장 찍어 수많은 도시와 마을의 중심가에 걸고 모든 국민에게 **일본군이 얼마나 최선을 다해서 '천황을 위해' 목숨을 바쳐 싸우는지를 상세히 보여 주고 홍보**하였던 모습에서도 볼 수 있다.

이제 기세가 등등해진 일본이 **'비유럽 국가가 자국의 군사력으로 유럽 주류 강대국에 거둔 첫 승리'**라며 대대적으로 '선전용' 구호를 외쳐 되자, 국제적으로는 훗날 '아시아가 단결하여 서구를 물리치자!'라는 허울 좋은 **'대동아공영권'**으로 이어져갔다.

'대동아공영권'은 "우리 일본이 아시아의 대표로 서구에 이겼으니, 다른 아시아 국가들도 일본을 도와 제국주의 침략 세력과 함께 싸워야 한다"라는 논리였기에, 서구 열강의 식민지배에 신음하던 아시아 각국의 독립운동가들은, 일본이 제국주의 본색을 드러내기 전까지는, 일본의 구호에 동조하는 경우도 있었다. 특히, 제2차 세계대전 간 영국과 프랑스의 아시아 식민지역에서는 일본군이 영국군이나 프랑스군에게

이기도록 길 안내를 자처한 현지인들도 많았다.

 하지만, 정작, 러일전쟁의 승전에도 커다란 실익은 없었다. 이 전쟁에서 일본은 국가 경제가 거덜 날 정도로 막대한 군비 소모와 사상자를 내었지만. 러시아가 미국이 중재한 종전협정에서 '일본 측이 인명피해가 더 컸다'라며 배상금 지불을 완강히 거부하자, '포츠머스' 조약에서는 일본에 대한 **러시아의 배상금 지불 의무를 명시하지 않아 아무런 배상금도 없었다.**

미국 '포츠머스' 강화회담에 참석한 러시아 전권대표(비테 전재무장관)와
일본 전권대표(고무라 외무대신)가 루스벨트 미국 대통령과 인사하고 있다.

 당시, 일본에서는, 청일전쟁에서 보듯, 전쟁은 서로의 서열과 상하관계를 결정하는 수단으로, 패자는 무조건 승자 밑으로 수그리고 들어가서 승자를 상전으로 모시고 승자가 원하는 것은 들어줘야 한다는 의

식이 강하였다. 그러나, 이는 **유럽과 아시아의 전쟁에 대한 '문화 차이' 때문**이었다. 유럽의 전쟁은 일종의 '정치 행위'로, 원하는 전쟁 목적만 달성한다면 굳이 상대를 무릎 꿇려 굴욕을 강요하지 않았다.

상황이 이러자, 일본 국민은 '전쟁 승리로 당연히 배상금을 받는다'고 믿었는데, 기껏 영토라고 할양받은 '남사할린'은 당시로서는 별 가치가 없는 곳이었다. 전국시대 무사들을 경험한 일본인은, 러시아에 대한 적개심 해소와, 전쟁을 위해 허리띠를 졸라맨 대가로 마땅히 받아야 할 배상금을 받지 못하게 되자, "전쟁의 대가가 너무 싸다"라거나, 자신들이 **"부조리한 대우를 받고 있다"라고 판단하여 분노가 폭발**하였고, 이로 인해 일본 전역에서 폭동까지 발생하였다.

그러나, 이런 혼란에도 불구하고, 일본이 이 전쟁에서 얻어낸 가장 큰 성과는 **세계 강대국의 일원으로 인정되어, 이후 일본은 동아시아의 '최강자이자 조정자'**라고 불릴 만한 위상을 얻게 된 것이다. 또한, 중국과 러시아를 물리친 자긍심과 함께 대한제국을 속국으로 만들었고, 최종적으로 합병하였으며, 요동 등 남만주도 사실상 영향권 내에 편입시켰다. 하지만, 뭐든 과유불급이다. 끊임없는 욕심으로 끝내는 제국을 멸망케 하는 중일전쟁, 태평양전쟁으로 치달았다.

일본이 치른 전쟁을 뒤돌아보면, 전쟁이라는 국가 중대사를 치를 때에는 지도자로부터 국민 각자가 자신의 위치에서 **'상하동욕자승'(上下同慾者勝)**이라는 공감대를 가져야 한다는 선현들의 말에 공감한다. 특별히, 군국을 지향하던 군인들이 혼연일체로 이끌어 간 일본이 일취월장하는 모습을 보면 "정말, 나라에 국운이라는 것이 있구나!"라는 생각이 끊임없이 떠오른다.

청일전쟁은, 어린 황제와 사치 향락에 빠진 무능한 여인의 국정운영과 더불어 신하들의 사익추구에 멍든 청나라가, 뛰어난 무기체계를 가졌음에도 **병사들의 낮은 사기와 훈련, 군사권의 사유화 등 간부들의 비근대적인 사고체계**로 무엇하나 내세울 것 없는 전투력을 보이면서 일본에게 승리를 헌납한 사례이다. 어떻게, '북양수사'라는 자가 함대사령부를 자신의 개인 재산 정도로 치부하며, 혹시라도 손실이 날까 봐 두려워하며 "전투를 하지 말라"라고 종용하였을까?

러일전쟁도 러시아의 국가 리더십이 부족하였다. 일본의 '화전요구'에 러시아 황제 '니콜라이 2세'는 정세판단 미숙과 신하들의 권력다툼으로 미적거리다가, 일본의 '전면양보를 수용한다'라고 어렵사리 결정된 답신조차, 일개 지방 총독이 묵살하고 일본에 전달하지 않고 전쟁으로 내몰았다. 만주 총독 '알렉산드로프'는 병력과 화력 면에서 훨씬 우수하다며 승리를 확신하였을지 모르나, 정작, 러시아군 **지휘부의 무기력한 전투의지로 '스스로 포기한 전쟁'**이 되었다. '봉천 회전'의 경우, 어떻게 수적으로 열세한 적이 우세한 아군을 포위하려고 기동을 시도하는데, 허리를 끊어 역공을 가하지 않고, "적의 예비대 규모가 상당하구나!"라고 지레 판단하여 병력을 물릴 수 있었을까?

사실, 일본도 **장비만 근대적이었지 '의욕만 충천하여 돌격을 감행하는'** 중세기적 사고방식을 탈피하지 못하여 '뤼순' 공방전에서 보듯 근대

문명과의 전투에서 혹독한 대가를 치렀다. 하지만, 이런 전쟁 상대국들과는 달리, '새로운 국가'의 국민이라는 자부심 탓일까? **'천황 신격화'에 도취**된 탓일까? **일본군의 전투 의지**가 상대보다 뛰어났다는 점은 분명하였다.

유신 30여 년간 인권이나 민권은커녕 전쟁의 빌미로 엄청난 중과세에 시달렸어도, 국가에 대한 반발보다, 천황이라는 존재에 대한 충성심이 앞섰던 **후방 국민의 성원**은 매우 적극적이었다. 이 점이, 청 왕조의 무능과 폭정으로 전쟁에 무관심하였던 청나라 백성이나, 민중 불만으로 야기된 시민 혁명으로 정국이 혼란스러웠던 러시아와 달랐던 부분이다. 민심이 천심이었다.

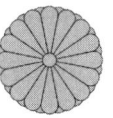

'히로시마' 원폭투하와 폐허로 변한 도시

군국주의의 발호(跋扈)와 그 말로(末路)

 망국(亡國) 황제, 흥국(興國) 황제

정계 퇴물, '이토 히로부미'의 손아귀에 잡힌 조선

1905년 9월, 러일전쟁 종전으로 체결된 '포츠머스' 조약에서 러시아는 일본에게 패배하자, '일본이 조선에서 정치, 군사, 경제적으로 탁월한 이익을 갖는 것'을 인정하였다. 10여 년 전인 1895년 청일전쟁 종료로 '시모노세키' 조약에서, 일본이 '완전무결한 자주독립의 나라'라던 조선은, 일본의 **'탁월한 이익' 대상으로 전락**했다. 한반도의 운명은 일본의 손아귀에 놓였다.

러일전쟁을 준비하던 일본 국민의 거국적인 행보 가운데서도 '이토'나 '야마가타'의 헌신과 충성이 돋보였다. '이토'나 '야마가타' 둘 다 1901년 이래, 총리에서 물러났지만, 러일전쟁이 발발하자 '야마가타'는 대본영 총사령관으로 참전하였고, 러일전쟁을 최대한 회피하려던 '이토'는 전쟁이 불가피해지자 외교로 국제 여론을 일본에 유리하게 조성하는 데 주력하였다.

그리고, 이제 조선을 자신들의 뜻대로 할 수 있는 상황이 되자, 조선 문제에 대해 온건파(?)인 '이토 히로부미'는 점진적인 합병을, 강경파인 '야마가타 아리토모'는 지금껏 주장해 온 '주권선과 이익선' 개념을 내세우며, 즉각적인 '조선 병합'을 주장하여 둘의 의견이 갈렸다. 결국, 조선 문제에 대해, '이토'의 온건 정책이 천황의 신임을 더 받은 것 같다. 그는 통감으로 낙점되었다. 1901년 제4차 내각 이래 영향력이 거의 없었던 '이토'에게 마지막으로 '조선합병'의 임무가 주어졌다.

1905년 11월, 러일전쟁 승리로 기세등등한 메이지 천황이 특명 대사로 임명한 '이토'는, 부임 인사차 고종을 알현하였을 때, 마치 속국의 왕에게 대하듯 "특명 대사의 지휘를 따르라!"라는 천황의 국서를 내밀었다. 이어, '이토'는 러일전쟁 종전 '포츠머스' 회담 결과를 내세우며, 외부대신 박제순 등 **친일파 '을사5적'을 윽박질러 그들의 서명을 받아 조선의 외교권을 박탈**하였다. 이른바, 을사(보호)조약이었다. 우리는 '을사늑약'이라 부르지만, 일본이 '보호'라는 문구를 넣은 것은 외교권을 상실한 조선을 열강으로부터 '보호'라며 고립시키려는 뜻이었다.

우리말에 **'을씨년스럽다'는 표현**이 있을 정도로, '을사년' 당시의 조선 정국은 어수선하고 암울한 상황이었다. 세간에서도, 그런 말이 통용될 정도로 조선은 점점 나락으로 떨어져 이제, 조선 황제(왕)는 있으나 마나였다. 1906년 2월 통감부가 설치되고, 초대 통감 '이토'가 대한제국을 좌지우지하였다.

1907년 7월, 고종이 '헤이그 만국회의'에 '밀사'를 파견하여 '조선은 자발적으로 일본의 보호를 요청한 적이 없다'라며 이를 탄원하였으나, 열강은 "외교권 없는 나라"라며 외면하였다. 밀사사건은 고종의 자충수가 되었다. 이런 기회를 노려 온 듯, 분노한 '이토'는 "일본이 한국에 선전포고를 할 수 있다"라며 압박하자, 고종은 위조사건이라고 항변하다가 "대신들이 수습하라"라며 신하들 등 뒤에 숨어 버렸다. 이 과정에서 충군(忠君) 행세를 하였던 이완용 등이 '이토'의 의도대로 고종의 퇴위를 압박했다. 결국, 무능한 고종은 신하들의 압박에 밀려났다.

'한국 상황의 입퇴'라며, 고종의 양위를 그린 일본 측 풍자화. 보따리를 짊어진 고종이 목에는 인삼 보따리, 왼손에는 금고열쇠, 예금통장과 곰방대를 움켜진 채 엄비의 손을 잡고 궁궐을 떠나고 있다. (일본 시사주간지 《마루마루친분》, 1907. 7. 27일 자)

'이토'가 보기에, 당시의 **고종은 백성들은 거지꼴로 헐벗고 굶주리는데, 자신의 영달만 추구하는 무력하고 무능한 주제에 문제만 야기하는 성가신(?) 군주**였을 것이다.

메이지 천황의 재가대로 고종을 퇴위시키고 섭정이 되어 우둔한 순종을 즉위시킨 '이토'는, '군대 해산' 대신 경찰권을 위임받고, 일본인 차관들이 모든 실무를 지휘하는 '차관정치'를 하며, 대한제국의 접수 공작을 시작하였다. 하지만, **조선의 잠재력을 인정한 '이토'는 조선을**

급하게 병합하여 조선인의 반발을 사는 것보다, 보호국으로서 '후견인' 노릇만 하여 '조선의 근대화'가 이루어지면 병합하는 것이 일본의 국익에 도움이 된다고 판단한 듯하다. '이토'가 시행했던 아래와 같은 몇 가지 개혁을 보면 이런 추론도 가능할 것 같다.

그는 조선의 독립을 상징하는 '독립문' 건설을 지원하고, 한글 교육, 보급과 학교설립, 의료지원을 강화하였을 뿐 아니라 조선 경제를 엔화 통화권으로 통합하여 물가 안정에 기여하였다. 특히, 공용어를 한자에서 한글로 바꾼 것은 부정부패가 만연하는 과거제도를 폐지하고, 한자를 좀 안다는 관료와 양반들의 횡포를 막자는 뜻이었다고 한다. 의료지원은 일본 의사들을 데려다 조선인 치료사업에 동원하였다는 것인데…. 이 같은 **'이토'의 '조선의 근대화' 지원은 조선의 환심을 사려는 조선인 유화책이었지만, 궁극적으로 일본의 이익을 위한 것임은 분명해 보인다.**

어쨌든, '이토'의 이런 '조선의 근대화' 정책을 굉장히 불편하게 바라본 일본 정치인도 많았다. 특히, 젊은 합병파들과 '이토'가 청일전쟁 당시 총리였을 때 외상이던 '무츠 미네무츠' 등 심복들조차 **'조선의 근대화'는 불가능하다**며, '이토'의 유화적인 식민지화 정책에 반대하였다. 그 여파로, 식민지화 작업을 추진하던 '이토'는 조선통감에서 밀려나 1909년 6월 퇴임하였다. 그리고, 통감 퇴임 4개월 후인 1909년 10월 16일, 청나라 '만저우 지방 지린성 하얼빈' 역에서 '조선독립 만세'를 외친 조선의 '안중근' 의사에게 피격당하여 죽었다.

일제의 조선 침략을 사실상 완성하였던 '이토'를 암살한, 안중근 의사는 조선인의 정기를 과시하고 민족운동을 고조시켰으나, 현상을 되돌리기에는 역부족이었다. 1910년 8월 29일에, 일본의 염원인 '조선합방'이 1868년 '메이지 유신'이래 **42년 만에** 이루어졌다. 드디어, **'메이지 유신'이 완성**된 셈이었다.

그런데, '합방' 이후 조선 총독으로 부임한 이들은 하나같이 강성 군부 출신으로서 **'무단(武斷) 정치'를 자행하며, 조선 민중을 핍박**하였다. 이 때문에, '이토'가 차라리 그들보다 낫지 않았을까? 하는 생각을 가진 자도 있었다. 하지만, 역사 전문가들은 **"'이토'가 급진적인 한일합방을 반대했던 것이지, 한일합방 자체를 반대했던 인물은 아니었다"**라고 말한다. '이토'는 단지 조선을 괴뢰국으로 삼고 근대화를 시켜 나가려면 조선인의 동조가 중요하다고 봤기에, 급진적인 합방을 꺼렸다는 것이다.

이처럼, 온건한 '이토'의 정책에 부정적인 입장이 주를 이룬 것을 보더라도, "한물간 인물인 '이토'가 '한일합방'을 반대할 만한 위치가 아니었다"라는 주장의 근거이다. '이토'는, 러일전쟁 이후에 영일동맹을 맺고 러일전쟁 승리로 이끈 '가쓰라 다로' 총리와, 오랫동안 관료계 파벌을 이끈 '야마가타 아리토모'계 등 군부 파벌에게, 이미 주도권을 상실한 상황이었다.

'이토'의 일본 내 역할이 무엇이든, 대한제국의 식민지화를 주도한 인물로서, 그의 사망 전에 **일제의 조선 침략은 사실상 완성**된 상태였다. '이토'도, 다른 일본 인사와 마찬가지로 '조선 근대화'를 이룰 만한 능력은 없었고, '조선 민중을 위한다'고 하였지만, 오로지 천황과 지배층의 안위만을 위했던 인물이었다.

조선과 일본의 신하들 – 충군(忠君)과 애국(愛國)

조선은 '경술국치'(庚戌國恥, 1910년)로 일본에게 망했다. 고종은 1919년에 죽었고(재위 44년), 조선을 합방한 메이지는 1912년에 죽었다(재위 45년).

고종과 메이지는 동갑내기로 1852년에 태어났다. 그리고, 둘은 각각 1864년(12살), 1867년(15살)에 왕위에 올랐다. 하지만, 둘의 운명과 그들이 통치하던 제국의 운명은 극과 극일 정도로 달랐다.

1910년 **조선합방(경술국치)** 기념엽서. 봉황과 국화에 둘러싸인 '메이지'에 비하면 꽃문양뿐인 초라한 순종. 일본에 의한 흡수 합병이라는 사실을 강하게 의미한다.

당시, 동아시아의 두 늙은 제국, 조선과 일본은 문호를 개방하라는 서구의 압력 앞에 속수무책으로 흔들렸다. 그리고, 국가의 존망이 걸린 위기 속에서, 양국의 지배 엘리트들은 **'누구에게 충성할 것인가?'** 그리고 **'어떻게 나라를 사랑할 것인가?'**라는 근본적인 질문에 답해야 했다.

이 질문에, 조선의 신하들은 '왕과 사직(社稷)'이라는 전통적 '충군'(忠君)의 틀에 갇혀 무능한 왕과 함께 비극을 맞이했다. 그들에게 '충군'과 '애국'은 비극이 오더라도 일치해야만 했다. 그리고, 망국이라는 비극을 맞이한 조선의 고종은, **망해가던 왕국의 종지부를 찍게 한 군주**로 역사는 평가한다.

돌이켜 보면, 고종의 운명은 기구하였다. 정조 이후 신하들이 붕당을 지어 '안동 김씨' 등 '세도 정치'가 횡행하였을 때, 어렵사리 아버지 대원군의 기지로 왕에 즉위하였지만, 10여 년간 기가 드센 아버지의 '수렴청정'하에 있었다. 1873년에 친정을 하였지만, 이번에는 왕비와 '민씨 일가'의 세도에 휘둘렸다.

프랑스 부르봉 왕조의 '루이 14세' 황제는 "짐이 곧 국가다"라는 말로 유명하다. 이처럼 전제군주제에서 왕은 국가 그 자체였다. 전형적인 왕권신수설이다. 절대 왕권은 동양에서도 유사하게 나타났다. 이 때문에 성리학에 뿌리박힌 조선의 신하들에게 '충군'과 '애국'은 결코 분리할 수 없는 관념이었다. 결국, 왕과 조선의 사직을 지키는 것이 신하의 유일무이한 애국이었다.

그러니, 왕이 아무리 무능하더라도 그들의 '애국'은 기존 질서와 군주를 수호하는 '충군'의 형태를 벗어날 수 없었다. 즉, 변화하는 세계에 맞서 새로운 국가 모델을 제시하기보다는, 기존 왕조를 지키는 것이 유일한 '애국'이어서 결국 시대의 흐름에 저항하다 좌절하는 비극을 맞았다.

물론, 김옥균 등 일부 개화파 인사는 일찍이 국제정세를 살피고, 청나라에 의존하며 개혁에 미온적인 민씨 척족 세력과 고종의 우유부단함이 나라를 망치고 있다고 보았다. 그들은, 국가의 생존을 위해 기존의 낡은 시스템을 바꿔야 한다고 생각하고, '무능한 왕과 낡은 체제에 대한 충성'보다 '국가의 부강'이라는 애국적 목표를 우선하였다.

하지만 이들의 시도는 '삼일천하'로 끝났다. 정변에 실패하자, 이들은 당시 조선 사회로부터 '왕을 겁박하고 기존 질서를 뒤엎은 역적'이라는 프레임을 벗어나지 못했다. 즉, '애국'을 위해 '충군'의 방식을 바꾸려 했던 그들의 진의는 대중적 지지를 얻지 못했고, 결국 '불충한 역도'로 낙인찍힘으로써, 조선에서는 여전히 **'애국'이 '충군'의 테두리를 넘어설 수 없었다.**

이처럼, 대다수 조선 말기의 신하들은 '왕=국가'라는 공식을 끝까지 버리지 못했다. 특히, 영남 유생 '최익현' 등의 '위정척사'(衛正斥邪)파는 이 공식을 지키려다 쇄국의 길로 갔고, '개화'파는 이 공식을 깨려다 역적이 되는 딜레마에 빠졌다. 결국, **'무능하고 이기적인' 국왕에게만 충성하는 낡은 충성의 관념**이 새로운 애국의 길을 가로막은 셈이었다.

반면, 일본의 무사들은 '쇼군(통치자)≠국가'라는 분리에 성공했다. 일본의 무사들 역시 처음에는 조선처럼 통치자, 즉 쇼군에 대한 '충군'을 중시했다. 그러나 막부가 서구 열강에 굴복하며 통치 능력이 상실된 모습을 목도하는 동안, '칼만 쓰는' 무사에서 어느덧 '책 읽는 무사'로서 정치를 알게 된 '하급 무사'들은 일개 쇼군에게 충성하기보다, 일본이라는 국가에 '애국'하고, 충성의 대상을 '천황'으로 바꾸는 전략적 선택을 하였다.

특히, 메이지 유신의 주역인 조슈 번, 사쓰마 번의 하급 무사들은 처음에는 '존왕양이'(尊王攘夷)를 외쳤는데, 이 구호는 매우 교묘하게 국가적 위기의 책임을 실권자인 쇼군에게 돌리고, 오랫동안 상징적 존재로만 머물렀던 천황을 새로운 충성의 대상으로 내세웠다. 이는 **'충군'의 개념**을 폐기한 게 아니라, '충성의 대상을 재설정'한 것으로, "무능한 쇼군에게 충성하는 것은 진정한 충성이 아니다. 이 나라의 진정한 주인은 만세일계(萬世一系)의 천황이시니, 천황께 충성하는 것이야말로 진정한 애국이다"라는 논리를 만들어냈다. 이른바, **'천황 신격화'**였다.

그들은 '천황'이라는 대체 불가능한 상징을 '국가'와 동일시하며, 쇼군이라는 기존 권력에 대한 '충군'을 버리고 천황에 대한 '새로운 충군'을 선택하였으며, 이러한 전환으로 구체제를 타도하고 국가 에너지를 근대화에 쏟아붓는 '애국'을 실현하였다.

그중, '이토 히로부미'와 같은 인물은 서구문물을 직접 보고 온 뒤, '양이'(攘夷)가 불가능함을 깨닫고 '대양이' 즉 '개국'(開國)으로 방향을 틀었고, '존왕'(尊王, 천황 숭배)이라는 명분을 끝까지 유지하여, 천황의 이름으로 **막부를 타도**하고(大政奉還), 천황의 이름으로 **'서구식' 근대화**를 추진하였다(明治維新).

이 과정에서, 그들은 '애국'(부국강병)이라는 목표를 달성하기 위해 '충군'(천황 신격화)이라는 강력한 이념적 도구를 활용하였다. 이들은 '충군'의 대상을 유연하게 전환하며 **'애국'(愛國)의 새로운 길**을 열었다. 그 결과, 쇼군에 충성하였던 '신센구미'(막부의 치안조직)나 아이즈 번 무사들은 '구시대의 충신'으로 전락되어 소리 없이 사라지고, **천황에게 충성한 유신지사는 '애국'의 화신**으로서 새로운 일본의 건설자로 추앙받게 되었다.

결론은, 정립된 이념에 대한 '유연성'의 차이가 낳은 상반된 결과였다. 위기 앞에서 충성의 대상을 유연하게 재설정하고 국가 전체의 생존을 도모한 일본과, 기존의 충성 관념에 얽매여 무능한 군주인 고종 개인에게 충성하며 효과적인 대응에 실패한 조선의 모습은 신하된 자들이 군왕에 대해 갖는 **'충군'과 '애국'의 관계**가 망국의 순간에는, 한 나라의 미래에 얼마나 결정적인 영향을 미치는지를 보여 주는 역사적 교훈이었다.

너무 다른 고종과 메이지의 리더십

그런데, 동갑내기 군주였던 조선의 고종과 메이지 천황은 국가의 존망이 걸린 위기 앞에서 신하들의 신념과 반응에 비교할 수 없을 정도로, '최고 지도자'라는 무거운 숙명을 짊어졌다. 이때, 두 군주가 보여준 리더십과 역할에 대한 인식의 근본적인 차이는 양국의 국가와 민족의 운명을 극명하게 갈라놓았다.

고종은 모든 것을 직접 결정해야 하는 '실권자'였지만, 그 권력을 왕조의 안위를 위해 소극적이고 방어적으로 사용하다가 국가 전체를 위기에 빠뜨리기도 했다. 그는, 주요 국가정책 결정 과정에서 강력한 리더십을 발휘하기보다는, **신하와 열강 세력 사이에서 위태로운 줄타기**를 하며 자신의 안위를 우선시했다.

예컨대, 청일전쟁 시에 일본군에게 유폐된 그는 조선군을 각각 일본군(장위영)과 청군(평양 감영군)을 지원하게 하여 동족상잔의 비극을 초래하였고, 을사조약 체결을 압박받자 대신들의 반대를 사주하다가 슬그머니 일부 대신을 불러 조약에 동의하도록 하는 등 이중 플레이로 자신의 안위에 골몰하였다. 또한, 헤이그 특사 파견 후, 분노한 일본의 압박이 거세지자 "나는 모르는 일"이라며 특사를 외면한 것도 그의 위선적인 행태의 대표적 사례였다.

이는 일본과의 '쇄국' 리더십을 대비하면 더욱 확연하다. 19세기 말, 외세가 '쇄국'이라는 두 나라 공통의 딜레마를 파고들자, 외세 개입에 대한 조선의 쇄국이 보인, 최악의 모습은 권력욕에 사로잡힌 왕비나 왕의 아버지가 서로 반목하다 둘 다 상대를 제압할 힘이 없자, 청, 러시아 등 외국을 끌어들여 상대를 제압하려 한 것이다. 그 와중에, 왕은 외국 군대끼리 전쟁하다 우리 백성을 학살하는 모습도 그저 바라보고만 있었다.

외세를 끌어들인 무서움을 예상치 못한 결과는 참담하다. 조선은 이들이 끌어들인 **외세로 인해 '일본 점령하 조선'이 되어 전쟁다운 전쟁**

한번 못 해 보고 조용히 망국의 길을 걸었다.

반면, 외세에 대한 일본의 시각은 '양이'라며 경계 일변도였다. '아편 전쟁'으로 중국의 일부 영토가 '식민지'화되는 것을 목도한 일본의 시각은, 아무리 권력투쟁이 격렬해져도 외세가 내정에 개입하는 일에는 극도로 경계하고 있었기에 누군가가 **'외세와 결탁했다'**라는 꼬리표가 붙는 순간 엄청난 정치적 손실을 입어야 했다. 마지막 '쇼군' '요시노부'나 유신파도 이 점을 의식한 듯, '보신 전쟁'이라는 치열한 내란을 겪으면서도 절대로 막부를 지원하던 프랑스나, 유신 군을 지원하던 영국을 내정에 끌어들이지 않았으며 외세에 관한 한 배타적 태도로 일관했다.

또한, 정치적인 이슈 외에 고종의 내치는 **'왕조 보존'이라는 절박한 명분하에 국가 전체의 이익을 잠식**하는 형태로 나타났다.

그는 국가 재산을 황실의 비자금인 '내탕금'과 혼용하며 마치 자신의 금고처럼 운용하여, 그 규모와 사용처가 국가 전체를 위협할 정도였다. 실제, 대한제국은 황실을 유지하기 위한 '궁내부'가 극도로 비대해서, 당시 통감이던 '이토'는 "대체 이 나라는 **어떻게 정부 관리보다 황제를 위한 관리가 더 많나?**"라며 혀를 내두르며 궁내부 소속 관원을 5,000여 명이나 해고하였지만, 여전히 4,000여 명 이상의 궁녀와 내시가 왕을 보필했다.

그뿐만 아니라, 광산 채굴권이나 철도 부설권 같은 국가의 미래 자산을 외국에 헐값으로 넘기고, 그 대금은 국가 근대화에 재투자되기보다

황실의 권위를 유지하고 사치스러운 궁중 행사를 치르는 데 낭비되었다. 국고가 텅 비어 가는 동안에도 황실 재산만 불어나는 이러한 기형적 구조는 군대의 월급조차 제때 지급하지 못해 '임오군란'과 같은 내부 혼란을 야기했고, 외세의 경제적 침탈에 무력하게 만드는 결정적 원인이 되었다.

일국의 원수라면, "국가가 국민에게 무엇을 해야할 것인지?"를 고민해야 했지만, 고종은, 개혁다운 개혁도 못해 보았다. 그뿐 아니라 개혁의 칼날이 자신을 향할 때마다 손쉽게 개혁가들을 역적으로 내몰고, 외면하며 책임을 회피했다. 김홍집이 대표적인 사례다. 고종은, 왕비가 일본 낭인들에게 살해되자 이를 수습하기는커녕 일본의 위협을 피해 궁궐을 떠나 러시아 공사관으로 피신하는 **'아관파천'**으로 막대한 국가 이권을 탈취당하는 등 군주로서의 책임과 국가의 존엄성을 스스로 내던졌다.

결국, 그의 리더십은 국가 공동체의 발전이 아닌, '왕조의 권위'라며 고립된 왕실의 생존에만 매몰된 비극으로 귀결되었다. 결론적으로 고종은 '국가'보다는 '왕실'의 수장으로, 그의 애국심은 왕조를 지키려는 **'사적인 군주'**의 범주에 불과했다.

반면, 메이지 천황의 가장 큰 강점은 그가 실권자가 아니어서 실질적인 정치 싸움에 휘말리지 않으면서도, 국가 통합과 근대화의 절대적인 구심점 역할을 했다는 것이다. 그는 고종과 달리, '살아 있는 신'으로서 **'상징적 존재'**였기에, 유능한 신하들은 그의 상징성을 국가개조의 동력으로 극대화하여, 부국강병으로 일본제국을 성장시키고, 강대국의 일원으로 편입시켜 나아갔다.

예를 들어, '이토 히로부미'를 비롯한 유신 주역들은 봉건제 폐지부터 헌법제정에 이르기까지 모든 급진적 개혁을 '천황의 신성한 뜻'이라는 이름 아래 추진함으로써, 분열될 수 있었던 사회적 저항을 최소화하고 국가적 동의를 이끌어 내었다. 이처럼, 천황의 역할은 **분열된 세력을 하나로 묶는 강력한 접착제**였고, 자신의 상징적 권위를 통해 유신 세력에게 개혁의 정당성과 추진력을 부여하는 **'권위의 제공자'**였다.

그뿐만 아니라, 개인적으로는 자신의 재산을 국가에 헌납하며 공공성을 실천했고, 이는 "천황과 국가를 위해 헌신한다"는 국민적 충성심을 고취시키는 강력한 기폭제가 되었다. 또한, 스스로 상투를 자르고 서양식 군복을 입음으로써 근대화의 '아이콘'이 되었고, '전국 순행'을 통해 전 국민에게 변화의 의지를 각인시켰다. 고종이 궁궐에 숨어 있던 것과 정반대의 행보였다.

이처럼, '근대 일본'이라는 거대한 프로젝트를 수행해 가는 과정에서 개인적인 솔선수범과, 최고의 '상징적'인 존재로서 자신의 역할을 완벽하게 수행한, 메이지는 **일본에서 가장 완벽하고 위대한 군주상**으로 추앙받는다. 하지만, 그의 성공 모델에는 치명적인 약점이 내재 되어 있다. 그의 역할이 단지 상징성에 머물러 유능한 신하들이 없었다면 무력한 군주로 전락했을 것이다. 실제로, 그의 사후 '다이쇼', '히로히토' 등 후손들이 물려받았던 '살아 있는 신'이라는 강력한 상징성은 훗날 군부에 의해 악용되었다.

특히 군 통수권의 경우, 천황 직속으로 규정한 헌법 조항은 훗날 군부가 내각의 통제를 벗어나 폭주하는 **군국주의의 비극적 씨앗을 잉태**했다. 군을 천황 직속으로 규정하자, '천황의 군대'라는 명분 아래 군부가 내각이나 의회의 통제를 벗어나 독자적으로 행동할 수 있는 길을 열어 주었다. 메이지 시대에는 그나마 유신 원로들이 군부를 통제했지만, 그들이 사라진 후 군부는 "천황의 뜻을 받든다"라며 폭주하기 시작했고, 이는 결국 **파시즘과 태평양전쟁**으로 이어져 비극의 씨앗이 되었다.

결론적으로, 두 군주의 역할의 차이가 망국과 흥국이라는 운명의 차이를 만들었다. 고종이 '왕조의 존속'을 국가의 안위와 동일시하며 **소극적이고 사적(私的)인 통치**에 머물며, 아무것도 책임지지 못한 비극의 군주가 되었다면, 메이지 천황은 자신의 역할을 '상징'에 한정함으로써 오히려 자신을 근대국가 건설의 상징적 구심점으로 자리매김하여 **국가적 에너지를 결집**시키는 데 성공했다. 하지만 그 성공으로 인하여 훗날 군국주의로 폭주하게 될 위험한 씨앗을 잉태한 점은 역사의 아이러니였다. 결국, 전쟁의 비극을 겪으며 나라가 망하였으니까….

이처럼, 위기의 시대에 두 군주가 보여 준 군주의 처신을 비교해보면, **흥하고 망한 두 나라** 국가 지도자의 역할에 대한 인식이 "시대의 운명을 어떻게 결정짓는지?"를 보여 주는 역사의 준엄한 교훈이라 할 수 있을 것 같다.

그리고, 이들에 대한 평가는 후세들이 그들에 대한 추모의 모습에서 나타난다. 고종의 경우, 그를 추모하고 기리는 흔적은 대한민국에서는 찾아보기 어렵다. 망국의 황제로 잊혀져 간 측면도 있지만 남겨진 업적이 빈약한 탓일 것이다.

반면에, '살아 있는 신'이 되었던 메이지는 운이 좋았다. 그의 치하에서 청일전쟁과 러일전쟁을 연이어 이겼으니 당연히, 신이 될 수밖에 없었다. 1912년 메이지 천황이 죽자, 일본은 메이지를 기리는 방법으로 **1920년 '메이지 신궁'**을 도쿄 중심에 건축하였다. 살아서 신이었던 그는 죽어서도 신이 되었다. 도쿄 시내에 있는 '메이지' 신궁은 그 규모의 장대함을 차치하더라도 늘 수많은 인파가 북적인다.

 # '군국주의'와 전쟁에 중독된 군인들

'야마가타 아리토모'와 군국주의의 발호

 '이토'의 동문으로 친구이자 정적이었던, 강경파인 '야마가타 아리토모'는 '이토'가 살아 있을 때는 조선 정책에 대하여 언급을 자제하였다. 하지만, '이토'가 사살당하자, 본격적으로 조선 정책에 대해 나서며, **"조선을 합병하여 직접 지배하자"**라는 자신의 목소리를 내기 시작하였다. 그 결과, 조선은 '야마가타'와 그 추종자의 등쌀에 시달리며 한층 더 험한 파도에 휩쓸렸다.

 '야마가타'는 이미 1880년대 유럽 순방 때부터, **'주권선 이익선' 논리**에 빠져들었다. 그는 서구열강과 러시아의 팽창 야욕에 불안해진 일본으로서는 조선을 다룰 때, '주권선과 이익선' 논리에 따라, **지정학적으로 '이익선'에 해당하는 조선 침략을 정당화**하며, 국방상의 이유로 청국과 러시아의 팽창을 막기 위해, 역으로 대외침략을 위한 전쟁의 길을 택해야 한다고 믿었다. 그리고, '야마가타'는 그의 소신대로 청일전쟁, 러일전쟁에 모두 현역으로 참전하였다.

 이처럼, 군 최고의 원로로서 군과 정계에 영향력이 컸던 '야마가타'는 냉정한 판단력과 국제정세에 대한 정확한 인식을 보유한 인물이었지만, 한편으로는 권력욕과 재물욕이 강한 사람이었다. 그는 적어도 '인사와 정치 운영에서 파벌 없이 매우 공평했다'라는 평가를 받은 '이토'와 달리, **자신의 영향력 유지를 위해서, 조슈 후배 등 자신에 의지하러 온 인물을 우대하고, 한번 신임하면 끝까지 봐주는** 일종의 '조폭 그룹' 보스 스타일이었다. 반면, 그에게 반대하는 육군 내 세력을 모두 몰아내거나 제거하여, 많은 군인이 자연스레, '야마가타'를 중심으로 줄을 섰다.

'야마가타'는, 앞서 수차례 언급한 대로, 1882년에 군인들에게 **"천황의 충량한 신민들아, 나라에 절대적으로 충성하여라"**라고 요약할 수 있는 '**군인칙유**'를 선포하여, 천황에 대한 맹목적 충성과 '야마토 다마시' 등 국가주의 강요로 **일본을 전쟁과 군국주의의 길로 나서게 만든 인물**이다.

일본 '군국주의 아버지'라는 '야마가타 아리토모' 동상

그런데, '**야마가타**' 파벌을 중심으로 한 일본군이 서구의 강국이라는 '**러시아**'를 상대로 한 러일전쟁에서 승리하며, 아시아의 새로운 강자가 되자, 이들 파벌은 더욱 득세하였다.

기세등등한 '야마가타'는 자신의 파벌 인사들은 물론, 사쓰마 출신의 '오야마' 육군총사령관과 '도고' 해군 대장 등 전쟁에 승리한 군인들을 국민적 영웅으로 받들게 하며, 군국주의 발호를 주도함으로써 **'일본 군국주의의 아버지'**로 불리게 되었다.

'야마가타' 파벌에 속하여 승승장구한 군인 중에는, '이토'나 '야마가타'의 고향인 조슈의 '하기'시 출신이 많았다. 특히, 러일전쟁 시 총리였던 '가쓰라 다로'도 '야마가타'가 키운 조슈의 군인 출신이었으며, 육군의 '뤼순, 봉천 전투'에서 주도적 역할을 하였던 제3군 사령관 '노기 마레스케'와 총참모장 '고타마 겐타로'도 같은 조슈 출신의 친구로 '야마가타' 파벌이었다.

또한, 1910년 8월 29일, 조선 초대 총독으로 부임한, '데라우치 마사타케' 육군 대장도 그중 한 명이다. 1916년, '데라우치'가 총리로 영전하자, 후임 총독 '하세가와 요시미치' 육군 대장도 조슈의 하급 무사 출신으로 '야마가타' 파벌이었다. 그도 전임자처럼 강성 인사로 무단통치를 계속하다가, 3.1 독립운동으로 봉기가 일어나자 문책되어 교체되었다.

이들은 하나같이 헌병을 동원한 가혹한 '무단(武斷)통치'로 조선 민중을 핍박하였던 전횡은, '야마가타'가 총리 시절 '군부를 민간통제에서 벗어나게' 한 훈령에 따라, 총리의 감독과 통제가 미치지 못한 탓이었다. 게다가, 점령지에서는 자신들이 형이고, 지역 주민은 아우라는 의식이 강한 데다가, 점령지 주민들을 지나치게 배려하면 그들이 일본의 친절에 편승하려는 마음을 가지게 되어 통치에 해로울 거라는 생각이 주를 이루었다.

한편, '야마가타' 파벌이 득세한 조슈와 달리, '사이고 다카모리'와 '오쿠보' 사망 이후, 사쓰마 출신의 군부나 정치적 영향력은 많이 줄어들었다. 그렇지만, 상급 장성 중에는 '사이고'의 친동생인 '쓰네구미' 원수나 '오야마' 원수처럼 '사이고' 집안사람이거나, '러일전쟁'의 영웅 '도고 헤이하치로' 대장처럼 같은 동네 사람으로서, **'사이고'와 '오쿠보'의 출생지인 1평방킬로미터 남짓한 '고라이초'라는 작은 마을 출신이 많았다. 그런데, 이들은 성장할 때부터 모두 '사이고'가 추천한 사람들**이었다.

군국 일본의 쟁쟁한 상급 장성들이 이들 두 번에서 무더기로 배출된 것은, 1870년 육군 건군 시 **'오쿠보 도시미치'가 제의한 3개 번(조슈, 사쓰마, 토사) 출신 무사로 육군을 구성**하자는 개념에 따라 이들 3개 번 출신이 군의 주축으로 성장한 탓이다. 또한, 해군도 그 전신이 '사쓰마' 해군이었다. 게다가, '메이지 유신'의 주도적 역할을 하였던, 사쓰마, 조슈 출신 **유명 인사들**이 장기간에 걸쳐 번갈아 일본 정계를 지배하는 동안 **자기 출신 지역 후배를 배려한 영향**이 컸을 것이다. 같은 동네 사람이라는 지연(地緣)은 일종의 파벌이 되었다.

실제 통계자료를 보면, 메이지 유신 이후부터, 제1차 세계대전 종료 시(1868~1918년)까지 약 50여 년간 군부의 주요 인사들은 수많은 번(현) 중에서도 조슈, 사쓰마 두 번의 출신이 유독 많았다. 청일, 러일전쟁 등 다수의 전쟁에서 활약하였던, 일본육군과 해군의 원수급(소장-중장-대장-원수체제로 원수는 우리 군의 대장급)을 보면, 모두 15명 중에 사쓰마 8, 조슈 3, 왕족 3, 기타 1명으로서, 특히 **해군은 사쓰마 번이 장악하였고, 육군은 조슈 번의 '야마가타' 파벌이 주요 지위를 장악**하였다.

하지만, '야마가타' 파벌은 1921년 '야마가타' 사후, **다이쇼 데모크라시'로 소멸**되었다. 민주화에 따른 정치적 변혁으로, 특정인 위주의 파벌은 사라졌지만, 그 이후에도, 구 일본군 내에서는 출신 지역에 따라 무슨무슨 계파라는 사조직으로 구성된 **군부의 파벌 전통**은 '위험한 수준'에서 계속 이어졌고, 힘을 바탕으로 각종 문제를 일으켰다.

예컨대, 일본육군 내 파벌이 일으킨 가장 큰 사건은 '2.26 사건'(1936년 2월 26일)으로, 이는 대위~소위급 청년 장교 등 1,500여 명이 정, 재계 부정부패와 농촌의 빈곤 해결을 위해 '쇼와' 천황 친정과 국가개조('쇼와 유신')를 주장하며 일으킨 반란이었다. '황도파'라고 불린 이들은 20대 중, 후반의 나이로 러일전쟁 이후에 태어나 **'천황 신격화'와 '군국주의적 세뇌'에 찌들린 과격 우익 군인집단**이었다. 이들의 반란은, 불과 며칠 만에 천황의 '원대 복귀' 지시로 무산되었지만, 향후 군국주의자들의 입김이 드세어지며 만주사변, 중일전쟁, 태평양전쟁으로 치닫는 계기가 되었다.

제2차 세계대전으로 접어들 무렵에 파벌의 양상은 출신 지역보다 일본 육사, 구 동경제국대학 등 출신 학교 동문들이 몇 기, 몇 기를 앞세우며 뭉치며, 또 다른 파벌을 이루는 식으로 전개되었다. 군내 사조직이나 파벌은 진급이나 보직에서 남다른 특혜를 받자는 일종의 정치적인 집단으로서, 사실상, 파벌 내의 사적인 인간관계는 능력 이상의 평판이나 인정을 받기도 했다.

그렇지만, 파벌에 소속되지 않은 대부분 군인에게는 계급이나 출신 기수가 평등이나 인권보다 우선시되어, 아랫사람은 윗사람이 틀려도, '틀렸다'라고 못하였다. 말 한마디 잘못하면 왕따(이지메)를 당할 수도 있었다. '사무라이'에서 출발한 일본군대에서는 상명하복의 딱딱함으로 비판을 허용하지 않았으니, 설령, 전장에서 상대와의 전력에 열세하더라도 상황을 설명하여 상급자를 설득하여 다른 방안을 찾기보다, '닥치고 돌격'이라도 해서 정신력으로 극복해야 한다는 강박관념이 맞물려 있었다.

결론적으로, 러일전쟁 승리 이후 **일본육군과 해군의 군사 사상은 유연성을 잃은 상태로 경직**되었고, 일부 파벌 인사는 군내 위화감을 조성하였다. 그리고, 이 같은 상태가 40년 뒤인 태평양전쟁 종전까지 두고 두고 이어졌다. 이런 모습은 일본군의 전쟁 리더십에 상당한 악영향을 끼쳤다.

 # 25 군국주의의 말로(末路)

지나치게 경직된 일본군의 '군사 사상'(軍事思想)

전쟁사에서는 '파로스의 승리' 혹은, 경제 현상에서는 '승자의 저주'라는 말이 있다. 모두가, 경쟁에서 이겼으나, 경쟁 간 혹은 그 후에 과도한 비용이나 대가를 치르는 바람에 엄청난 후유증에 시달리는 현상을 일컫는다. **러일전쟁의 승리는 일본의 새로운 신화가 되었다.** 유럽의 강대국인 러시아와의 전쟁에서, 모든 사람의 예상을 깨고, 극적으로, 너무 크게 이겼다. 일본은 전 국민이 자부심으로 한껏 들떠 **'군인 지상'의 군국주의**로 치달았다. 하지만, 지나친 승자의 자만심 탓일까? 40년 후 일본제국은 러일전쟁 승리의 환희보다 훨씬 큰 아픔을 갖게 된다.

전사를 돌아보면, 일본육군은 '봉천 전투', '203고지 전투' 등에서, '반자이' 돌격 같은 보병의 총검 돌격을 통한 공세로만 일관된 전술로 엄청난 병력이 희생되었다. 이런 공격에는 집단 광기가 필요한데, 누군가가 주춤하면 곤란하다. 당연히, 정신력 우월주의에 집착하게 되어, 작전이 끝나면 '비겁자'에게는 **'정신자세 확립'이라며 구타나 '집단 따돌림'(이지메) 등 체벌이 뒤따랐다.** 일본군이 죽기 살기로 사지로 뛰어든 용맹 뒤에는, 무서운 체벌이 있었던 셈이다.

이처럼, 정신력을 강조하던 일본군은 제2차 세계대전에서 전력이 열세하여 점점 전쟁 승리의 '신화'를 이루지 못하고 무위로 끝나가자, '카미카제', '옥쇄작전' 등 극단적인 정신력 제일주의로 광기를 부리는 모습을 보일 수밖에 없었다. 한때, 일본군 잔재가 남아 있던 한국군에서 부대 임무가 순조롭지 못하면 '군기 잡는다'며 사용하던 '기합(얼차려)'도 일본군의 수법이었다.

그런데, 특이하게도, 일본육군은 **전쟁교훈(戰訓)에 집착**하였다. 특히, 러일전쟁을 '신화화'하고 그 전쟁교훈을 권위적으로 주입하였다. 하지만, 유럽이나 미국에서, 제1차 세계대전의 전훈을 달달 암기하여 제2차 세계대전에 적용한 국가는 거의 아무도 없었다. 유독, 일본군만 뇌리에 박힌 승전 경험이, 이후 30년의 시차에도, 중일전쟁, 태평양전쟁에서 작전에 영향을 끼쳤다.

그 때문일까? 일본육군의 '닥치고' 암기식 교육은 유명하다. 그들은, 무엇보다도 영일동맹의 전성기에 전수받은 군사기술은 물론, 수많은 장교를 독일이나 프랑스 등의 선진국 군사학 유학까지 보내면서 얻은 지식조차, 그 본질에 접근하기보다 그저 암기로 전수하였다. 전법은 상대와 전장 상황에 따라 늘 가변적이라 본질에 창의성을 더하는 노력이 필요하지만, 당시 일본군의 시험은 마치 법조문을 암기하듯, '군사교리'나 원칙을 무조건 암기해야 하였고, 심지어 화포나 장비 조작 등의 실기조차도 암기한 내용을 입으로 암송하며 눈을 감고도 조작하였다.

상황이 이러니, 상급군사 교육기관도 더 말할 나위도 없었다. 구 일본육군 소좌급(소령급) 장교는 육군대학을 수료해야 하는데, 육군대학은 장군 진급의 필수 코스여서 죽기 살기로 공부해야 했다. 특히, 육군대학 수석졸업자는 천황이 군도를 하사하였는데, 이는 암묵적으로 대장까지 진급 보장을 의미했다. 이해하기 어려운 것은 이런 고급과정의 학교에서도 **시험문제는 제목만 주고 논술로 기재하는 암기식 테스트**였다는 것이다.

당시, 육군대학에 입교한, 소좌급 장교에게는 지금의 관용차와 운전기사처럼 말 한 필과 마부(병사)가 제공되었는데, 일본군 장교들은 병사에게 무능한 모습을 보이는 걸 치욕으로 여겼다. 그래서, 일부 학생 장교는 출근길에 자신이 시험에 대비하여 암기한 문제의 제목만 적힌 종이를 마부에게 주며 자신에게 물어보도록 했다는데, 그는 병사 앞에서 '더듬거리는' 치욕을 당하지 않기 위해, 수십 번씩 밤새워 줄줄 암기해야만 했다.

부대를 사열하는 일본 천황 '히로히토'(좌측 전열 맨 처음)와 군국주의자들

육군과 달리, **일본 해군은 단 한 번의 해전으로 전쟁 전체의 승기를 잡았다.** 해군은 '쓰시마' 해전의 승리와 같은 예외적인 사례를 통해서, 함대의 단기 결전에 집중하는 함대 결전 사상과 요격작전을 맹신하게 되었다.

특히, '도고 헤이하치로'가 기함인 '미카사'에 탑승해서 직접 선두에서 전투를 지휘한 방식조차 신화처럼 자리 잡아서, 이후 일본해군에선 소규모 전대장부터 연합함대 사령장관까지 직접 기함에 탑승해서 일선 지휘를 맡아야 한다는 게 전통이 되었다. 하지만, 해전의 양상이 점차 바뀌면서 최고 지휘관이 기함의 선두에서 지휘하는 건 무모하다. 자칫 **교전에 휘말리면 지휘관이 위험할 뿐 아니라**, 지휘부의 지휘, 통제, 통신상의 효율성 저하가 뒤따를 수도 있다.

교육훈련과 관련하여, 러일전쟁에서 승리한 '도고 헤이하치로' 사령장관은, '백발백중의 포 1문은, 백발일중의 포 100문을 이긴다'라는 말을 남겼다. 이는, '자국군 함포의 명중도를 높여 백발백중이 되면, 수적으로는 우세하나 명중도가 떨어지는 적 함대를 이길 수 있다'는 의미로, **전투함 척수의 열세는, 훈련으로 보충하면 된다**는 말인데, 이게 잘못 일본 해군의 훈련 지침이 되어, 그의 후배들은 휴일도 없이 맹훈련하는 일본 해군의 전통에 따라야 했다.

그뿐만 아니라, '도고'에 얽힌 다른 일화도 실소를 자아내게 한다. 일본 해군이 새로운 전함을 건조할 때, 함포 배치에 관한 것인데… '도고'의 의견은 그대로 '교리화'되었지만, 그의 의견대로 설계된 전함은 실제 전투에 활용되지 못했다. 그의 말을 무조건 맹신한 대가였다. 아마, 국민이 열광하자 점점 자기도취에 빠진 **전쟁 영웅의 전쟁담이 현장 감각과 너무 동떨어졌다.**

 기타 일화로, 일본 해군이 미, 영 해군처럼 군복을 바꾸려 하였으나, '도고'가 "현 복장은 전시에 입었던 군복이라 그 전통을 유지해야 한다"라고 하여 군복 개선은 무산되었다. 그리고, 일본 중등학교는 일본 해군의 전통을 본받은 교복을 입어야 했다. 우리 문교부도 군복 같은 교복을 생각 없이 강요했다. 해방 이후 30여 년 이상 지나도록 지금의 60대 이상 세대가 1980년대 '교복 자율화' 이전에 착용하였던 학생 교복은 모두 일본 학교처럼 일본 해군 군복의 모방품이었다.

 이처럼, 경직된 사고는 일본 해군의 작전계획 수립에서도 드러났다. 전쟁은 항상 가변적, 상대적이라 누구든 전쟁계획을 다양한 상황을 가정하여 정교한 작전계획을 준비한다. 그런데, 제2차 세계대전 후에, 입수한 자료에서 미국 해군은 일본 해군이 작성하였던 대미 **작전계획의 복잡성**과 가상 **적의 배치와 대응이 너무 낙관적인 가정하에 수립된 것**이라는 사실에 놀랐다.

 구체적으로, 일본 해군의 전술계획은 한 가지 상황을 가정하고 그 가정에 따라 치밀하고 복잡하게 전개하였다. 예컨대, 일본이 '진주만' 기습을 준비할 때, 함대의 계획 입안자들은 기습 작전 수행을 위해, '가고시마'현에 있는 진주만과 비슷한 '사쿠라지마' 일대에서 수 개월간 정확한 시간 계획에 따라 각 함대와 항공기가 기동하고, 각자 임무를 완벽하게 숙지하여 그들의 희망대로 전투상황이 전개되리라는 확신에 빠져 있었다.

실제로, 진주만 기습 작전은 〈**도라 도라 도라**〉 같은 '진주만 기습' 작전 영화를 보듯이, 전술학적으로 거의 완벽하게 성공하였다. 하지만, 계획에 없어서 놓친 것들이 있었다. 예컨대, 저유소 등 유류 지원 시설을 폭격하지 않은 것이라든지, 미국 항공모함을 찾지 않았던 것들은 훗날, 일본 해군에게 큰 화근이 되었다.

일반적으로, 전술계획은 다양하게 구상하면서도 쉽고 실현 가능해야 한다. 지나친 치밀성과 복잡성은 전략적 유연성 결여로 인해 예하 지휘관의 발목을 잡는다. 누가 보더라도 해야 할 것인데도 "계획에 없으니 하지 않아도 된다"라는 사고는 유연성 결여의 대표적 사례였다.

그리고, **가정은 '늘 틀릴 수 있다'는 것이 전제**이다. 지나치게 낙관적인 가정은, 영광스러웠던 과거 탓인지 모르나, 과거의 승리가 미래의 승리를 보장하지 않는다. 일본 함대는 미 함대가 수동적으로 그들이 예상한 대로 움직일 것이라는 순진한 가정하에 작전을 전개하였다. 하지만, 실전에서 미국인의 조심성은 일본 함대의 덫에 쉽게 빠져들지 않아, 일본군은 시시각각으로 바뀌는 적의 상황과 정확한 위치를 파악할 수 없었다. 미군의 의도와 대응이 일본의 가정과는 달랐듯이, 자신들에게 승리를 위한 최적의 조건이 제공될 것이라는 믿음은 큰 망상이다.

러일전쟁에서 기술적 우위나 영국과 합리적인 동맹관계의 뒷받침으로 승리를 거둔 일본 해군이, 실전경험과 냉철한 현상 파악으로 도출한 '도고'의 의도와는 전혀 다르게, 그로부터 40년 후에는 영광스러운 과거의 전훈에 얽매이었거나, 아예 **'정신론'을 전면에 내세워서 전쟁을 수행**하였다. 그 바람에, 오히려, **'유연한'** 사고와 **'시민 정신'**을 내세운 **미국군에게 패배**하였다.

메이지가 유도한 극성스러운 '충성 경쟁'

서구 열강의 식민제국주의를 모방하여 조선을 사이에 두고, 1895년 청일전쟁, 1905년 러일전쟁으로 중국(청)과 러시아를 전쟁으로 굴복시키고 조선을 삼킨 일본은, 아시아의 새로운 강자가 되었다. 일본이 중국, 조선은 물론, 남방 제국으로까지 경제적, 군사적 진출을 모색하는 동안, 군복이 존중받는 이른바, '군인 지상주의' 국가로서 자연스레 **제국주의와 군국주의가 일본인들의 의식세계를 지배**했다. 그리고, 500여 개 이상의 가문이 각종 작위를 부여받자, 일본의 귀족들은 '가문'의 등급을 따지게 되었다. 작위는 천황이 판단한 '충성의 잣대'였던 셈이다.

메이지 유신 이후, 1884년에 조정의 공경 대신과 번주에게는 제후의 칭호를 폐지하고, **유럽식 귀족처럼 '화족' 제도로** 공작, 후작, 백작, 자작, 남작 등 세습되는 5개의 작위를 부여하였고, 이후, 일본 귀족 가문의 명맥은 이 작위로 대표되었다. 5개의 작위 중 **최고 작위인 '공작' 가문은 일본 전체에서 모두 18개 가문**이 있는데, 이 중, 황실 가문 5개, '도쿠가와' 쇼군 가문 2개, 사쓰마의 '시마즈' 가문과 조슈의 '모리' 가문 등 3개, 근대화 사절단을 이끌었던 '이와쿠라 도모미' 가문 등 2

개 등등 황족이나 주요 번주 출신의 쟁쟁한 12대 가문이 생겼다.

여기에 총리 출신 정치인 가문 2개를 더하면 모두 14대 가문인데, 이들과 나란히 선정된 '**4대 공작**' 가문은 유서 깊은 귀족과 달리, **집안 배경이 전혀 없이 '하급 무사' 출신으로 당대에 입신**하여, 메이지 천황의 최대 목표인 '조선 침략'에 대한 기여도에 따라 '공작' 작위를 받았다. 사무라이인 이들은, 조슈의 '이토 히로부미'(총리 4회, 청일전쟁 총리, 조선 통감), '야마가타 아리토모'(총리 2회, 청일/러일전쟁 군사령관), '가쓰라 타로'(러일전쟁 총리), 그리고 사쓰마의 '오야마 이와오'('사이고 다카모리'의 사촌 동생, 청일/러일전쟁 총사령관) 가문이다.

참고로, 쓰시마 해전 승리의 연합함대 사령장관 '도고 헤이하치로'는 후작, 뤼순 공방전의 육군 제3군 사령관 '노기 마레스케'는 (후에 자결) 백작이 되었다. 메이지 천황은 이들처럼 수많은 신하의 도움으로 조선합병을 이루며 '메이지 시대'를 완성하였고, 조선합병 2년 후인 1912년에 죽었다. 또한, 그는 살아 있는 자에 대한 **작위 부여** 외에 죽은 자에 대한 **위계 추증**도 잊지 않았다. 작위는 가문의 등급으로 가문에게 주어 아버지에게서 아들에게 세습되어, 사회적 특권이 부여되지만, **위계는 일종의 개인 훈장으로서 사후에 개인에게 주는 것**이다.

1868년 '메이지 유신'이 시작하기 이전, 천황이 제국을 통치하기까지 유신지사를 자칭한 수많은 무사가 '막부 타도'와 '존왕'을 외치며 죽어 갔다. 그중 유신 3걸, 세 사람은 일본 근대화에 기여한 공로로, 최고 등급 위계인 '정1위'(正一位, 쇼이치이)에 추증되었다. 이는 신하가 사후에 받을 수 있는 가장 높은 영예였다.

1901년, '기도 다카요시'는 메이지 **유신의 이론적 토대를 마련한 공로**를 인정받아, **최고 등급 위계인 '정1위'**에 올랐고, 역시 유신 3걸로 메이지 정부의 초대 내무경으로서, '철혈재상'으로 불리며 강력한 리더십으로 각종 정책을 추진하며 **일본의 근대화**를 이끌었던 '오쿠보 도시미츠'는, '기도 다카요시'와 함께 정1위에 추증되었다. 이들은, 1884년 화족령에 따라 자식이 없던 '기도'는 조카가, '오쿠보'는 그의 아들 '오쿠보 도시카즈'가 **후작(侯爵) 작위**를 받았다.

반면, 유신 3걸이었으나, 신정부에 불만을 품은 사무라이들과 1877년 '세이난 전쟁'을 일으켰던 '사이고 다카모리'는 '역적'으로 모든 관위와 작위를 박탈당하였다. 하지만, 메이지 유신 초기 공로로, 1889년, 헌법 반포에 따른 대사면령으로 사면되어 '정3위' 위계로 복권, 추증되었다가, 다시 완전한 명예회복으로, 1902년에 **최고 위계인 '정1위(正一位)'에 추증**되었다.

이처럼, 메이지는 자신을 위해 헌신한 신하들에게 작위를 내리고, 사후 위계를 추증하는 것은 물론, 전장에서 죽은 자들을 '야스쿠니' 신사에 봉안하며 국가적 예우를 하였다. 이처럼, 메이지가 관련자들을 꼼꼼히 챙기자, 국민은 그 성은에 감읍하였다. 그 결과, 사회적으로 존경받는 기준이 '천황에 대한 충성'이나, '침략의 기여도'이다 보니, 군인은 물론 민간인들조차 **천황에게 충성하고 승전을 추구하는 것이 사회적 가치이고 최선**이 되었다. 메이지 이래 촉발된 충성 경쟁은 1930~40

년대 **군국주의**하에서 더욱 극대화되며 멈춤 없이 질주하였다.

원폭투하를 자초한 천황의 허상

일본이 메이지 유신 이후 '근대국가'를 만들어 가는 과정에서 보았듯이, '메이지'는 청일, 러일전쟁에, 아들 '다이쇼'는 제1차 세계대전에, 그리고 손자 '히로히도'는 제2차 세계대전에 참전하며, 이들 3대는 약 80여 년간, 팽창주의, 제국주의의 단맛에 빠져 있었다. 이런 힘의 원동력은, '천황의 신격화'로 국민을 하나의 이념 아래 결속시키고, **군국주의적 정책을 정당화**하는 것이 단순한 사상적 이념이 아니라, **충성심의 근본이라는 세뇌 덕분**이었다.

이념적 세뇌 결과, 광기 어린 병사들은 전장에서 '천황 폐하 만세'를 외치며 무모한 돌격을 감행하거나, 옥쇄(玉碎)라며 자결하거나, '가미카제' 같은 인간 폭탄으로 죽음을 두려워하지 않고, 천황만 숭배하는 국수주의적인 '전쟁 기계'가 되는 것을 자랑스럽게 생각하였다. 하지만, 천황을 위한 생명 헌신의 극단적 사례는 **군사 전술이 아니라 종교적 헌신과 같은 충성심의 표현이었을 뿐이다.**

결국, 이는 천황을 절대 권위로 만들고, 국민 개개인을 그를 위한 수단이자 도구로 전락시킨 꼴이다. 이런 군대와 군인을 보면, **전쟁과 정복을 정당화하는 국가가 전쟁을 성전(聖戰)으로 만들기** 위해, '천황 신격화'니 뭐니 해서 얼마나 많은 온갖 선전 선동과 세뇌 등 정치적 연출을 자행하였는지 알 수 있다. 이런 모습은 역시, 독일의 민족적 우월성을 내세우며 독일 '히틀러' 정권의 선전 선동을 담당하였던 '괴벨스'가 벌인 정치적 연출에서도 볼 수 있다.

그런데, 거듭되는 전쟁 승리에 점점 교만해진 일본군은 운 좋은 성공에 분수를 몰랐다. 그리고, 과거의 영광에 얽매인 경직된 사고방식 덕분에, 무기체계와 전쟁의 양상이 바뀐 시대적 변화를 읽지 못하고, 어떤 전투에서든 **지나친 군인정신이 강조**되었다. 더불어, 승전에 도취한 민간인까지 모두가 **제국의 영광만 생각**하였다, 한때나마, 전쟁으로 **제국의 영역이 확대되었지만, 승전의 기세가 꺾이고 수세로 몰리자 국민은 더욱 힘들어졌고**, 국력과 군사력은 바닥이 났다.

1945년 4월 1일부터 80여 일간 지속된 '오키나와' 전투에서 미군은 무려 1만 2천여 명이 전사했고, 일본군도 8만여 명과 주민 등 약 20여만 명이 사망했다. 일본 군인보다 주민의 희생이 컸던 것은 '철혈근왕대'라는 소년병을 총알막이로 내몰았고, 여성 등 노약자에게 '옥쇄'도 충성이라며 '집단자살령'을 내려 **'포로가 되기보다, 죽기'를 세뇌한 탓**이다. 이런 형태의 '오키나와' 전투는 일본 본토 진입을 준비하던 미군에게 큰 트라우마를 안겼다. 더구나, 선거를 앞둔 미국에서는, 유권자의 아들들이 사상을 당하고 있는 현실은 정치권에게 큰 압박이었다.

한편, 항복을 앞둔, 일본 지휘부와 기득권층은 **'결호작전'이라는 이름 하의 '1억 총 옥쇄'**를 외치며, '천황제 유지'라는 조건부 항복을 내밀었다. 자신들의 자존심만 지키기 위해, 전 국민을 희생시키더라도 항복하지 않겠다는 결의였다. 전시 내각 총리 '도죠 히데키'의 '전진훈(前進訓)'

에 따라, 명령에 따른 죽음을, '장하고 명예로운 결단'이라며 전 국민을 '자결문화'로 협박하자, 미국은 '오키나와'에서 보듯 '일본인 완전 소멸이나, 국가 존속 불가 시에나 항복할 것'이라는 결론을 내고 미군의 '병력보존'을 위해, 차라리 **'핵 투하'로 결정**하였다. '악을 쓰고 더 크게 우는 아이'가 더 큰 매를 벌었다.

'칼로 일어선 자 칼로 망한다'. 1945년 8월, '히로시마'와 '나가사키' 두 도시에 원폭이 투하되었다. '도요토미 히데요시'가 시작한 조선 침공부터 '메이지'의 조선합방에 이르기까지 긴 세월 동안 **한민족을 향해 광란의 칼을 휘두르던 군국 일본의 말로는, 인류 역사상 가장 비참한, '원폭 피폭'이었다.** 미국이 이 두 도시를 피폭지로 선정한 것은, 군사령부나 대규모 군수 공장 등이 위치한 군사적·산업적 중요성, 폭탄의 순수한 파괴력을 평가하기 위해 기존 공습 피해가 거의 없었던 도시, 그리고 폭발의 효과가 도시 전체에 극대화되는 지형적 조건 때문이었다.

'히로시마'에는, 일본 본토 방위 사령부가 있었고, 각종 군수 및 보급 기지 밀집 지역이었지만, 공습을 거의 받지 않아 원자폭탄의 위력 과시에 최적의 '장소'였으며, 도시가 넓은 평야에 있어, 폭발력이 도시 전체에 미치는 결과가 클 것으로 예상할 수 있었다.

반면, '나가사키'는, 비운의 운명이었다. 원래 목표가 일본 최대의 조병창이 있던 '고쿠라'였는데, '고쿠라' 상공의 짙은 구름으로 목표 식별이 어렵자, 폭격기는 '미쓰비시' 중공업 조선소와 무기 공장이 있는 산업 도시인 '나가사키'로 기수를 돌렸다.

'히로시마'는 조슈와 붙어 있고, '나가사키'는 사쓰마 지역이니, 우연찮게도 군국주의의 발상지인 **조슈와 사쓰마 지역이 하늘의 천벌을 받은 모양새**로 보인다.

1945년 8월, 일본이 패망하자 미국 극동군 사령관으로서 일본을 점령한 맥아더 장군은, '살아 있는 신'인 '천황'이 지배한 일본군대의 실체와, 침략주의 전쟁이 지속된 배경을 확실하게 이해한 듯하다. 그는 일본점령과 동시에 제일 먼저, **'국가 신도' 체제를 해체하고, 신도를 정치에 이용하는 것을 엄금**하였다. 하지만, 전범이든 뭐든 죽은 자는 어쩔 수 없다. 이미, '야스쿠니' 신사에 봉안된 210만 영령은 여전히 일본 사회에서 신성한 존재로 남아 있으며, 전후에도 단순히 죽은 자가 아닌, 전쟁을 정당화하고 민족주의를 고양하는 도구로 작용해 오고 있다.

연합국은, 일본인의 반감을 의식하여 사실상 전쟁의 원흉인 천황을 살려 주고 천황제를 존속시켰지만, 맥아더는 **일본의 군국주의 청산을 위해** 천황을 '살아 있는 신이 아니라 인간'이라며 먼저, **천황의 '인간 선언'을 강요**했고, 천황은 공식적으로 자신이 '신이 아님'을 선언했다.

또한, 맥아더는, '천황의 인간화'를 위한 '이미지 메이킹' 작업으로, 항복 직후인 1945년 9월, 천황 '히로히도'가 생명의 위협을 느낄 만큼 다급한 상황에서 자신을 방문하였을 때, 함께 찍은 사진을 공개하며, 세상이 바뀐 사실을 대대적으로 홍보하였다.

그들이 함께 찍은 사진은 우리가 보기에는 평범하다. 커다란 체구의 맥아더가, 긴장한 듯 서 있는 작은 '히로히도'와 달리, 뒷짐을 지고 짝다리로 몸을 한쪽으로 약간 기우는 듯한 자세여서, '자신이 더 높다'는 무언의 제스처를 느낄 수 있다.

맥아더를 방문한 '히로히도' 천황
(1945년 9월 27일)

일본인도 그렇게 느꼈을까? 이 사진을 본 대다수 일본 국민은 1945년 8월 15일 천황의 '라디오 육성' 항복 선언에 못지않은 커다란 충격을 받으며 모두가 방성대곡하였다. 집요하고 치밀한 세뇌 때문에, 자신과 가족들이 죽음까지 불사하며 **신으로 믿고, 열렬히 충성**하였던 천황이라는 존재가, 기껏 한 인간에 불과하다는 그의 실체를 그제야 깨달았을 것이다.

 **맺는 글**

　역사는 민족의 뿌리이며 미래로 향한 힘이고, 소망이기도 하다. 그럼에도, 세상사의 모습은 당장이 중요하지, 역사 따위에는 무심한 듯하다. 하지만, 역사에 무심하다 방황한 민족도 많다.

　1910년 8월 29일 **한일합방(庚戌國恥)**으로, 조선이 일본의 식민지가 되었다. 그런데, 당시 조선의 조야는 이상하리만치 평온하게 이를 받아들였다. 온 국민이 나라가 망하였는데도 별다른 동요가 없었다는 것이다.

　과거사 문제에서, 일본은 지금껏 '조선합병'은 "총 한 방 쏘지 않고 계약에 따른 합법이었다"라고 주장한다. 그래서, '위협'에 의한 강제합병이라기보다, 항간에서 제기하는 조선 **고종과 순종의 '돈 욕심' 때문에 나라를 넘겼다는 설(?)**이 가능해 보이기도 한다. 실제로, 그들은 연간 '한화 약 300억 원 정도의 연금과 조선 내 영지를 보장받는 조건으로 합병을 원했고, 일본이 승인하자 이를 자축했다'는 설을 제기하는 사람도 있다. 만약, 그렇다면 왕이라던 그들은 자신의 영달만 생각한 모리배였다.

　그런데, 당시 조선의 경제, 사회적 문제가 얼마나 심각했던지, 일본이 조선을 병합한 뒤, 각종 문제를 하나씩 정비해 나가던 일에 마치,

'밑 빠진 독에 물 붓기'일 정도로 많은 예산이 소요되자, "고종과 순종이 '폐허나 다름없는 어지러운 조선 말기의 모든 문제'를 일본에 떠넘긴 게 아니냐"라며, 일본인 일부는 '아무래도 조선에 속은 것 같다!'는 의구심을 가졌다고도 한다. 그 정도로 정치를 엉망으로 하였고, 무능했다는 이야기인데….

그런데도, 나라를 망친 고종은, 끝까지 최악의 선택을 이어 갔다. 그는 개인의 안위와 영달에 집착하다가, 가문의 명맥을 잇는다며 늘그막에 황제가 **일본의 일개 귀족으로 편입되는 수모**조차 받아들였다. 하지만, 역사에서 언제나 그렇듯이 항복한 자들의 최후는 비참하다. 그의 사망 뒤에 이어진 '이씨왕가'(李氏王家) 후손들의 운명은 고종보다 더욱 기구한 삶이었다.

그런 의미에서 고종은, **이승만 전 대통령의 표현대로** 일국의 왕으로서 백성의 삶과 국가의 역사와 전통을 지키려 하기보다 그저 자신의 가문과 조그마한 재산 지킴에 명운을 걸었던 **'반동적 지배자'**였으며, 국가의 자존심과 위엄을 내세우며 왕답게 순국하여 **생을 마칠 엄두조차 내지 못하였던 소인배**였다. 왕이 그래서일까? 삼강오륜을 암송하며 충효사상에 달통한 명문가 선비로서 고관대작이었던 신하들도 왕의 모습을 따랐다. 나라를 비극으로 이끈 그들의 충군(忠君)과 애국(愛國)은 비겁했다.

그때로부터 많은 시간이 지났다. 그사이 우리는 발전하여, **단군 이래 최고의 시대**를 구가하고 있다. 국력이 커진 만큼, 당연히, 과거의 아픔을 씻어내고 새로이 출발하려는 욕구가 강해졌다.

그런데, 한국이 과거사 사죄나 배상문제를 거론하면, 일본은 오히려, 식민지배가 합법적이었고, "과거사 사죄는 무의미하다"라는 입장이고, 심지어, 일부 우익 인사들은 "일본이 없었다면, 조선의 발전이 있기나 하였겠느냐?"라는 식의 간 큰 발언조차 서슴지 않으며, **배상문제도 '한·일 청구권 협정'으로 일괄 타결되었으니 모든 문제는 '정해진 기준'을 따르라**고 주장한다.

이런 목소리의 중심에는 '천황 신격화'와 군국 일본 이후의 일본 정치계에서, **유력한 '우익 정치세력'의 빅2를 형성한 사쓰마와 조슈 출신**들이 자리 잡고 있다. 극우적인 이들 두 지역 출신 중에서도, 최근에 배출된 총리는 조슈의 '아베 신조'가 있었고, 사쓰마는 '고이즈미 준이치로'가 있었다. **둘의 공통점은 지독한 '혐한'파**로서 항상 과거의 영광에 붙들린 모습을 보였다.

최근의 '조슈'(야마구치현)는 '사쓰마'(가고시마현)와 달리, 겉으로는 조용하나 아직도 **혐한과 반한 정서의 본거지**로 남아 있는 듯하다. 아마, 과거 유신의 주도 세력으로서 지녔던 영광을 반추하는 것인지? 아니면, 이곳 조슈 출신인 '야마가타 아리토모'의 군국주의의 정신이 여전히 남아 있는 것인지? 모르겠으나, 이곳을 방문하면, **메이지 유신과 군국 일본의 '메카'**로서 과거의 영광을 기리는 행사를 수시로 개최하면서 그 정신을 계승해 나가려는 모습을 엿볼 수 있다.

문제는 저들처럼 '잃어버린 제국의 영광'에 도취한 세력이 '파워 엘리트'로서 활개치는 한, '과거사' 문제 해결은 **'시지프스'의 신화처럼 해결이 요원**할 것이다. 우리도 언제까지 '과거사 사죄'로 재탕, 삼탕하며 국민적, 사회적 에너지를 소모해야 할까? 이 때문에, '이미 끝난 일이니 사죄를 못 하겠다'라는 저들의 버팀에, 우리의 대응이 너무 '감정적'이어서는 안될 거다.

메이지 '유신'과 '군국'으로 강하게 성장한 일본은 한때나마, 우리 조상이 '넘기 어려운 벽'이었다. 그리고, 외세에 시달리다 나라 망한 설움을 누구보다도 진하게 경험한 우리 민족이었다. 그러나, 한국은 엄청난 성공 신화를 이어 가며 이제 저들과 어깨를 견주는 나라가 되었다. 지나간 시간처럼 '일본에 대한 굴종'이라거나 '침략 행위 합법화 운운'하며 떼쓰는 어린아이처럼 칭얼거릴 이유가 없다. 이제는 성숙한 어른처럼 일본에게 **'약속은 지키되, 아픈 과거는 잊지 않겠지만, 이제부터는 미래를 준비하자'**라고 말하는 것이 '혐한'도, '반한'도 넘어서며 우리가 저들을 이기는 방법일 것이다.

과거의 역사는 미래의 거울이다. 조선이 흐릿한 정국에서 헤매고 있을 때, '메이지 유신'을 이룬 일본 사회가 국가를 향한 충성과 열정으로 가득 찬 인재들로 넘쳤던 모습과, '천황'이라는 '가짜 신'에 매몰되어 전체주의적, 제국주의로만 치달으며 모두를 불행으로 내몰았던 과거 저들의 맹목성을 상기해야한다.

그런 의미에서, 우리 역사를 보는 관점은 '옛날 것을 연구하여, 새로운 것을 안다'라는 **'온고이지신'**(溫故而知新)의 마음으로, 이웃 일본을 바라보는 관점은 '적의 사정을 알고 나의 사정을 알면, 백번 싸워도 위태롭지 않다'는 **'지피지기(知彼知己) 백전불태(百戰不殆)'**라는 마음으로 다가가야 한다고 생각한다.

평범하지만 뼈저린 교훈을 담은 이 말들을 가슴에 깊이 새겨본다. 그리고, 이런 생각이 지금껏, 이어져 온 긴 '이야기'의 결말이기도 하다. 비록, 지나간 역사지만 이를 되씹고 반추(反芻)하며, 참신한 **'발상의 전환'과 함께 새로운 패러다임**으로 우리의 미래가 더는 치욕과 굴곡이 없도록 올바르게 가꾸어지길 바라는 마음으로 이 '이야기'를 마무리한다.